Ute Strohbusch

Fettgeflüster

Ute Strohbusch

Fettgeflüster

oder

Wer krault denn schon
ein Doppelkinn

SONNENTOCHTER edition

Cover, Innengestaltung und Satz:
Markus Hoffmann, PEPP/ART
Coverabbildungen: Depositphotos
Porträtfoto: Foto Sawatzki, Bad Kreuznach

Bibliografische Information der Deutschen Nationalbibliothek
Die Deutsche Nationalbibliothek verzeichnet diese Publikation
in der Deutschen Nationalbibliografie;
detaillierte bibliografische Daten sind im Internet über
http://dnd.d-nb.de abrufbar.

ISBN 978-3-944228-16-7

Für
Iris, Mandy, Sabine und Silvia –
die dicksten Freundinnen der Welt

Inhalt

Singlebörsenkurse

Nirgends auf der Welt wird einer alleinstehenden Rubensfrau in mittleren Jahren ihr offensichtliches Versagen deutlicher und unverblümter vor Augen geführt als in den Singlebörsen des Internets.
„Sie haben Mail, Madam", erinnert mich mein PC an die neueste Info meiner derzeitigen Internetpartnerbörse.
„Verlieren Sie keinen der Ihnen von uns vorgeschlagenen Herren aus den Augen! Wahrscheinlich wird Ihre Premiummitgliedschaft der Beginn einer weiteren Herzwärts-Erfolgsgeschichte sein. Wenn Sie Ihren Traumpartner gefunden haben, würden wir uns über Ihre Nachricht sehr freuen und Sie beide gerne zu einem romantischen Essen einladen ..."
Danke! Ich bin bereits satt! Es sei denn, sie hätten Hugh Jackman im Angebot! In den würde ich mich regelrecht verbeißen und zwar von morgens bis abends!
„Um sich jetzt für eine kostenpflichtige Premiummitgliedschaft bei Herzwärts anzumelden, klicken Sie bitte hier ..."
Ganz gleich, ob bei Manscout, PsiLove oder DatingHating: Es ist überall dasselbe. Theoretisch ist ein unerschöpfliches Angebot vorhanden, praktisch hingegen funktioniert nichts.
Ich nenne es inzwischen die seit Langem fällige Desillusionierung eines Beziehungsmärchens, das seit mindestens zweitausend Jahren existiert. Dieses Märchen beginnt mit der Schöpfungsgeschichte und endet wahrscheinlich nicht mal mit dem Jüngsten Gericht: Männer und Frauen tun sich in gegenseitiger Bedürftigkeit zusammen und sind glücklich bis an ihr Lebensende! Ismirschlecht! Zweimal hat der Segen nämlich bei mir schon versagt.
Wie ein Hochglanzkatalog des Paradieses locken mich die scheinbar unendlichen Möglichkeiten der Internetflirtgemeinden mit allem, was jung, knackig und verwegen ist. Männer, deren Fotos mich an Schauspieler oder schwule Männermodels erinnern, werben mit Charme, Beziehungs- und Harmonieversprechen und suchen laut vorgefertigtem Fragekatalog ziemlich genau das Vollweib, für das ich mich halte. Allerdings bekomme ich auf

meine entflammten und begeisterten Anfragen meist nicht die gewünschte und ersehnte Resonanz.
Es gibt zwei Kategorien von Männern: solche, die den smarten Harten markieren, sich nur mit ihrem Verstand identifizieren und etwas Unverbindliches oder gut zu Kontrollierendes suchen, weil sie Angst haben, sich einzulassen und durch Gefühle ihre vermeintliche Unabhängigkeit zu verlieren, und solche, die chronisch enttäuscht sind, jammern und klammern, aber deswegen erst recht Angst haben, sich einzulassen, und von der Frau erwarten, dass sie ihnen permanent Sicherheit und Aufmerksamkeit gibt.
Einen Mann, der weder die eigene emotionale Kraft fürchtet noch die Macht der Liebe in Gestalt einer Frau, habe ich noch nicht erlebt. Im Grunde genommen verstecken sich alle vor ihren Gefühlen, entweder, weil sie sich für so gefühlsresistent halten, dass sie immer nur auf Durchreise sind, oder weil sie sich von der Frau hofieren lassen und selbst keine Eier in der Hose haben, um mal ihren männlichen Eroberungsgenen Gehör zu verschaffen. Am liebsten sind mir die, die selbst keinen Mitgliedsbeitrag bezahlen, sondern darauf warten, von der Frau erobert zu werden, und die Emanzipation bemühen. „Hi, du gefällst mir, hier meine WhatsApp-Nummer, melde dich bei mir!“, ist mein absoluter Lieblingsspruch.
Ach nein, ich vergaß die unzähligen Verheirateten – immer ein paar Hintertürchen offen und irgendetwas suchend, was sie selbst nicht definieren können, und die noch unzähligeren „Getrennt Lebenden“, denen ich schon mehrfach auf den Leim gegangen bin. Aber inzwischen kann ich alle Hinweise recht schnell deuten: Wenn der Akku im Urlaub leer ist, wenn man nicht anrufen soll, weil das Handy sowieso aus ist wegen der nervenden Verwandten, wenn er nur vom Büro aus mailt und an den Wochenenden nicht erreichbar ist oder nur unter der Woche daten kann. Was Ausreden und Lügen betrifft, sind Männer Frauen deutlich unterlegen. Und ich habe es sooo satt.
Ich sitze mit einem Kaffee vor meinem PC und suche bei Dating-Hating nach dem verheißungsvollen Steffen_in_Love, der gestern

mit einem nagelneuen Profil und überraschend witzigen Statements aufwartete. Doch mangelt es Steffen heute erheblich an Präsenz, denn er ist bereits wieder abgemeldet und weitergezogen.
Internetsinglebörsen werben gerne mit glücklichen Paaren, die sich auf ihren Seiten gefunden haben. Er, der smarte, bebrillte Intellektuelle mit Charme, der sofort den niedlichen, vollbusigen blonden Engel mit Wespentaille fand und nach einer Mail bereits wusste, dass er sein Leben lang auf sie gewartet hatte! Und dabei stören ihn nicht einmal die aus früheren Beziehungsinsolvenzen mitgebrachten Kinder, die in unseren modernen Zeiten statt einer Mitgift sozusagen als Konkursmasse in die Neubeziehung eingebracht werden. Gerne verwaltet er dann das nicht auf dem eigenen Mist gewachsene Erbgut seiner Vorgänger weiter ...
Glückliche Pärchen mit und ohne Hund springen dir im rechten unteren Drittel der Startseite feixend ins Gesicht, während dich im linken Drittel Fotos von potenziell an dir – und nur an dir! – interessierten Männern locken, die scheinbar gerade vom Casting der Chippendales kommen. Das restliche Drittel bietet Platz für deine eigenen Verfallsdaten. Na, wenigstens liegt bei mir der prozentuale Anteil der Konservierungsstoffe fast bei null, bin ich doch ganz und gar silikon- und botoxfrei.
Wo hab ich noch mal gleich das Foto, das vor zehn Jahren auf Ibiza entstand und mich mindestens zwei Konfektionsgrößen attraktiver erscheinen lässt? Obwohl ich damals bereits dasselbe Kampfgewicht hatte wie heute!
Ich liebe optische Täuschungen, vor allem, wenn sie mir schmeicheln!
Dieses eine Bild begleitet mich nun schon einige Jahre und etliche Singlebörsen lang. Nicht, dass ich keine Resonanz darauf habe, ganz im Gegenteil! Aber ich sabotiere dann doch letzten Endes die Dates mit den Herren, die ganz verrückt danach sind, mich in diesem Kleid kennenzulernen.
Sicherlich gibt es da noch die einschlägigen Singleportale Ü40, BinDick.de oder HandicapSingles, die siegessicher auf schwer vermittelbare Personen wie mich setzen – doch dort tummeln sich

leider nicht die kinderlosen gutaussehenden Mittdreißiger mit halb langem dunklen Haar, stahlblauen Augen und Knackarsch, nach denen mir der Sinn steht!
Mein lange aufgestauter Frust gipfelte neulich in einem heftigen Wutausbruch, als mich ein ebenfalls dicklicher, glatzköpfiger und höchstens 1,70 m großer Endvierziger belehrte, ich solle doch meinen Nicknamen Mauerblümchen lieber in Mauerblume umbenennen, Mann befürchte zwar bei meinem Nick schon einen Ladenhüter, aber doch zumindest einen, der etwas Jungfräuliches, Zartes und Zerbrechliches an sich habe!
Nein! Mir muss einer, der auf meiner Kinnhöhe plötzlich abstirbt, wirklich nicht sagen, dass ich stramm im Schuh stehe – das weiß ich nämlich selbst!

Ich klicke den Link in der Mail an, um mir die neuesten Vorschläge von Herzwärts einzuverleiben.
„Paul ist an Ihnen interessiert. Sie müssen nur den Halbjahresvertrag über 179 Euro abschließen und schon können Sie mit Ihrem Traummann losflirten! Die Übereinstimmung ihrer beider Profile liegt bei 89 Prozent!“
Na immerhin, ich habe schon Männer mit weit weniger Übereinstimmungen geheiratet. Obwohl der letzte durchweg ziemlich hochprozentig war – auch schon morgens.
Irgendwie bin ich in letzter Zeit etwas hartleibig geworden, was kostenpflichtige Dienste in der Partnervermittlung betrifft. Mich interessiert weder der steirische Almdudler mit Zipfelmütze und Vollbart noch der fünfundzwanzigjährige Loverboy, der beim Erlernen der deutschen Grammatik zu früh gestrandet ist, selbst wenn die vermeintliche Übereinstimmung 200 Prozent wäre!
Es stimmt nämlich nicht, dass es heutzutage so viele Singles gibt, weil wir nicht mehr beziehungswillig sind. Wir sind willig, wahrscheinlich sogar ziemlich bedürftig, aber wir sind beziehungsuntauglich geworden! In Zeiten, in denen einem das Internet scheinbar alle alleinstehenden Männer der Welt verfügbar macht, ist es wesentlich schwieriger geworden, Mr. Right zu finden – oder zu

glauben, dass der Richtige dir gerade in diesem Moment schreibt.
Ich habe Post von Analbärchen. „Hallo Mauerblümchen", schreibt er, „ich könnte mir dich gut in einem schwarzen glänzenden Lycraanzanzug vorstellen. Das steht dir bestimmt hervorragend, ich selber trage auch diese Anzüge und dazu Gymnastikschuhe ..."
Mir kippt die Nougatpraline von der Zunge.
Früher, als es noch kein Internet gab, warst du auf die Burschen in deinem Dorf angewiesen. Und es funktionierte! Es war irgendwie viel leichter, sich in den zu verlieben, der zufällig gerade als Einziger in Frage kam. Und es reichte schon, wenn er nicht wie Rumpelstilzchen aussah und abends nicht mehr nach Schweinestall roch.
Heutzutage scheinen alle Männer der Welt in deinem Wohnzimmer zu sein, doch keiner ist wirklich vorhanden.
Es fällt ungemein leicht, einfach aufgrund der ins Netz eingestellten Fotos sofort großzügig auszusortieren oder zumindest später nach den ersten drei Zeilen weiter fleißig dem virtuellen Papierkorb zu frönen, anstatt sich etwas tiefer gehender auf jemanden einzulassen. Denn spätestens am zweiten Tag des Kontaktes glaubst du sowieso, dass bald einer käme, der noch viel besser wäre ...
In meiner Teenagerzeit konnte ich, wenn die Discos gut liefen, durchschnittlich vier bis sechs Jungen pro Jahr in mich verliebt machen – und mindestens einer davon kam sofort als potenzieller Ehemann in Frage, mit dem ich natürlich bis an mein Lebensende glücklich sein würde.
Heute kriege ich um die zehn bis fünfzehn neuer Zuschriften pro Tag und lebe seit über acht Jahren allein.
Das Einzige, das mich tröstet, ist, dass es wohl nicht nur mir so zu gehen scheint. Die ganze Welt scheint beziehungsgestört zu sein!

Nach Scheidung Nummer zwei hatte ich mich voller Naivität und Optimismus in die für mich unbekannte Singlegemeinde des Internets geworfen, wild entschlossen, innerhalb kürzester Zeit meinem Traummann zu begegnen. Begegnet bin ich dem dann

öfter – allerdings war ich nie die Traumfrau, zumindest nicht in den verbindlichen Lebenslagen, sondern nur in den unteren.
Nach einer ganzen Weile und etlichen gescheiterten Versuchen entschied ich mich dann für Plan B: zurück zur wirklichen und echten Realität.
Ich meldete mich also nach und nach bei allen Verflossenen, bei den ehemaligen Schulflirts, Discoknutschern oder Kurzbeziehungen in der Hoffnung, dass sich vielleicht etwas auffrischen ließe, was irgendwann einmal recht verheißungsvoll begonnen hatte. Nur um dann ziemlich schnell festzustellen, dass diese inzwischen andere Hobbys pflegen, wie Bierbäuche, Haarausfall oder den Anglerverein. Klar! So hatte ich es ja auch gehalten in meinen Ehen. Chipsknabbernd vor der 33. Folge vom Bergdoktor saß ich festgetackert im geblümten Nachthemd, welches aussah, als ob es riechen würde, in meiner Lieblingskuhle auf dem Sofa.
Wenn die neu kontaktierten alten Bekannten Mitleid mit mir hatten, luden sie mich zur 34. Folge zu sich nach Hause ein oder führten mich einmalig zum Essen aus – das waren die Intellektuelleren unter meinen Verflossenen.
Wenn sie jedoch noch oder inzwischen verheiratet waren, kam ich zwar gevögelt, aber ohne etwas im Magen nach Hause. Dafür mit reichlich Gras im BH und 'ner Zecke am Hintern.
Natürlich hatte ich keine Lust, mir zwischen zwei Nummern die Fotos ihrer Kinder anzusehen, und sie schauten ihrerseits desinteressiert, wenn ich beiläufig erwähnte, dass ich Hunger hatte.
Einer war dabei, der brachte sich zum Date sein Bier mit – eine einzige Flasche! Und fragte mich, ob ich etwas an ihm bemerken würde. Ich merke grundsätzlich nichts, wenn meine Zunge bei 36 Grad im Schatten ausgetrocknet am Gaumen klebt, schon gar nicht, ob mein süffisant grinsendes Gegenüber einen Dicken in der Hose hat!
Der nächste Abschnitt meines Singledaseins begann, als ich dann doch wieder im Internet landete. Diesmal versuchte ich es gar nicht erst bei den unzähligen Flirtbörsen, sondern bei den seriösen, echten und vielversprechenden Partnervermittlungen. Als

Erstes wird man dort mit kostenloser Basismitgliedschaft geködert. Das ist in etwa so, als würde man mit Hartz IV in einem Schuhgeschäft shoppen wollen, das ausschließlich Schuhe von Manolo Blahnik führt. Obendrein wären diese Schuhe unter Butterbrotpapier unkenntlich gemacht worden. Man kann also nicht mal gucken. Aber man darf einen zwanzigseitigen Psychofragekatalog ausfüllen, um seine verborgenen Charaktereigenschaften ans Tageslicht der Kuppelgemeinschaft bringen zu lassen. Man gibt der Verkäuferin damit quasi an, dass man Schuhgröße 42 hat. Und Knick-Senk-Spreizfüße obendrein. Und Überbeine. An beiden Ballen! Und die zweite Zehe ist dummerweise länger als die große. Die Veranlagung zum Fußpilz ermittelt sie dann aus dem Gesamtpaket folgender anspruchsvoller Fragen: Wenn Sie Zeuge werden, wie eine hilflose alte Dame auf offener Straße von einem Taschendieb überfallen wird, wie reagieren Sie?
Antwort 1: Sie informieren die Polizei, nachdem Sie sich ganz in Ruhe umgesehen und dann erst einmal gemütlich in der Kneipe um die Ecke ein Bier getrunken haben.
Antwort 2: Sie laufen dem Dieb hinterher, reißen die Tasche an sich und schauen, ob es sich lohnt, diese selbst zu behalten.
Antwort 3: Sie zählen unbeteiligt die Schwalben am Himmel und pfeifen dazu laut La Paloma.
Antwort 4: Uneigennützig und mutig werfen Sie sich dem Dieb vor die Füße, mit der einen Hand halten Sie die Tasche fest, mit der anderen Hand den Dieb – und irgendwie helfen Sie gleichzeitig auch noch der Oma auf die Füße.
Spätestens hier schließt man den Halbjahresvertrag zum einmaligen Sparpreis von 172 statt 179 Euro ab und findet die Idee des Psychotests sensationell! Da man nun zu den anspruchsvolleren Singles gehört, meldet man sich notgedrungen zusätzlich bei Weight Watchers und im Fitnessstudio an, lässt sich aber zur Sicherheit noch von seinem Hausarzt Appetitzügler verschreiben, natürlich gleich die Klinikpackung. Man schaut sich mit unbändiger Vorfreude in Boutiquen mit kleinen Konfektionsgrößen um und kauft sich vorab schon einmal eine neue Handtasche.

Sicherlich ist man sich völlig darüber im Klaren, dass Frauen in Übergrößen eben diese Tatsache mit exzessiven Käufen von Accessoires verdrängen wollen, aber manchmal ist eben eine neue Tasche besser als eine Zecke am Hintern!
Man findet das Leben wieder prall und voller verlockender Möglichkeiten und hat schon wieder eine trockene Zunge – diesmal jedoch von den Appetitzüglern.
Dafür geht man erhobenen Hauptes am Dönerladen vorbei und triumphiert heimlich über den inneren Schweinehund. Man freut sich auf seine dellen- und endlosen Beine, betrachtet hämisch im Spiegel zum natürlich allerletzten Mal die väterlicherseits ererbten Hängebäckchen samt Bindegewebsschwäche und Doppelkinn und bangt ein wenig um die prallen Brüste, die sich hoffentlich nicht allzu sehr in leere Tüten verwandeln werden – ohne fetten Inhalt bald nur noch zweidimensional!
Und natürlich informiert man all seine wunderbaren schlanken Freundinnen über den neuestes Diät- und Sportversuch, die Appetitzügler vergisst man dabei allerdings zu erwähnen.
Zwei Wochen und minus zwei Kilo später sieht man immer noch aus wie ein Teletubbi, allerdings wie eins, mit dem Nachbars Lumpi fertig ist, weil sich zwei Wochen Schlaflosigkeit im Gesicht deutlich mehr abzeichnen als zwei Pfund Gewichtsverlust, verteilt auf 1,75 m Größe! Auf dem Beipackzettel wurde zwar vor diesen Nebenwirkungen gewarnt, aber was nimmt frau nicht alles auf sich, um einem zehn Jahre alten und noch nicht einmal die damalige Realität wiedergebenden Foto zu entsprechen!
Man läuft immer noch auf der langsamsten Stufe des Laufbandes und drückt heimlich die Taste wieder aus, wenn der Fitnesstrainer auf dem Fahrrad unverschämte 25 Watt zugeschaltet hat. Die Wiederholungen an der Hantelbank steigert man noch mit leidlicher Motivation, aber die Pausen an der Diätbar werden länger und die Eiweißdrinks gehaltvoller. Wozu gibt es schließlich Sirup in allen Geschmacksrichtungen?
Ich sehe überhaupt nicht ein, warum ich mich so quälen soll, denkt man und nimmt nun auch noch abends eine Magnum-Mandel-

Eis-Appetit-Brems-Kapsel, um sich auf's Äußerste zu zügeln und zu kasteien, was dazu führt, dass man nachts ganz aufgekratzt mit dem Telefon herumläuft und überlegt, welche Freundin am wenigsten sauer wäre, wenn man sie gegen halb drei Uhr weckt ...
Ich persönlich gehe in solchen Momenten gerne das Adressbuch meines Telefons durch. Das muss man machen, wenn man nachts nicht selbst angerufen wird.
Angelique Ködel, zum Beispiel. Die ist nett! Die könnte ich mal wieder anrufen! Aber die wiegt geschätzte 30 Kilo mehr als ich, trägt nur Klamotten von KIK, bevorzugt Tigerleggins und Bärchenshirts und ist zu allem Übel auch noch verheiratet. Mal abgesehen davon, wer von uns beiden das größere Pech hat, sagt sie am Telefon immer nur: hi, hmmm, öhä und ah, wenn ich sie mal ausnahmsweise nachts anrufe. Wahrscheinlich hat sie Angst, das Schnarchen ihres Gatten zu übertönen, oder sie geniert sich generell, nachts Anrufe zu bekommen.
Ich könnte Gudrun anrufen, die alte Pissnelke. Aber was sollte die mir schon berichten, außer von ihrem letzten Gruppenvögeln im Ashram der Kleinwudensdorfer Osho-Gemeinde?
Gudrun, schon etwas abgegriffen im Habitus, mag seit Neuestem makrobiotischen Sex. Doch wer den ganzen Tag Algen in sich hineinstopft, Mudras in die Finger knotet und daran glaubt, dass Erleuchtung bedeutet, vom pickeligen, dürren, rothaarigen Dorfguru gepoppt zu werden, kann mir keine wirkliche Unterstützung bei meiner Diät sein!
Jeanette. Was um Himmels willen macht denn die Frau noch in meinem Speicher?! Bling. Gelöscht. Jetzt kann sie mich nicht mehr anrufen, die falsche Schlange.
Unter Umgehung von Chantal, Yvette und Cindy lande ich direkt bei Nancy, einer früheren Freundin. Sie hatte allerdings vor einiger Zeit den geheiligten Begriff Busenfreundschaft völlig fehl interpretiert und den ihrigen meinem damaligen zweiten Gatten immer freitags abends zugänglich gemacht, wenn ich beim Hormonyoga war.
Fleurop. Ich muss Nancy unbedingt noch Blumen zukommen lassen und mich bedanken. Aber nicht heute Nacht.

Mein Handy klingelt. Welcher Idiot ruft mich nachts um halb drei an? Ich schmeiße mich auf's Bett und suche nach dem geheimen Ort, an dem „Du bist Hamma“ ertönt. Es ist Gudrun.
Hi, Was machst 'n gerade?
Ich telefoniere ...
Mitten in der Nacht? Mit wem denn?
Mit dir.
Ach so.
Was hast du denn für Probleme um diese Zeit?
Holger hat mich verlassen.
Dein Oberguru? Der letztens die vollbusige Kellnerin auf der Männertoilette gebügelt hat? Na, so ein Schlawingel ...
Huuuaaääää!!!
Sorry, ich dachte, du wüsstest das ...
Der gemeine Schuft! Schnief, schnäuz, schluchz ...
Du bist aber liebevoll in deiner Wortwahl ...
Schwerenöter! Armleuchter! Ähh, Wi... Wi... Wichser!
Genau! Geht's dir jetzt besser?
Ja, danke.
Bitte. Immer wieder gerne behilflich.
Tschüss!
Bis zum nächsten Mal.
Tut, tut, tut ...
Mein Blutdruck ist dank zweier Kapseln im Notfallbereich, der Puls rast, die Laune wird immer heftiger – aber dafür nimmt das Hungergefühl nach den zwei Wochen bereits wieder gewaltig zu. Schließlich lande ich am 14. Tag meiner Diät nachts um drei vor meinem fast leeren Kühlschrank und esse mich einmal quer durch's Nutellaglas, die Cornflakes-Monatspackung und die fettigen gefüllten Nougathörnchen aus dem Lidl. Am nächsten Morgen sind dann prompt die zwei Pfund wieder da ...
Was Gudrun zu der Bemerkung hinreißen lässt, dass sie nichts anderes von mir erwartet habe. Was wiederum der Beweis ist, dass man kein Prophet sein muss, um im eigenen Lande nichts zu gelten.

Schmachtfalle Jungspunt

Ja, ich bin männererfahren! Man könnte auch sagen männererprobt, aber noch viel mehr: männergeschädigt. Manchmal bin ich diesbezüglich vollkommen desillusioniert, aber die meiste Zeit immer noch hoffend, wünschend und begehrend, eben vollkommen erkenntnisresistent und naiv!
Meine beste Freundin Annette ist der Meinung, dass Männer ständig geil, intellektuell absolut minderwertig, gewaltbereit und untreu sind. Das hat sie an dem Tag herausgefunden, als Brad Pitt, dem sie andauernd Liebesmails schreibt und Plüschtiere schickt, ihr einmal antwortete, sie möge das doch bitte auf ein Mal täglich begrenzen, er müsse sonst extra jemanden für ihre Post einstellen. Nun, ganz so hart beurteile ich Männer wohl nicht, aber auch ich habe die Erfahrung gemacht, dass Männer wesentlich besser sehen als fühlen können, vor allem, wenn sie sich selbst gerne als Frauenversteher bezeichneten.

Mit meinen 47 Jahren bin ich noch ganz leidlich in Schuss, ziemlich üppig gebaut, aber gesund. Es ist sogar so, dass ich mich über die Jahre vitaler und jünger fühle als mit 25 oder 30 – trotz Hunderter erfolgloser Diätversuche, sportlicher Inkontinenz und dem Hintern einer Couch Potatoe. Ich habe mir eine ganz nette Attraktivität in die zweite Lebenshälfte hinüberretten können, denn meine inneren Wunden haben Gott sei Dank keine äußeren Falten und Tränensäcke aufgeworfen, sondern lassen ein gewisses Leuchten durch meine langsam austrocknenden Hautzellen blitzen. Und ehrlich gesagt habe ich mich trotz chronischer Selbstentwertung noch niemals vorher so wohl in meiner Haut gefühlt – aber bemerken das auch die Männer?!?
Ich war zweimal verheiratet – und zumindest das jeweils erste Drittel dieser Lebensabschnitte wäre von der Stiftung Ehetest mit dem Prädikat „ausreichend“ benotet worden. Dann gab es noch meine erste große Liebe mit 15 Jahren, ich warf damals seine und meine Gefühle leichtsinnig weg, weil ich die Idee nicht loswur-

de, dass da noch so viele andere begehrenswerte Kerle auf mich warten, denen zu widmen es sich lohnt. Er ist heute immer noch glücklich verheiratet und ich habe meine Chance vergeigt.
Ich kann über die Jahrzehnte eine stattliche Anzahl kleinerer und heftigerer Verliebtheiten verbuchen, vom One-Night-Stand über Kurzbeziehungen bis hin zu den in letzter Zeit sich häufenden platonisch abgehandelten Partnerschaften im Internet. Ja, es ist tatsächlich so, dass ich mittlerweile im Schnelldurchlauf die virtuellen Ehen durchlaufe und sozusagen schon wieder geschieden bin, bevor es überhaupt zu einem ersten Treffen kommt! Frau kriegt eben über die Jahre Übung in Sachen Männer ...
Wirklich zufrieden war ich beziehungstechnisch in meinem Leben noch nicht, auch nie geduldig oder genügsam, aber am allerwenigsten wirklich einlassend. Tat ich's doch einmal, gab es männermäßig immer ein Messer ins Herz, meist von hinten quer durch die zweite und dritte Rippe, ungeschärft mit rostigem Rand und Widerhaken.
Wenn man als Kämpferin geboren wird, oder sich zumindest selbst so definiert, hat man zwei Achillesfersen: Man erschafft sich selbst ständig neue Fronten, um kämpfen zu können, und ist überhaupt der Meinung, dass frau einen Mann selbst erobern muss, anstatt sich erobern lassen zu dürfen. Von einer Amazone in Ritterrüstung, die hinter einem dicken Panzer ihre Gefühle verbirgt, lassen sich leider nur Pflegefälle einfangen, diese allerdings überaus bereitwillig: Männer, die einer Therapeutin, Mutter oder Krankenschwester bedürfen, wohingegen sich der klassische Macho zwischen 30 und 40, der nach Achselschweiß, Pferdemist und Marlboro riecht – und nach dem mir eigentlich der Sinn steht –, immer schleunigst in die endlosen Weiten der trockenen Steppe verkrümelt. Das Leben ist eben ungerecht, besonders mit mir!
Komischerweise habe ich trotz vielfältiger Niederlagen die Hoffnung auf solch einen verwegenen Reiter nie ganz aufgegeben und glaube mit einer sturen und regelrechten Penetranz daran, dass irgendwann der Prototyp des wilden Mannes doch sein Lasso endlich um mein Doppelkinn legen möge, um mich im Feuer seiner

Leidenschaft zu verbrennen. Und natürlich kann er danach ohne mich nicht mehr leben:
Liebste, ich brauche dich!
Ich weiß.
Nie traf ich eine Frau wie dich!
Ich weiß.
Verlass mich nicht, sonst stürze ich mich von Rosinante!
Schaun mer ma ...
Mag sein, dass mir da einfach eine Gehirnwindung fehlt, ein Logikgen oder die sogenannte weibliche Intelligenz, die einfach etwas sachlicher an neue Bekanntschaften herangeht und ein wenig Vernunft über das sofort entflammte Herz walten lässt. Ich akzeptiere offensichtlich meine eigene Selbsterniedrigung mehr als mein natürliches Recht als Frau, die Impulse eines Mannes empfangen zu dürfen. Es sich in den Schoß fallen zu lassen, sagt doch alles aus über die Natur unserer Natur! Und die lässt sich auch durch Emanzipation nicht verdrehen oder verleugnen. Der Mann hat das erste Wort und die Frau das letzte. Er wählt, wen er erwählen möchte, und tut dann alles, um seine Angebetete zu bekommen, und sie haucht dann ein „Ja, ich will", wenn er sich – rundum geprüft und getestet – als der Beste erwiesen hat. So will es die Natur überall in der Natur – und auch 30 Jahre Emanzipation werden nichts daran ändern. Man fühle nur einmal die innere Befremdung, wenn man Zeuge wird eines Heiratsantrages einer Frau an den Mann. Uhhh ... Möge sie in Frieden die Hosen anhaben –, aber lange glücklich wird sie in ihrer Führungsposition nicht werden. Denn etwas wird ihr immer fehlen: das Gefühl, aufgrund seiner Stärke schwach werden zu können ... Und dann beginnt die Umerziehung.
Nun ja, dann muss es eben ganz ohne gehen.
Tausende alleinstehende ältere Damen machen es inzwischen vor und rotten sich plaudernd und kichernd zu Spazier- und Kaffeeclübchen zusammen, weit davon entfernt, einem armen Witwer, der hilflos mit der Schmutzwäsche vor seiner Waschmaschine steht, nochmals die Türen zu ihrer beschaulichen Zweizimmer-

wohnung im 3. Stock öffnen zu wollen! Nie wieder wollen sie so ein Überbleibsel der christlichen Familienpolitik auf ihrer nagelneuen Quelle-Couch sitzen haben, nicht für ihn stricken, bügeln oder Schweineleber braten und schon gar nicht seine behaarten Storchenbeine neben oder gar zwischen den ihren spüren müssen!
Und ich? Ich warte weiter, ob der Himmel, auch gegen meine eigene Überzeugung, eine Mischung aus Johnny Depp und Clint Eastwood für mich aus Amors Wundertüte zaubert. Dabei wäre es in Anbetracht meines eigenen vorgerückten Alters ja auch nur eine Frage der Zeit, bis Sack und Gesicht des Angebeteten in Falten liegen und ich mich in die Reihe der Unglücklichen einreihen müsste, die nicht rechtzeitig genug Witwen geworden sind, um den eigentlichen Sinn des Lebens noch erfassen und vergnügt ausleben zu können!

Stattdessen schwinge ich mal wieder selbst eifrig die Leine und werfe sie erwartungsfroh bei Herzwärts aus, vielleicht auf Peter, der gerade vor seinem Opel posiert und nicht mal raucht, in der Hoffnung, dass er sich als der wilde Cowboy entpuppt, der nach mir sucht, und dass er sein wildes Pferd nur eben mal hinter dem kleinen Wäldchen geparkt hat.
Nachdem meine Zahlung eingegangen und das Butterbrotpapier von seinem Foto für mich entfernt wurde, verwerfe ich den Gedanken schnell wieder und melde mich bei Man-Eater an, der Plattform, die junge gewillte Männer und wohlhabende Damen zusammenführt.
So, ein neues Profil anlegen. Zuerst die Verpackung, später die Inhaltsstoffe:
Größe: 175
Gewicht: Shit. Ich klicke weiter. „Bitte geben Sie die fehlende Information ein.“ Na guuut! Stark abgerundete 85 kg.
Aufgehendes Fenster. Wölfchen: „Hi, dein Profil gefällt mir!“
Ich habe es noch gar nicht ausgefüllt! Es bestätigt sich auch sofort der Verdacht, dass ich mit einem Rundschreiben bedacht werde.

Viele Männer machen sich eben nur ein Mal die Mühe, etwas ihrer Meinung nach Sinniges zu formulieren, und schicken vorgefertigte Texte an jede sich neu anmeldende Dame in der Hoffnung, dass schon irgendeine Frau sich angesprochen fühlt und anbeißt ... Die Betonung liegt auf IRGENDEINE!
Da hat aber einer tief in die Sülzkiste gegriffen, Hilfe!
Wenn Einfaches und Anspruchsvolles noch gilt, dann vereint es sich in einem Solo-Single-Gentlewolf. Wenn du aber Angst vor Wölfen hast und wenn dir der Mut fehlt, dann bleibt es eben nur bei diesem magischen Lächeln und der Tatsache, dein kleines Herz verunsichert zu haben.
Ähm ja ... Ich brauche ein paar Minuten, um mich zu entscheiden, ob ich belustigt oder verärgert oder gar nicht reagieren soll. Solo-Single-Gentle-Wolf kommt scheinbar bei den angebotenen Möglichkeiten, ihn abzulehnen, gar nicht auf den Gedanken, dass weder Angst vor Wölfen im Speziellen noch Mutlosigkeit im Allgemeinen der Grund sein könnten, sein Rundschreiben zu ignorieren.

Vor zweieinhalb Jahren bin ich in den Osten gezogen, ins wunderschöne Leipzig. Ich hatte nämlich in der Zeitung gelesen, dass viele Jahrzehnte vergehen würden, bis sich die schlechten Geburtenzahlen nach der Wende in den neuen Bundesländern wieder ausgewachsen hätten. Da hatte tatsächlich in dicken Lettern gestanden: In Ostdeutschland bemühen sich bald zwei Männer um eine Frau!
Na, wenn das keine Aussichten waren! Zwei Monate später siedelte ich ins vielversprechende Frauenparadies Sachsen um.
Der Erste, der mir damals in Leipzig über den Weg lief, war Manuel. Fast zwei Jahre war das nun her, dass ich meinen vorerst letzten Versuch unternommen habe, einen realen, lebendigen Mann auf mich zu prägen. Natürlich einen Cowboy allerfeinster Sorte! Nein, er hat mich nicht gebraucht, obwohl ich nichts unversucht gelassen habe, ihm das nahezubringen – natürlich auf die subtilste und normalerweise für Männer undurchschau-

barste aller Methoden: meine eigene Bedürfnislosigkeit demonstrierend! Manuel war jedoch bindungsresistent. Er hat eigentlich noch nicht einmal in mein Beuteschema gepasst – und trotzdem habe ich mich sofort wieder bis über beide Ohren verknallt! Eben weil er den Geruch endloser Freiheit an sich trug, die er mit mir natürlich nicht teilen wollte! Und aufgeben wollte er seine Freiheit schon gar nicht! Und für die Damen vor mir auch nicht, wie sich bald herausstellte – alle in meinem Alter und durch ihn zu Tränenströmen und Pseudosuizidversuchen gerührt.
Suizidversuche von verschmähten alleinstehenden Damen laufen ja immer nach ein und demselben Schema ab: Frau wirft sich drei Schlaftabletten ein und informiert dann die gesamte Familie, den Freundeskreis, die Nachbarn und die Polizei. Nein, besser noch, man wirft sie erst danach ein. Nicht ohne vorsorglich im Kreiskrankenhaus anzurufen und schon mal eine Not-OP zum Magenauspumpen zu ordern! Ach, und übrigens: Ich esse keine Schonkost, also bitte für morgen Mittag schon mal die Roulade mit den Klößen Thüringer Art reservieren!
Zwei der von Manuel verschmähten Damen riefen heulend und fluchend bei mir an, nachdem sie uns in der Innenstadt zusammen gesehen hatten. Ich bin heute noch beeindruckt von dem Unternehmergeist, den Hausfrauen an den Tag legen, um etwas über ihre Nachfolgerin herauszufinden. Nicht, dass er die Mutterbrust reifer Damen gesucht oder gar eingefordert hätte, nein, er bekam sie reihenweise hinterhergetragen. Er nahm einfach das, was man ihm bot, bereitwillig und breit grinsend an und ritt, wenn er satt war, einfach weiter in den Sonnenuntergang. Die Damen blieben mit ihren unerfüllten Erwartungen, mit leeren Händen und hohlen Augen zurück, sich lauthals beklagend, dass er so undankbar sei und rücksichtslos.
Sind wir Frauen wirklich so?, frage ich mich gerade und habe plötzlich das Gefühl, dass die meisten von uns wohl völlig gegen unsere wahre Natur in ein kollektives Drama weiblichen Überlebenskampfes hineingezogen werden. Irgendetwas stimmt nicht mit unserem Eigenwert und ich frage mich ernsthaft, ob die

Emanzipation wirklich schon die Befreiung war oder uns nur einen Pseudoselbstwert erschaffen hat, hinter dem wir erfolgreich unsere Ängste und Selbstzweifel verstecken!
Sogar die taffe, normalerweise jungspuntresistente Annette hatte beim Anblick von Manuel völlig die Contenance verloren und nur noch Dünnschiss gelabert, nicht ohne sich dabei permanent eine Haarsträhne kokett zwischen den Fingern zu kräuseln und mit hochrotem Gesicht einen Augenaufschlag zu fabrizieren, der seinesgleichen suchte!
Manuel war sowieso viel zu jung für mich gewesen, genauer gesagt 31, außerdem noch zu klein und zu dünn für meine eigenen Körpermaße, sodass ich meine körperliche Selbstwahrnehmung wie in einem Zerrspiegel auf dem Jahrmarkt betrachten durfte.
Neben einem 1,90 großen, kräftigen Mann komme ich mir natürlich viel graziler und schlanker vor, aber neben einem, der mich gerade einmal um einen Zentimeter überragt, wachse ich noch mehr in die gefühlte Breite. Außerdem roch er nicht nur unheimlich gut nach Benno Baldoni, sondern warf minütlich seine langen verfilzten Dreadlocks in einer Art und Weise hinter sich, dass mir nur ein Vergleich dazu einfällt: Mr. Darcy, alias Colin Firth, triefend nass, mit halb offenem Hemd im Wetlookeffekt entsteigt in Zeitlupe dem See vor seinem englischen Schloss. Stöhn!
Manuel war in einer mich wahnsinnig machenden Art und Weise bindungsunwillig, meldete sich nie von selbst, erzählte kaum etwas über sein Leben, während ich ihm unentwegt ganze Romane schrieb, um mich zu erklären und in den schillerndsten Farben meine Unabhängigkeit anzupreisen. Er machte aus sich ein lebendes, fortwährend lächelndes Geheimnis, indem er einfach ganz bei sich blieb und mich – wie einen Fels im Meer – in meine eigene Brandung zurückwarf. Aber die Witterung nach Rocky Mountains, Moschusochsen und Lagerfeuer brachte mich um den Verstand. Und ich konnte wider besseren Wissens nur geradewegs und bei vollem Bewusstsein in dieses Feuer hineinlaufen. Welche Frau fühlt sich nicht davon herausgefordert, dass ein Mann sie nicht zu brauchen scheint? Die, die uns wirklich brau-

chen, die sich bemühen, uns jeden Wunsch von den Augen abzulesen, werden wir bald leid und müde – oder wir erhören sie gar nicht erst, weil sie uns zu sehr an unsere eigenen Unzulänglichkeiten erinnern. Ein Mann, der emotionale Unentschlossenheit oder Unsicherheit ausstrahlt, weckt nun einmal in der Frau eher das Mütterliche denn den Wunsch nach Hingabe und weichen Knien. Doch die wilden, schönen, unbezähmbaren Kerle dieser Welt entlocken uns eine schier unstillbare Sehnsucht, sie zu bekehren und in uns verliebt zu machen. Ich will mich aber einem Mann weder anbieten noch mich schmackhaft machen noch ihn von mir überzeugen. Entweder er kapiert es von alleine, dass er mit mir den Jackpot hat und tut alles Erdenkliche dafür, mich von SICH zu überzeugen, oder ich muss das Risiko eingehen, eine alte Trockenpflaume zu werden, die nur noch vor dem Gynäkologen einmal im Jahr die Beine spreizt. Übrigens Frau Zitzelinger, bei OBI gibt es günstig so einen Moosvernichter ...
Nachdem mir das von einer zur anderen Sekunde messerscharf bewusst wurde, ließ ich damals von Manuel ab. So etwas würde mir nie wieder passieren! Nie wieder!

Ich schalte den PC ab und gehe ins Bett. Morgen würde ich das Profil so dermaßen unwiderstehlich ausfüllen, dass kein Cowboy dieser Welt mehr an mir vorbeikäme!

Jungfrauenentsorger-Oberarzt

Mit einer grummelnden Leere im Magen erwache ich am nächsten Morgen, den dumpfen Kopf auf den völlig verspannten Schultern und das Genick so steif, dass nicht einmal Retterspitz wirklich hilft. Und plötzlich weiß ich, dass kein Nutellabrot der Welt meinen wahren Hunger zu stillen vermag.

Meine Kinder sind inzwischen aus dem Haus, ich habe einen großen Bekanntenkreis, eine gemütliche Wohnung und, seit ich in Leipzig wohne, auch Busenfreundin Annette, die schrecklich dünn und attraktiv ist. Wir haben uns beim Friseur kennengelernt, ja, so etwas gibt es. Und ich stehe seit Kurzem finanziell und beruflich auf recht festen Beinen.

Mein Spiegelbild ist nicht schlecht, denke ich während des Zähneputzens.

Ich habe erstaunlich wenig Fältchen, einen wunderbaren Busen, schöne lange Beine und tolle Hände. Na ja, und mein Antlitz ist auch nicht ganz schlecht.

Das Sonnenbankgebrutzele ist ebenfalls nie mein Hobby gewesen, sodass ich noch eine schöne, glatte Haut habe und immer um einiges jünger geschätzt werde.

Ja, aber etwas fehlt trotzdem in meinem Leben – oder besser gesagt, jemand. Jemand, der mir sagt, dass meine wabbelnden Oberarme die begehrenswertesten der Welt sind, jemand, mit dem ich stundenlang reden, mich balgen und träumen kann, ein begnadeter Liebhaber – regelrechter Sexgott, ein bester Freund, Seelsorger, Organisator, Abenteurer, Romantiker, Brötchenholer, Kuscheltiger, väterlicher Freund, Rasenmäher, Erfolgsmensch, Kumpel und Göttinnenanbeter. Einer, der mir auch mal die unangenehmen oder langweiligen Dinge in meinem Alltag abnimmt, die ich zwar allesamt und ohne jeden Zweifel alleine bewältigen kann, aber zu denen ich einfach alleine keine Lust habe, wie zum Beispiel Masturbieren, Arbeit im Allgemeinen, körperliche Arbeit im Besonderen, Hausarbeit selbstredend eingeschlossen, aus-

reichend Geld manifestieren (ein äußerst dehnbarer Begriff) und natürlich sinnvoll verwalten, Einkommenssteuer fertigstellen, Einkaufen, Gartenarbeit, exzessives Eincremen und vor allem, auch mal etwas Gutes über mich zu denken oder gar zu sagen.
Ein Mann mit Tiefgang also, mit einer gewissen spirituellen Reife, mit Klugheit, Gelassenheit, Güte und einem ungeschützten Herzen, belesen, begnadet und mit kohlrabenschwarzem Humor. In allen Lebenslagen eine gute Figur machend, möglichst dunkelhaarig und attraktiv. Aber treu muss er mir natürlich auch sein und selbstverständlich nur Augen für mich haben und mich von morgens bis abends anhimmeln! Dass er Single ist, versteht sich von selbst und er sollte innerlich und äußerlich mit seiner Vergangenheit aufgeräumt haben. Ein Mann, der in irgendeiner Weise noch die Beine unter die Häkeldecke einer anderen Frau steckt, kommt definitiv nicht mehr in die Tüte – ganz zu schweigen von anderen Öffnungen.

Ich bürste mein halblanges, brünettes Haar und ziehe die dünnen Augenbrauen nach – eine nicht mehr korrigierbare jugendliche Geschmacksentgleisung aus den Siebzigern. Damals, mit weißen Strumpfstiefeln, hellblauem Rundstrickminirock und quer gestreifter Polyäthylen-Schwitzkastenbluse passte das auch irgendwie ... Aber heute, da der schüttere Rest der verbliebenen einstmaligen Pracht auch noch von selbst ausfällt oder sogar weiß wird – ich habe mich echt noch nicht festgelegt, was schlimmer ist, sollte ich doch einmal über ein Permanent-Make-up nachdenken.
Nach dem morgendlichen Notprogramm im Bad werfe ich mir ein Breitshirt über und schaue in meinen Terminplaner. Breitshirts kommen aus dem Trockner, nachdem man Longshirts hineingelegt hat. Nicht mehr long genug, die Reiterhosen zu umhüllen, aber immerhin noch breit genug, um den Busen hineinzuzwängen. Heute habe ich vormittags nur ein Telefonat mit meiner Verlegerin, die mich sicherlich wieder einmal dringlich an die Abgabe des neuen Manuskriptes erinnern wird.

Meiner erwartungsschwangeren Chefin am Telefon zu erklären, weshalb ich es gerade wesentlich unterhaltsamer finde, die vollkommen unterirdischen Beleidigungen von Pitt zu lesen, einem ursprünglich äußerst charmanten Hausarzt, wird schwierig.
Er ist auch wieder so ein Mann, der nur donnerstags kann und sich nur während seiner Praxiszeiten meldet. Das dafür um so intensiver! Es gefällt mir, wie er loslegt und balzt, und so sehe ich großzügig über das komische Bauchgefühl hinweg, welches sich jedes Mal einstellt, wenn sein Baggern pünktlich mit dem Ende der Sprechstunde verebbt. Hausbesuche, verstehe. Und am Wochenende und an den freien Nachmittagen, die ein Arzt ja nun einmal hat, ist er leider unentwegt im Bereitschaftsdienst, der Arme.
Mit seinen Mails trifft er jedenfalls bei mir den richtigen Nerv. Bevor er mit Freunden in die Türkei fliegt, erhalte ich sogar einen superromantischen, handgeschriebenen Liebesbrief. Allerdings ohne Absender. Kann man ja mal im Eifer der Erregung vergessen, Schwamm drüber. Immerhin habe ich seine Handynummer, allerdings mit der Einschränkung, bitte nicht anzurufen. Es wäre sowieso immer aus, die stalkenden Patienten ... – verstehe.
Ich bin fast schon wieder selig. Endlich einmal ein Mann von Format! Als dann der Akku im Urlaub Probleme macht und der Herr Doktor sich rar, wache ich auf und sage es ihm auf den Kopf zu, dass es da wohl noch eine Dame im Hintergrund gäbe. Überrumpelt von meiner Hell- oder Weitsicht gibt er alles zu. Er ist noch verheiratet, natürlich wegen der Steuern, und lebt mit einer anderen Frau zusammen, die ihn aber bereits nervt und einengt. Na ja, für den Urlaub scheint's noch zu reichen. Er betont, er sei bereits auf dem Absprung und würde gerne nach dem Urlaub mit mir im Weltall verglühen ... Ich vermute, sie weiß davon noch nichts und bewacht tapfer sein Ladekabel.

Ich weise nun freundlich darauf hin, dass mir selbige Situation mit Internetbekanntschaften hinlänglich vertraut sei, und erkläre, ich sei nicht mehr willig, Affäre, Ersatzfrau, Lückenbüßerin oder

Sprungbrett aus nervenden Beziehungen zu sein, und inzwischen äußerst hartleibig gebundenen Männern gegenüber. Ich schlage vor, das geplante Date auf einen späteren Zeitpunkt zu verschieben, wenn sowohl Kopf als auch Herz und erst recht die diversen Beziehungen des Angebeteten klar und aufgeräumt seien. Eine eigene Wohnung wäre sicher auch von Vorteil, sozusagen ein Status als freier Mann, denn bei mir könne man sich überhaupt nur bewerben, wenn man keine Angetraute oder sonstige Gespielin in petto habe, geschweige denn im Bett. Mein 1,40 m breites Bett reicht einfach nicht für drei ... oder vier.

Daraufhin ist er aber sichtlich verstimmt. Und da er ein in seiner Eitelkeit zutiefst verletzter Halbgott in Weiß ist, den alle Patientinnen und Krankenschwestern anbeten und der wahrscheinlich noch nie einen Korb von einer Frau bekommen hat, auf die er richtig abfährt, fallen plötzlich alle Masken.
Er teilt mir unter wüsten Beschimpfungen mit, wie sehr er sich in mir getäuscht habe. Ich sei für ihn nun von einer wunderschönen, intelligenten, hocherotischen Frau plötzlich zu einem 100-kg-Gewichtsklumpen geworden ...
Ähm, ja. Also Sachen gibt's! Ob's dagegen Tabletten gibt? Das muss ja unangenehm sein, wenn man Menschen vor den eigenen Augen im Zeitraffer derart mutieren sieht. Wie war das gleich noch einmal mit Dr. Jekyll und Mr. Hyde?
Nachdem sich meine Lachfalten wieder auf Normalnull befinden, lösche ich seine Nummer.
Es gibt eben doch einen klitzekleinen Unterschied zwischen Männern mit Stil und Männern mit Stiel.
Aber das war sie nun endlich, die ersehnte Romanvorlage für meinen Oberarzt, auf die ich gewartet habe! Ich liebe es, mich auf diese Art erkenntlich zeigen zu dürfen.

Parallel dazu gibt mein 89-Prozent-Kandidat Paul wieder einmal seinen Senf zu meinem Fragekatalog bei Herzwärts ab.
Er regt sich seit Tagen fürchterlich darüber auf, welche Eigen-

schaften ich mir vom Traummann wünsche, wie zum Beispiel volles Haar, einen flachen Bauch und eine anständige Körperlänge!

Anstatt entspannt zur 88-Prozent-Kandidatin weiterzureiten, beschäftigt er sich rund um die Uhr mit meinem Profil.

Wenn man den ganzen Tag tolerant ist, ist es doch logisch, dass einem abends mal verbal die Hand entgleitet! *Ich* hätte ihn ja in Ruhe gelassen! Nie im Leben wäre ich auf den Gedanken gekommen, ihn anzuschreiben und ihm mitzuteilen: Hähä, lies mal, DU bist nicht Mr. Right! Du fällst durch's Raster!

Aber er schaut geifernd auf mein Bild mit dem Schummelkleid, dem tiefen Dekolleté und dem langen, im Wind wehenden Haar, liest dann meinen Wunschkatalog, welcher Mann mir so vorschwebt, und erkennt, dass er damit nie und nimmer gemeint ist. Und anstatt – wie wir Frauen, denen so etwas ja alle nasenlang widerfährt – mit gesenktem Haupt und einem inbrünstigen Stoßseufzer leise weinend zu verschwinden, ereifert er sich über die Maßlosigkeit meiner Ansprüche.

Dieser Mann hat mich schon sehr viel Mühe und Zeit gekostet, ihm seine Chancenlosigkeit bei mir so unappetitlich wie möglich zu machen, aber er lässt nicht locker. Und da behaupte noch einmal jemand, Frauen wollten immer das letzte Wort haben! Beleidigte Männer, die sich verschmäht fühlen, sind viel schlimmer. Und so antworte ich ihm weiter, bis ihm kein Argument mehr einfällt und er irgendwann aufgibt.

Ja, und dass ich mich diesem Kampf ums letzte Wort so hingebungsvoll widme, anstatt meine Energie dafür zu benutzen, an meinem Roman weiterzuschreiben, ist fast so, als ob mich meine Verlegerin beim Blaumachen erwischt. Das macht mir nämlich noch mehr Schuldgefühle, als ich sie in Anbetracht meiner Einfallslosigkeit betreffs meines rumhurenden Oberarztes sowieso schon hatte. Apropos Oberarzt ...

Vor zwei Jahren wurde ich am Meniskus operiert.

Der mich behandelnde Oberarzt legte mir augenblicklich eine

Radikaldiät ans völlig gesunde Herz, als er mich das erste Mal in einem seiner Belegbetten herumräkeln sah.
Sie sind zu dick, wissen Sie das?
Seine Sommersprossen tanzten vor Vergnügen unter seiner angegrauten, ungepflegten Lockenmähne auf der hoch erhobenen Nase. Ob er dabei eine Erektion hatte, konnte ich nicht sehen, denn sein Kittel fiel in gehörigem Abstand vor seinen Genitalien an ihm herab, was an dem überdimensionalen Bierbauch lag, den er mir auf Gesichtshöhe entgegenreckte.
Ach was, ich starrte auf seine Plauze, *meinen Sie wirklich?*
Dann betrachtete ich mein rechtes, freigelegtes Bein.
90-60-90 – und das an jedem Bein. Meiner Meinung nach doch Idealmaße!
Die pummelige Krankenschwester an meinem Fußende verkniff sich ein Lachen und vergrub ihren Kopf in meiner Akte.
Er räusperte sich und verdrehte anstatt einer Antwort mein Knie einmal in sich selbst.
Ab morgen Diätkost, diktierte er fürs Krankenblatt.
Und Sie meinen, Sie finden ein Stethoskop, das lang genug ist, diesen Fleischberg um mein Knie herum zu durchdringen?, versuchte ich ihn zu provozieren.
Arthroskop!
Besserwisser!
Die restlichen vier Tage meines Krankenhausaufenthalts verstanden wir uns prächtig.

Ich bin zwar bereits in der Mitte der Geschichte meines neuen Buches angekommen, habe aber nur noch wenige Wochen Zeit für die zweite Hälfte. Es läuft so wie bei jedem Roman: Erst brauche ich ewig, um die Fäden meiner Geschichte zu spinnen und auszuwerfen, und dann bekomme ich sie nicht mehr zusammen. Das letzte Drittel des Buches werde ich, wenn überhaupt, wohl nur unter dem Druck fertigbekommen, den mir der Verlag macht. In vorderster Front Frau Wiegand.
Das Telefon klingelt. Ist sie das schon?

Es ist Marie, meine jüngste Tochter, die vor Kurzem mit ihrem Studium begonnen und mich damit zur Vollwaise gemacht hat. *Bachelor* nennt sich das Ergebnis auf Neudeutsch.
Mama?
Hi, Süße.
Ich brauch Billy.
Welchen Billy?
Na das Bücherregal ...
Ach so. Na gut. Weil du 's bist. Leksvik brauche ich aber selbst!
Nö, 'ne Kommode brauch ich sowieso nicht! Duhuu?
Hmmm, Kleines?
Ich bin jetzt in 'ner WG. Krieg ich das Sofa?
Wieso WG?
Na, so eine WG von Retrohippies. Der Joe hat gesagt, wir brauchen dringend dein Sofa.
Mein Ekthorp?!?
Genau.
Ah ja, hat er das. Und worauf sitze ICH dann, Schatz?
Aber du bist doch jetzt ganz allein!
Ahhh ja – hoffentlich kommt kein Besuch, wir passen dann alle so schlecht in einen einzelnen Sessel!
Joe sagt, echte Hippies pennen nicht in so spießigen Betten.
Seit wann ist IKEA spießig?! Und seit wann bist du überhaupt ein Hippie?!? Nehmt ihr Hüpfer uns das jetzt auch noch weg?! Grummel.
Ich muss mich beruhigen. *Wo schlaft ihr denn dann, Schatz?*
Na auf 'm Sofa!
Auf meinem?
Ja.
Nee!
Na gut. Ciao Mama.
Tschüss Kleines. Pass auf dich auf.

Ich wische mir eine Träne von der Wange und drücke abwesend den Knopf des Kaffeeautomaten. Wie mir doch die Zeit mit meinen Mädels zwischen den Fingern zerronnen ist! Dieses Gefühl, dass ich sie für immer verloren habe, ohne jemals wirklich ihre Welt betreten zu haben, lässt mir seit dem Auszug der Jüngsten keine Ruhe mehr. Was ist passiert mit all den Abenteuern, die wir gemeinsam unternehmen wollten, der Fahrt ins Disneyland oder den Reisen, die nie stattfanden, weil entweder das Geld fehlte oder wieder ein Jahr vergangen war, ohne dass wir es bemerkt hätten? Gut, manches davon haben wir gemacht, aber das meiste nicht. Auch mein übereilter Umzug nach Leipzig hat nur für eine kurze Weile den tiefen Abgrund unsichtbar gezaubert, der sich auftat, als auch Marie winkend und lachend mit ihrer Reisetasche in den Zug nach München stieg. Dabei scheint es erst Stunden her zu sein, dass sie mir mit dem Ranzen in der Hand zuwinkte, mich umarmte, wenn sie nach Hause kam, und sich nachts an mich kuschelte.

Wie viele Points ein Brötchen mit Schinken und Käse wohl hat? Ich wische mir mit dem Ärmel meines bonbonrosafarbenen Bombastöös-Morgenmantels eine Träne weg.

Dann schneide ich mir ein schrumpeliges Dreikornbrötchen vom Vortag auf unter Beteiligung einer Fingerkuppe.

Habe ich wirklich gesehen, was sie gedacht haben? Kannte ich ihre Träume und Wünsche? Bin ich ihnen nahegekommen? So nahe, dass ich dieses Gefühl in mir einschweißen und nie mehr verlieren kann?

Ich muss mich jetzt auf mein Buch konzentrieren, sonst schießt mir noch die Milch ein, beschließe ich und setze mich vor den PC. Ein virtueller Mops leckt gerade von innen die Scheibe des Monitors schlierig.

Ich werde mir einen Hund zulegen, das ist die Lösung!

Das Brötchen mit Magerschinken, 0,1 % Fett, und dieser zwielichtige Buttterersatz darunter schmecken scheußlich.

Ich befinde mich zwar derzeit nur fünf Kilo über meiner magischen Grenze des nicht mehr Wohlfühlens, aber immerhin satte 30 Kilo über meinem Idealgewicht. Über die Jahre hat sich mein Gewicht exakt bei dieser ekelhaft hohen dreistelligen Zahl einge-

pendelt. Diese an sich wunderschöne Zahl **100**, die ja eigentlich nichts für meine Aversion gegen sie kann, löst inzwischen bei mir jederzeit und überall einen unkontrollierten Brechreiz aus.
Die Chefin meines Verlages: *Bitte geben Sie beim Endspurt der Geschichte noch einmal **100** % Gas!*
Ich renne zur Toilette, die Hand vor dem Mund, dürftig mit den Fingern das Hervorquellende aufhaltend.
Bei Ulla Popken: *Wir haben dieses klassische Basicshirt um sage und schreibe **100** Euro reduziert!*
Wo ist die Umkleidekabine mit den Erfrischungstüchern!!!
In den Umkleidekabinen der bekannten Dreimannzeltnobelmarke liegen immer solche 4711-Tücher, die es sogar schaffen, den in Strömen fließenden Achselschweiß der Supersizefrauen zu überlagern, die sich prustend und schnaufend aus ihren alten Klamotten in die nagelneuen Bärchen-T-Shirts zwängen.

Im Fitnessstudio hängt ein Schild am Laufband: *Nur bis **100** Kilo belastbar!*
Gut, dass ich ein Handtuch dabeihabe! Ich wische mir den Mund ab und verstecke es auf einer gerade nicht benutzten Sonnenbank. Strafe muss sein! Schließlich fühle ich mich als Minderheit gerade von denen nicht ernst genommen. Na wartet nur! Noch ein paar Jahre Amikost in unseren Supermärkten und *wir* sind die Mehrheit! Dann wird diese strunzdumme, rostbratwurstfarbene Zicke mit dem wasserstoffblonden Kontrast überm Pony und kläglichem Push-up-Dekolleté schon sehen, wo sie bleibt! Täglich besetzt sie über Stunden mein Laufband und wenn ich mein Handtuch daraufwerfen will, schaut sie immer an mir vorbei, als ob ich Luft wäre! Na wenn schon! Dann aber richtig dicke Luft!
Jaaa! Nicht mehr lange und sie wird verschämt in einer Filiale der bis dahin weltweit mutierten Ulla-Popken-Ladenkette stehen und von einer **200**-Kilo-Verkäuferin im figurgünstig fallenden Slinky-Outfit von oben bis unten abfällig gemustert werden und schließlich mit fünf vernichtenden Worten des Ladens verwiesen: *Ihre Größe führen wir nicht!*

Diese Vorstellung ist eine große Genugtuung und ich hab mir deshalb einen Eisbecher verdient. Ich schaue in den Kühlschrank und finde auch noch Eierlikör und Schokosoße. Laut schmatzend fällt mir meine Waage ein, deren Zeiger in den letzten Tagen gerade wieder an dieser dämlichen Grenze herumlungert.
Kaum bin ich mal ein Kilo unter eben jener verhassten Zahl – was selten genug vorkommt –, fühle ich mich total leicht, schlank, anmutig und schön, geradezu wie ein junges Rehlein! Dann äse ich nur Salatblättchen und trinke Gänsewein.

Ja, treten Sie herein! In **99** *Jahren werden Sie nicht noch einmal so einen* **99***-mal am Tag mit* **99***-Kilo-Hanteln trainierenden gut aussehenden* **99***-Jährigen zu Gesicht bekommen, der es Ihnen* **99***-mal in der Woche besorgt, bevor er Ihnen seine* **99** *Millionen vererbt!*
Das ist doch mal 'ne Zahl, oder?
Aber wehe, ich überschreite diese widerwärtige Grenze um geradezu lächerliche 50 Grämmchen! Schlagartig bleibt mir dann die Puste weg, ich fühle mich gleich eine ganze Tonne schwerer und so unansehnlich, dass ich kaum noch vor die Tür gehe. Und dann beginnt jedes Mal auf's Neue der Kampf gegen die Pfunde und mein Spiegelbild. Dann wechsle ich auch prompt im Internet von Manscout zu Fettgeflüster.de.
Sicherlich würde sich ein Mann in dieser Situation selbstbewusst ein T-Shirt mit dem Schenkelklopfer „Waschbärbauch" kaufen, doch ich armes Würstchen bediene ja nicht einmal das Klischee des weiblichen Anti-Frust-Shoppers! Was würde ich darum geben, in die Schuhläden Leipzigs einfallen zu können, um meine zierlichen, schmalen, schlanken, von der Ganzkörperverfettung noch nicht heimgesuchten Füßchen in nette Pumps und Stiefeletten zu stecken, aber leider hasse ich nichts mehr als Shopping! Ich bin eben in jeder Hinsicht ein hoffnungsloser Fall!
Ringe! Ringe und Handschuhe wären noch eine recht gute Alternative, denn auch meine Hände gucken noch grazil aus dem Michelinmännchen heraus, das mich umklammert hält. So, als ob sie nicht dazugehören würden.

Wie hieß die Singleseite noch mal, auf der ich mich gestern Abend noch so spät angemeldet hatte?

Die nächste Stunde verbringe ich also vor meinem unfertigen Roman. Immer wieder geneigt, in meine Briefkästen auf diversen Flirtseiten zu schauen, verdränge ich die Ablenkungsversuche meiner inneren Schweinehündin und vertiefe mich in die Handlung. Schön viel Herzschmerz soll laut Verlag wieder enthalten sein, gewürzt mit den Verwicklungen des Lebens. Immer wieder schaue ich auf die letzten Sätze, aber mir fällt partout nicht ein, wie ich die Kurve kriegen und damit den Schwerenöter Oberarzt elegant aus seinen inzwischen unzähligen Affären retten kann, damit er die nette und kluge Krankenschwester doch noch in den Hafen der Ehe lotst – und damit sowohl die verschmähte Krankenschwester als auch die entrüsteten Leserinnen milde stimmt.
Mensch, verdammt! Es laufen Hunderte von stupiden Arztserien auf allen Kanälen und mir fällt nicht das Geringste ein! Kein Wunder, wenn man sich seit Dr. Udo Brinkmann für keinen der Weißkittel mehr interessiert hat!
Ich schalte den Fernseher ein und zappe mich durch die Privaten. Es dauert auch nicht lange und ich werde fündig: nachmittägliche Talkshows!
Vielleicht kann ich mir ja hier einen Einfall holen! Ich verkupple einfach meinen Oberarzt mit der debilen Kaugummi kauenden Laienpornodarstellerin aus Würselungen bei Wolkerdungen, die irgendeinen Assikauderwelsch durch ihre Zahnspange zischt und der netten, dicken, schielenden siebenfachen Hausfrau und Mutter aus Chemnitz an die Gurgel will, weil diese einfach nicht einsehen will, dass Arbeitslosigkeit keine Lösung ist und eine emanzipierte Frau von heute (diese Worte verwendet sie leider, leider nicht!) ihr eigenes Geld verdienen sollte! Gott im Himmel, hab doch Mitleid mit deinen Kindern und lass es Hirn regnen!
Als Nächstes wabert die 53-jährige, genauso zahn- wie hirnlose Walpurga aus Essen herein. Spärlich bekleidet hievt sie ihre geschätzten 150 Kilo auf das rote Samtsofa.

Hallo Walpurga, liest der Moderator von seinem Zettel ab. Walpurga entblößt ihre nackten Kaufelgen.

Du bist heute hier, weil deine Tochter Naomi-Chantal-Angelique dir vorwirft, keine gute Mutter zu sein!

Empörtes Buhen aus dem Publikum.

Deine Tochter behauptet sogar, du würdest mit ihr um deren Liebhaber konkurrieren.

Schrille Pfiffe.

Hä? Walpurga versucht, die Worte des Moderators zu verstehen, indem sie ihr Gesicht zusammenkneift, als ob sie die Brille vergessen hätte.

Konkurrieren! Das heißt, ihr möchtet dieselben Männer haben. Walpurga nickt und grinst. *Stimmt.*

Der Talkmaster schaut auf seinen Zettel. *Und? Findest du das richtig?* Walpurga grinst noch breiter. *Na, wenn die Typen mich geiler finden als diese alte Schlampe!*

Sind Sie nicht eher die alte ...? Ähm, lassen wir das.

Ich schalte entsetzt um, bevor Naomi-Chantal-Angelique hereingebeten wird. Irgendwie habe ich das Gefühl, dass ich dies nicht mehr verkraften werde.

Auf ARTE malt gerade ein langhaariger Asylant im Guerillaanzug knallgelbe Farbe auf ein liegendes, völlig nacktes Mädchen, indem er zu lateinamerikanischen Rhythmen mit seinem Pinsel um sie herumtanzt.

Zapp.

Enterprise, die 199. Zapp.

Oh, Phönix! Mit dem Luxuszug durch den tropischen Regenwald. Das könnte was sein! Aber nicht jetzt. Zapp.

Warum wiederholen die nicht endlich mal wieder *Die Waltons*? *Gute Nacht John-Boy! Gute Nacht Jim-Bob!* Das hatte Niveau! Das war noch etwas für unsere unbedarften Seelen in den Siebzigern. Oder *Catweazle*, diese gescheite und lustige Kinderserie! Kann sich irgendjemand an den Namen der Kröte erinnern?

Ich seufze laut. Ja, das waren noch Zeiten, da war die Welt noch in Ordnung! Nette echte Schauspieler mit Jodeldiplom und noch

nettere Geschichten, ganz ohne verbale Inkontinenz!
Gelangweilt nippe ich an meinem zweiten Kaffee.
Külwalda fällt mir ein. *Külwalda* war der Name der Kröte.

Mein erstes Buch war gut angekommen, nicht gerade der Millionenbestseller, doch wichtige Leute waren auf mich aufmerksam geworden. Vor allem in meinem Heimatort hatte sich das Buch ganze zwei Mal verkauft.
Eine bekannte Regisseurin hatte dann meinen Schmöker in eine öffentlich-rechtliche Viertel-nach-acht-Komödie verwandelt. Die Einschaltquoten waren mäßig gewesen, die Rollen schlecht und klischeehaft besetzt, aber immerhin rollte danach der Buchverkauf richtig an.
Der zweite Roman lief richtig gut. Allerdings habe ich mich bislang geweigert, auch diesen in Fernsehunterhaltung verwandeln zu lassen. Diese langweilige hausbackene Christina Altfarmer mit der Gastritisstimme zum Beispiel, die in jedem zweiten deutschen Fernsehfilm die Hauptrolle spielt und circa 70 Filme im Jahr dreht, geschätzte Konfektionsgröße 38 – die soll nicht auch noch in meiner Romanverfilmung eine Übergewichtige darstellen! Ich möchte nicht, dass ausgerechnet sie, die immer für die „Dickenrollen“ auserkoren wird, uns wirklich traumatisierten Adipösinnen die heile Welt der Moppels näherbringt! Mir hat es schon gereicht, sie in der Verfilmung von Susi Traurigs Buch als ausgestopfte „Dicke“ hinnehmen zu müssen – die nach zwei Wochen Personal Training und ganzen acht Pfündchen weniger auf den sowieso schon schwimmringfreien Rippchen ihren Traumprinzen findet! Was für eine Veräppelei!
Bei mir fallen acht Pfund ungefähr so viel ins sprichwörtliche Gewicht, dass ich bei meiner Doppelkonfektionsgröße nicht mehr an der Obergrenze des Gerade-noch-so-Passens liege, sondern mich nur noch im oberen Mittelfeld bewege! Ich bräuchte mindestens einen weiteren Film und einen zweiten Personal Trainer, um schon mal vorsichtig zum nächsten Ständer mit der nächstkleineren Nummer schauen zu dürfen! Nein, das verhöhnt meine Leserinnen nur.

Inzwischen ist mir auch klargeworden, warum es fast nur noch Doppelkonfektionsgrößen gibt. Die Diätambitionen der gemeinen deutschen Haus- und Durchschnittsfrau sind nämlich genauso vielfältig wie erfolglos. Doppelgrößen schonen unseren Geldbeutel einfach ungemein, weil wir dann nicht permanent neue Klamotten brauchen, da die relativ große Spannbreite die üblichen vierteljährlichen zehn Kilo hoch und runter gekonnt auffängt! Das ist doch mal menschlich und nett von der Klamottenindustrie gedacht! Da leg ich gerne 149 Euro für ein giftgrünes, halsenges Dreimannzelt hin, auf dem sich drei lustige Bärchen in einem Waschzuber den Rücken schrubben!
Das ist wie Ostern und Weihnachten zusammen, wie die Wundertüte früher auf dem Jahrmarkt oder der Bratwurstgutschein zur Betriebsweihnachtsfeier. Also früher gab's jedenfalls noch so etwas. Ganz früher, meine ich. Also ganz, ganz früher! Ich spreche von der Zeit, als es noch Weihnachts- und sogar Urlaubsgeld gab. Ja, ich kann mich dunkel erinnern. ICH habe das noch erlebt!

Mir fällt gerade wieder ein, auf welcher Singleseite ich mich gestern Nacht angemeldet hatte: *www. be-nicht-mehr-allone.de*!
Nickname: Mauerblume.
Passwort: Männersindschweine.
Fragenkatalog: Wenn Sie die Erde neu erschaffen könnten, was würden Sie anders machen?
Das Matriarchat weltweit zur einzigen Lebensform ausrufen!, schreibe ich hinein. Ich bezweifle zwar, dass mich außer Lesben nun noch jemand anschreibt, aber das ist auch schon egal!
Genau in diesem Moment klingelt Gott sei Dank das Telefon. Frau Wiegand, meine Verlegerin, trällert mir einen *Wunderschönen guten Morgen, Zarah!* ins Ohr.
Eigentlich heiße ich ja Zora Zitzelinger. Aber als ob nicht mein Nachname schon Strafe genug wäre, hatte meine Mutter beim Anblick meiner käseverschmierten, leuchtend roten Fontanelle den glorreichen Einfall gehabt, mich nach Kurt Helds Titelfigur zu benennen, einem ihrer Lieblingsbücher. Sie dachte wohl tat-

sächlich, dass ich mal rothaarig werde. Wurde ich aber nicht, nur rotbackig. Ich muss nicht extra erwähnen, dass ich in der Schule mit meinem Namen der Knaller war, und das nicht nur bei allen Witzbolden, Mädchenquälern, Dumpfbroten und selbsternannten Klassenclowns. Es gab sogar einen Lehrer, der mich jeden Morgen vor versammelter Klasse fragte, was meine Bande mache. Erst, als ich einmal antwortete, dass diese gerade in der Nachbarschule einen Lehrer in die Luft sprenge, gab er Ruhe – und mir nur noch Fünfer.

Trotzdem kann ich richtig froh und dankbar sein, dass ich kein Junge geworden bin. Bei dem bolschewistischen Leseanspruch meiner Mutter hieße ich jetzt wahrscheinlich Timur und man hätte sich in der Schule statt nach meiner Bande nach meinem Trupp erkundigt oder ich wäre der kleine Trom-Peter, das sang meine Mutter immer beim Kochen.

Frau Wiegand kam damals bei unserem ersten Treffen ohne Umschweife zu der trockenen Feststellung, dass man mit dem Namen Zitzelinger mindestens Mitglied in der CSU und höchstens Fleischfachverkäuferin in Unterhubertshausen werden könne, aber keine erfolgreiche Buchautorin – außer ich würde über Wurstsalate schreiben.

Nach einer Tasse Latte Macchiato hieß ich von nun an *Zarah Zanelli* – und habe Erfolg.

Frau Wiegand und ich tauschen einige nette Belanglosigkeiten aus, dicht gefolgt von der Frage, wie weit denn mein neuer Roman sei. Bei den letzten Anrufen von Frau Wiegand habe ich darauf mit allerlei Drumherumgerede und Ausflüchten reagiert, aber jetzt sage ich ihr klipp und klar, dass ich feststecke und dass ich nicht glaube, dass mich derzeit irgendetwas derart inspirieren könne, um das Buch bis zum vereinbarten Termin fertigzuschreiben.

Stille.

Wir schweigen eine Zeit lang und ich lasse meinen Blick durchs offene Fenster auf die gegenüberliegende Straße gleiten.

Am Parkeingang steht die übliche Gruppe jugendlicher Berufskiffer, die denken, sie betrieben Sport, wenn sie ihre leeren Bierflaschen über den Maschendrahtzaun in den Sandkasten des angrenzenden Kindergartens kickten.
Ich schließe das Fenster und lausche gespannt auf Frau Wiegands ruhigen Atem.
Frau Wiegand räuspert sich jedoch nur kurz und vertagt dann die Fortführung des Gespräches auf später – sie wolle erst einmal etwas abklären ...
Das klingt nicht gut. Habe ich den Bogen überspannt?
Ich bin mir in diesem Augenblick gar nicht mehr sicher, ob ich mir die derzeitige Einfallslosigkeit überhaupt leisten kann. Hoffentlich kündigt mir der Verlag nicht! Ich habe überhaupt keine Lust, wieder hinter der Kasse der Stadtapotheke zu stehen:
Hallo. Ich hätte gerne 'ne 10er-Packung Symptome.
Ah, ja. Wozu brauchen Sie die denn?
Der Arzt hat gesagt, ich bräuchte erst mal Symptome für meine Krankheit.
Ach so. Nein, tut mir leid, die sind gerade ausgegangen, ich müsste die extra für Sie bestellen.
Gut, wie lange dauert das?
Ich denke, die müssten morgen Nachmittag kommen, zusammen mit den Plazentas und Hypochondrien. Wir lassen Sie gleich in die Filiale in der Marburger Straße liefern, weil wir morgen Nachmittag geschlossen haben.
Okay, danke.
Bitte, jederzeit gern.

Ich logge mich bei Manscout ein und rufe meine Post ab. Aus der Stereoanlage säuselt Van Morrison.
Pilgrim hat wieder nicht geantwortet, obwohl ich ihm schon vor Tagen einen virtuellen Flirtkuss geschickt habe. Auch auf die Gefahr hin, dass er sieht, dass ich schon wieder auf seiner Seite bin, schaue ich mir noch einmal sein Foto an. Braungebrannt, langes dunkles Haar zum Zopf gebunden, den Kopf halb zur Seite gedreht, sitzt

er in einer Pfadfinderjacke auf einem Felsvorsprung und schaut verloren irgendwohin. Ich vermute, zum Sonnenuntergang, am endlosen Horizont, wo seine Mustangherde weidet, begleitet vom abendlichen Grillenkonzert in der endlosen und knochentrockenen Prärie. Gleich wird er eine Schachtel Marlboro aus der Tasche ziehen und sich gedankenverloren eine Zigarette anstecken. Pilgrim ist wunderbare 39 Jahre jung, groß, sehr schlank und genau meine Kragenweite! Ob ich noch mal virtuell anklopfe?

Jede Frau sollte unbedingt ein Mal ihre gute, zur Tugend und Schüchternheit gemahnende Erziehung und ihre religiösen und kulturellen Ressentiments für drei Sekunden vergessen, wenn der Angebetete ihr schon beim Anblick eines briefmarkengroßen Fotos einen Eisprung verursacht! Denn das wäre sicher nicht so, wenn der liebe Gott das nicht gewollt hätte. Und mit dem ist bekanntlich nicht zu spaßen, was man an der zunehmenden Zahl der vom Blitz Getroffenen, von Lawinen Verschütteten oder in ehemaligen Tagebauen Ertrunkenen sehen kann. Die meisten davon waren nämlich Singles, wie neueste Forschungen belegen! Und ich will ja nicht noch Opfer einer Naturkatastrophe werden, nur weil ich es versäumt habe, einen Pfadfinder, der meinen Eisprung auslöst, zuerst anzusprechen, weil frau das als Frau nicht tut!

Ich klicke also vorsichtshalber noch einmal die virtuelle Kusstaste an und schaue dann weiter in meinen Posteingängen. Drei Mails von allesamt netten, grauhaarigen Männern um die 70 finde ich vor, Männer mit Tonsuren vom Nacken bis zum Kinn, die liebenswürdige, langweilige und sehr ausführliche Briefe schreiben.

Möchten Sie mit mir das Rentnerdasein genießen?

Warum kriegt eigentlich in der Liebe kaum einer, was er wirklich will?

Das Telefon klingelt wieder. Frau Wiegand. Mein Herz klopft bis zum Hals und ich bin auf das Schlimmste gefasst. Nein, eigentlich auf das Allerschlimmste!

Mit ihrer hellen, glockenartigen Stimme begrüßt Frau Wiegand mich erneut und macht dann eine kleine Pause: *Also, ich habe mir Folgendes überlegt ...*

Ich schneide ihr vorsichtshalber sofort das Wort ab, um Zeit zu gewinnen: *Ich durchlebe halt gerade eine doofe Zeit irgendwie. Ich bin ganz durcheinander wegen der Krise im Nahen Osten. Schauen Sie, Frau Wiegand, ist es nicht so, dass gerade die Besten unserer jungen aufstrebenden tapferen Helden dort ihre wundervollen knackigen Hintern aufs Spiel setzen, nur damit Sie und ich in Ruhe Bücher schreiben und drucken können, die einsamen Hausfrauen die Langeweile vertreiben sollen?*
Ich lausche kurz.
Zarah, Sie brauchen eine schöpferische Umgebung und vor allem Wind um die Nase.
Frau Wiegand klingt besorgt.
Nein, ich meine ja nur, so theoretisch, also ich finde das sehr belastend, dass unsere Besten und Jüngsten und …
Mir versagt die Stimme.
Beklemmend lange Pause.
Ich habe mir überlegt, Ihnen mein Ferienhaus auf Lanzarote zum Schreiben zur Verfügung zu stellen. Ich bin mir sicher, Sie werden dort die nötige Muße und Inspiration finden. Sie haben noch vier Wochen Zeit bis zum Abgabetermin. Machen Sie was draus! Der Flug für morgen ist schon gebucht.
Ich kippe fast aus meinen Bärentatzen-Hausschuhen! Urlaub? Sonne? Strand? Ein eigenes Ferienhaus? Zum Schreiben? Ich fasse es nicht! Und ob ich plötzlich inspiriert bin!
Ich hinterlege Ihnen alle Informationen, einschließlich Ticket und Schlüssel am Flughafen. Seien Sie einfallsreich! Viel Glück! Und bitte, gehen Sie vorsichtshalber heute noch einmal zum Arzt, verabschiedet sich Frau Wiegand.
Ich brauche jetzt erst einmal einen doppelten Cognac.

Goldkettchen für Ballermänner

Am Flughafen herrscht großes Gedränge. Unzählige gestresste Ehemänner eilen mit ihren noch gestressteren Ehefrauen und den laut quengelnden Gören durch die Schalterhalle, um ihren lang ersehnten Flug in einen der straff organisierten All-inclusive-Clubs pünktlich zu erreichen. Die nach Urlaub dürstende Menschenmenge wartet ungeduldig auf die dringend notwendige Abwechslung, damit sie dann – vollgetankt mit grellbunten Erlebnissen – ein weiteres Jahr ihren grauen Arbeits- und Ehealltag durchstehen können.

Das ist nichts für mich. Ich will nur meine Ruhe haben. Keine Männer, keine Partys und vor allem keinerlei Animation und Gruppensaufen am Pool!

Die letzten Monate waren ziemlich anstrengend gewesen. Nach Manuel, dem ersten Sachsentramp in meinem Leben, dachte ich, es begänne nun eine ruhigere Phase in meinem Leben.

Doch dann kam überraschend, gewissermaßen über Nacht, diese Lese- und Promotiontour für mein Buch. Lesungen in dreiundzwanzig großen und kleineren Städten, fast jeden Abend, einen Monat lang, dann die diversen Interviews und Fototermine und zu guter Letzt der große Ball der Zeitschrift *Die Schrille*, zu der ich als hoffnungsvolle Newcomerin geladen war. Sicher nur aus Versehen. Oder sie mussten noch einen freien Platz besetzen. Damals, als die Einladung eintraf, malte ich mir aus, wie es dazu wohl gekommen war ...

Hiltrud, der Wiener Baulöwe Reinhard Lügner hat abgesagt, weißt schon, dieser Zementl, er muss mit seiner Neuen zur Nachprüfung vom Hauptschulabschluss.

Schlecki?

Nein, das war die Vorletzte. Danach kamen kurz Blasi und Kaui und jetzt hat er doch die 23-jährige Muschi.

Und die macht jetzt erst ihren Hauptschulabschluss?

Sie hat sich eben Zeit gelassen.

Ach so.

Jedenfalls haben wir nun noch einen Platz frei am Tisch 17.
Dort, wo Karl Dallfeld, Claudine Schiffbruch und die sich gerade wieder einmal versöhnenden Miffenbergs sitzen?
Hmmm. Wir brauchen irgendwie einen Gegensatz zu denen, etwas völlig Abgefahrenes, das bringt Spannung in die Veranstaltung und vielleicht eine gute Story.
Relativ unbekannt, vielleicht sogar unansehnlich und vor allem uninteressant sollte derjenige oder diejenige sein.
Genau, so ein Versagertyp, der plötzlich bekannt ist! So etwas wie der Kerl mit der Mundharmonika! Eben noch in der Fußgängerzone und jetzt schon auf unserer Showbühne!
Rudi Channell? Nee, lebt ja auch nicht mehr …
So was wie die hausbackene Sängerin aus Britain's Not Talent?
Ja! Genau!
Hm, ich verstehe. Warte mal, wie heißt noch mal diese neue Herz-Schmerz-Autorin, die als Neuentdeckung aus allen Zeitschriften beim Friseur quillt? Die große Dicke in Tigerleggins und Schlabberoutfit – die würde doch passen!
Ach, ich weiß, diese Karla Kolumna für Arme mit den Klamotten von HappyPummel. Haha!
Genau! Zarah Zanelli!

Jedenfalls fand ich mich wenige Tage später halb ohnmächtig vor Aufregung auf dem berühmtesten Promiball Berlins wieder.
Allerdings konnte keiner der auf dem Ball Anwesenden auch nur ansatzweise etwas mit mir anfangen, bis auf Jacqueline Schlüter, eine Nebendarstellerin meines ersten verfilmten Buches, die aber eigentlich wegen ihrer Rolle in der Seifenoper *Zwischen uns allen* anwesend war. Sie erkannte mich. Mit ihr tauschte ich dann auch drei freundliche Sätze aus. Den Rest des Abends betrank ich mich allein in aller Stille. Neben all den ausgehungerten Schauspielerinnen im teuren Designerfummel kam ich mich vor wie eine einsame Walküre aus einem anderen Universum, die man notdürftig in ein kostbares Kleid von Tine Wittler gezwängt hatte.
Und dann stand er urplötzlich vor mir und musterte mich von

Kopf bis Fuß: Eros Zander, der bekannte und angeblich schönste türkische Schauspieler Deutschlands. Ein Wunderwerk göttlicher Inspiration, so vollkommen, dass Gott sich nicht mal getraut hatte, ihm eine Rippe zu entfernen, um daraus so etwas wie mich zu machen.
Er kam ganz langsam auf mich zu, deutete mit seinem Glas Champagner ein kleines, hauchfeines *Prost* an und raunte im hormonischsten Kontrabass, der je mein Ohr liebkoste, das absolute Schlüsselwort, den Dosenöffner zum Herz jeder Frau:
Hi ...
Herr Zander! Ich verglühe sie ehrend!, stotterte ich heiser drauflos und sah mich schon in allen Klatschspalten des morgigen Tages! *Zarah Zanelli, die bekannte Autorin, Stilikone aller fetten Frauen und neueste Muse von Karl Dallfeld schnappt sich den scheinbar übergeschnappten schönsten Mann zwischen Weser und Weißwurstäquator!*
Doch schon eine Sekunde später war bereits alles wieder vorbei, denn da kam sie: blonde glänzende Mähne, sicher mit Hunderten Extensions aufgebrezelt, vampartiger Schlafzimmerblick, Wespentaille und die wollüstigsten Lippen, die je ein Arzt aufgespritzt hat! Sie hakte Eros unter, scannte mich kurz von Kopf bis Fuß, drehte sich dann aber wortlos um und zog ihn mit sich fort in die Menschenmenge. Wahrscheinlich war ich keinerlei Konkurrenz in ihren Augen und nicht einmal den leisesten Anflug von Eifersucht wert!
Aber ihr Blick hatte mich auf dem geölten Parkett festgetackert. Ein Blick, der mir drei Millionen wert gewesen wäre, mich auf der Stelle in die Kanüle einer Ganzkörperfettabsaugungsmaschine schlürfen zu lassen, um mich dort in der Dunkelheit glibberiger Fettsülze auszutzeln zu lassen und vollständig aufzulösen!

Nachdem ich meinen Koffer aufgegeben habe, suche ich mir einen ruhigen Tisch in einem kleinen Bistro und bestelle mir einen Kaffee. Ich fliege nicht zum ersten Mal auf diese Kanareninsel, deren außergewöhnliche karge Schönheit mich schon im allerersten

Urlaub fasziniert hat. Doch dieses Mal ist es etwas anderes. Erstens liegt mein letzter Urlaub dort schon einige Jahre zurück und zweitens steige ich heute nicht in einem der zahlreichen Urlauberhotels ab, nehme an keiner Busrundfahrt teil und muss mich nicht morgens und abends an einem überfüllten Buffet durch hungrige Menschenmassen drängeln.

Nein! Frau Wiegand hat mir ihre kleine Finca im Nordwesten der Insel überlassen, abseits von überquellenden Touristenstränden und der nächtlich dröhnenden Partymusik.

Ich nippe an meinem Milchkaffee und träume von dem zauberhaften Plätzchen, das für die nächsten vier Wochen mein Zuhause sein soll. Ganz idyllisch stellte ich es mir vor, mit freiem Blick auf's Meer, einer Palme vor dem Haus, die im immerwährenden Wind raschelt und mir in der Mittagshitze Schatten spendet – und mit einem kleinen privaten Strandzugang.

Sogar meine Aquarellfarben habe ich eingepackt, obwohl mir ja eigentlich keine Zeit zum Malen bleiben wird. Aber man kann ja nie wissen.

Menschentrauben ziehen an den fünf Tischen des Bistros vorbei. Manche bleiben stehen und streiten lauthals. Junge Pärchen knutschen und befummeln sich im Vorbeilaufen.

Am Nachbartisch hat ein Ehepaar ihre drei dicken Kinder nebst fünf Taschen und drei Rucksäcken Handgepäck geparkt und hetzt nun an die Theke.

Mama, will 'n Eis!, schreit einer der rotbackigen Klopse hinterher.

Und ich Pommes rotweiß!, ruft der mittlere. *Ganz viiiel weiß!*

Der Kleinste schreit nicht, mümmelt nur an seiner Tüte Chips.

Nachdem ich meinen Kaffee ausgetrunken habe, checke ich ein und bummele noch ein bisschen durch Duty-free.

Dann mache ich es mir mit einem Buch auf einer Wartebank bequem. Innerhalb weniger Sekunden versinke ich in die Welt von Lady Ashley und reite mir ihr über die sanften Hügel der Schottischen Hochebene. Die Liebesromane anderer Autorinnen müssen auch mal sein! Vielleicht kommt mir ja während des Lesens bereits die rettende Idee für meine eigene Geschichte!

Liebesgeschichten sind sowieso mehr oder weniger alle gleich, und vor allem gibt es immer ein Happy End – im Gegensatz zum wahren Leben.
Ich seufze laut. Zu laut.
Scheint ja sehr interessant zu sein, was Sie da lesen!, reißt mich eine wohlklingende Stimme aus der Szene, in der der schöne Sir Edward Wingerby klatschnass und lasziv einem See entsteigt.
Jeder literarische englische Landadelige, der einigermaßen etwas auf sich hält, scheint einmal im Leben nass einem See entsteigen zu müssen!
Irritiert blicke ich zur Seite und schaue in ein verschmitzt lächelndes, sonnenbankfarbenes Gesicht, eingerahmt von einem kurzen, platinblond gefärbten und hochgegelten Igelschnitt.
Na bravo, ein Pomadenhengst! Kaum habe ich mich für's Zölibat entschieden – prompt habe ich auch schon wieder so ein Testosteronexemplar am Hals! Gleich wird er mit den langen getuschten Wimpern klimpern, Mann ist ja heute bevorzugt metro, und dann seine gezüchteten Zepse beiläufig auf- und niederhüpfen lassen!
Mein vernichtender Blick scheint Bände zu sprechen.
Oh, tut mir leid, ich wollte Sie nicht stören. Aber Sie waren so vertieft, dass ich gerade dachte, Sie hätten vielleicht den letzten Aufruf überhört, redet er sich artig heraus.
Sehe ich aus, als ob ich irgendetwas so Grundlegendes wie den Aufruf in mein Ferienparadies überhören würde? Ist ja auch das Naheliegendste von der Welt, wenn man eine Frau ist! Einfach mal so den eigenen Flieger überhören, noch eine Weile hilflos und dümmlich herumsitzen und dann, weil das Flugzeug sowieso schon weg ist, noch ein Fähnchen vom Condorschalter mitnehmen, ein Taxi rufen und wieder in die Altbaustadtwohnung zurückfahren!
Ich schaue gereizt auf die Uhr.
Welcher Flug ist denn aufgerufen worden?, frage ich unter Zuhilfenahme meiner gesammelten guten Erziehung.
Monastier.
Sehe ich aus, als ob ich nach Tunesien will? Hormonstau im Gepäck? Ich ärgere mich darüber, dass er mich offensichtlich nicht

nur für blöd, sondern auch noch für eine Sextouristin hält, die gerne mal alleine nach Tunesien fliegt, um von einem jungen schwarzhaarigen und glutäugigen Ali wieder echte und wahre Liebesschwüre zu hören. Mr. Lover Lover ...
Ich werfe Mr. Bombastic einen vernichtenden Blick zu, was ich über die Jahre ziemlich perfektioniert habe, und mustere ihn dann betooont langsam, indem ich meine Augen langsam halsabwärts über seinen gestählten Leib gleiten lasse. Ich fange damit extra unterhalb des Gesichtes an – das unterstreicht nämlich mein Desinteresse an ihm derart, dass sogar ein Mann wie er das merken müsste.
Wow! Hammer! Sein Sixpack zeichnet sich durch's Shirt ab, auch ohne den Nasseffekt von Sir Edward Wingerby im Teich ... Großer Gott, bitte, bitte, lass mich lieber augenblicklich vom Blitz getroffen werden, als jetzt einen Eisprung zu bekommen! Ich will bei diesem Muskelheini wirklich keinerlei Tasten drücken!
Zunehmend unsicher gleitet mein Blick weiter nach unten. Mein lieber Schwan! Enger trägt dieser prollige Comedian, Fatze Schlöter, seine Hosen auch nicht!
Ich merke, dass ich rot werde, und verstecke mich hinter meinem Buch. Ich bin mir tausend Prozent sicher, dass Mr. Bombastic an den Ballermann fliegt! Steck ihn zusammen mit einer Handvoll anderer Muckimänner in einen Pool – und du hast Hechtsuppe!
Insgeheim schließe ich eine Wette mit mir darüber ab. Wenn er beim Aufruf *Palma de Mallorca* aufsteht, geh ich hin und küss' ihn auf die Wange. Das wird mein vernichtendes Endurteil über ihn sein!
Entschuldigung, warum denn so ruppig, grinst mich Blondi an.
Weil Höflichkeit bei den meisten Männern eine direkte Aufforderung zum Beischlaf zu sein scheint!, kontere ich spitz.
Er lacht lauthals, allerdings auch ziemlich wohlklingend.
Ich mag diese Typen nun einmal nicht, die glauben, wenn sie täglich in ein Fitnessstudio gehen, übten sie Freizeit aus. Das sind solche, die einzig und allein dazu taugen, sie in eine Ecke zu setzen und damit aktive Müllvermeidung zu betreiben.

Aber um seine hormonelle Liebesgondel auch nur ansatzweise wohlbehalten auf mein beziehungsgestörtes Riff zu steuern, hätte es mehr als nur blondierte Stoppeln und dicke Zepse gebraucht!
Verärgert lese ich weiter. Ich versuche, so missmutig wie möglich dreinzuschauen. Schließlich hat er mich gerade persönlich beleidigt.
Hmmm.
Aber er hat auch immerhin *mich* angesprochen. Und das, obwohl mehrere wasserstoffblonde McToasties in seinem erreichbaren Umfeld sitzen – allesamt bereits so verkohlt, dass außer Zähnen und Augen keinerlei Gesichtszüge mehr erkennbar sind, und mitsamt der passenden Platinfrisur, neckischen Glitzersteinchen auf den künstlichen Fingernägeln, bauchfreien Leibchen, Hochhaushacken und überquellendem Shoppingsender-Schmuckbehang. Das Ganze ergibt dann diesen Schrapnellda-Effekt von Ü40-Tanzpartys, auf denen sich solche Damen als Duo, immer mit einem Piccolöchen in der Hand, beschwingt foxtrottend zu Helene Fischer bewegen.
Lady Ashley knutscht gerade mit Lord Byron in einem kleinen Wäldchen, während ihnen die Pferde durchgehen.
Die Passagiere des Fluges 1287 nach Arrecife werden gebeten, sich zum Ausgang D zu begeben! Wir wünschen Ihnen einen angenehmen Flug!
Ich verstaue Lady Ashley in meiner Handtasche und schnappe mir den kleinen Koffer mit dem so wichtigen Laptop.
Sie fliegen also auch nach Lanzarote, stellt Blondi neben mir fest. *Wie schön! Dann fliegen wir ja gemeinsam.*
Auch das noch! Also nix Ballermann. Fehlt nur noch, dass er im Flugzeug neben mir sitzt und mich ununterbrochen vollquasselt! Wahrscheinlich will er die Geschichte seiner gescheiterten Beziehungen loswerden und dann berichten, wie sehr ihm der selbst gestampfte Kartoffelbrei seiner Mutter jetzt schon fehlt! –, um mich dann übergangslos zu fragen, in welchem Hotel ich wohne und ob ich genauso gerne Sangria aus Eimern saufe.
Ich glaube nicht, dass wir zusammen fliegen!, erwidere ich. *Wir sitzen nur im gleichen Flugzeug!*

Ich lasse ihn stehen und stolziere unbeholfen zum Ausgang, denn ich spüre seinen festen Blick auf meinem weniger festen Hinterteil. Wer einen Hintern hat, der in jeder Klamotte aussieht wie der von Christo verpackte Reichstag, fühlt sich unter solchen Männerblicken immer im höchsten Grade unwohl!
Na, zumindest wird er mich nun mit Sicherheit in Ruhe lassen und sich den blondierten Trockenpflaumen zuwenden!
Im Flugzeug habe ich einen wunderbaren Fensterplatz, ziemlich weit vorn, und die beiden Plätze neben mir bleiben frei. Ich genieße den ruhigen Flug und träume von Lanzarote ...
Ob es die Bodega in Teguise noch gibt mit den wunderbaren Weinen und leckeren Tapas? Ich muss nur aufpassen und mich disziplinieren, damit ich auch wirklich an meinem Buch weiterschreibe und mich nicht andauernd an meinen Lieblingsorten herumtreibe!
Am besten wird wohl sein, wenn ich mich in der Finca einschließe und den Schlüssel im Klo herunterspüle!
Sehr geehrte Damen und Herren!, ertönt es aus dem Cockpit.
Wir haben eben die Reiseflughöhe erreicht. Wir werden nun das Licht dimmen. Das erhöht Ihren Komfort und lässt unsere Flugbegleiterinnen vorteilhafter erscheinen ...
Ich packe Lady Ashley aus.
Möchten Sie zollfreie Ware aus unserem Angebot einkaufen?, unterbricht mich eine Flugbegleiterin mit der stereotyp lächelnden Flugbegleiterinnen-Schminkmaske. Ich lege mein Buch kurz beiseite und bin ganz froh über das spärliche Licht. Offensichtlich reicht es den Fluggesellschaften inzwischen, wenn ihre Mädels nicht im Gang stecken bleiben und an die oberen Gepäckfächer heranreichen. Ich bin enttäuscht und beschließe, endlich einmal mein Vorurteil aufzugeben, dass nur die bildhübschesten und schlanksten und sehr großen Mädels in diesem Beruf genommen werden und ich sowieso nie für so einen erlesenen Beruf in Frage käme. Vielleicht haben sich auch zu viele Ehefrauen über die Jahre beschwert. Nur das extrastarke Flugbegleiterinnen-Makeup lässt keinen Raum für zu revidierende Vorurteile. Noch mehr

nervt mich aber, dass man nicht mehr *Stewardess* sagen darf, genauso wenig, wie meine *Friseuse* noch als solche bezeichnet werden möchte. Von meiner *Masseuse* mal ganz abgesehen!
Man kann's auch übertreiben! Also winke ich dankend bei meiner Flugbegleiterin ab, so wie ich in Zukunft wohl auch bei meiner Haarbegleiterin abwinken werde, wenn sie mir ihre zollfreien Lockenwickel anbietet.
Und wenn ich wieder zu Hause bin, werde ich vorsichtig am Gehäuse meiner Friteuse anklopfen und nachfragen, ob sie wohl sehr beleidigt wäre, wenn ich auch weiterhin nicht *Friteurin* oder *Pommesbegleiterin* zu ihr sage!
Blondi sehe ich während des Fluges nicht mehr und vergesse ihn auch sofort wieder. Männer, die mir vom selbst gestampften Kartoffelbrei ihrer Mutter vorschwärmen wollen, bleiben mir noch nicht einmal bis zur nächsten Pipipause im Gedächtnis haften!
Apropos Pipi! Gerade, als ich mich erheben will, um zur Toilette zu gehen, erklingt das Zeichen zum Anschnallen. Vielleicht auch besser so. Wer weiß, ob ich nicht stecken geblieben wäre!
Ich schaue zum Fenster hinaus und verfolge mit Spannung den Landeanflug.
Jeden der kleinen weißen Orte kann ich aus der Luft identifizieren und ich freue mich auf mein unbekanntes Zuhause. Beim Landeanflug über dem Meer gerät unsere Maschine wegen des offensichtlich starken Windes sehr ins Schwanken. Als das Flugzeug nur noch circa 30 Meter über der Landebahn ist, gibt der Pilot plötzlich Schub und startet unerwartet durch. Einige Passagiere schreien erschrocken auf. Wir warten alle auf eine Erklärung, aber es kommt keine. Nach einer weiteren Schleife erfolgt der nächste Versuch und der glückt diesmal auf Anhieb.
Ich glaube, ich werde im nächsten Leben auch Pilot. So ein lustiger Beruf! In Florida soll es ja Flugschulen geben, die jeden ausbilden, ohne Rücksicht auf Alter, Geschlecht, Hautfarbe oder Religion. Und so ein Flugzeug kann ja auch nicht die Welt kosten. Irgendeine ausrangierte Tupolew wird ja gefälligst noch irgendwo herumstehen! Und dann nehme ich meine *Pommesbegleiterin* mit

an Bord und es gibt immer lecker Pommes rotweiß – und einen wirklich hübschen, schlanken, sehr großen Flugbegleiter, der vor allem für *mein* Wohl im Cockpit zuständig ist. Und ich werde ihn nur *Steward* nennen! Das darf ich dann auch, schließlich gehört er mir. In meinem Tagtraum ist er mein leibeigener Sklave. Mit der Betonung auf LEIB! Und wenn ich mich in einer Flugpause am Pool rekele, macht er mir den Poolboy. Er macht mir überhaupt alles, was ich will!

Am Kofferband in Arrecife sehe ich Blondi schließlich doch wieder. Er steht breitbeinig, die Arme in den Hosentaschen, und wartet auf sein Gepäck. Da für unseren Flieger zwei Kofferbänder laufen, stelle ich mich an das andere, auch wenn es eine etwas längere Wartezeit bedeutet. Ich verstecke mich hinter einem großen, dicken Mann – was wahrscheinlich unnötig ist, denn Blondi hat alle Hände voll damit zu tun, eine ziemlich aufgetakelte Dame, die sicherlich zehn Jahre jünger ist, als sie aussieht, in ein Gespräch zu verwickeln. Ich fühle mich erleichtert.
Wo bleibt nur endlich mein Koffer!
Blondi gestikuliert heftig beim Reden und ich beobachtete ihn neugierig aus den Augenwinkeln. Er ist etwa Ende dreißig, sehr groß und hat die gleiche Haarfarbe wie sein Gegenüber – wahrscheinlich ist er auf der Suche nach einer betuchten Dame, die ihm seinen Urlaub finanziert.
Dieser Gedanke gefällt mir! Das ist meine Strafe für Tunesien! Obwohl ich mir sicher bin, dass er mindestens zwölf fette Goldketten im Gepäck hat, die er bei Bedarf auch schon einmal gleichzeitig trägt, kommt er am Flughafen gänzlich schmucklos daher – bestimmt wegen der Sicherheitskontrolle, damit er nicht alle zwölf Ketten einzeln ablegen muss! Ach Quatsch, was denke ich! Er *hatte* ganz sicher seine Goldketten an, musste sie aber ablegen und war nur zu faul, sie danach wieder anzulegen! So war's! Genau!
Ich mustere ihn weiter. Er trägt eine einfache Jeans und ein blaues Shirt und er würde mit ungefärbten Haaren sicherlich ganz passabel aussehen ... Ach was!

Ich drehe mich wieder um und starre aufs Band. Die Koffer bahnen sich ihren Weg durch schwitzende, prüfende Hände zu ihren jeweiligen Besitzern. Es ist ein einziges Begrabschen und Herausfischen der Gepäckstücke, nur um sie dann doch wieder auf's Band zu werfen, wenn ein anderer Gürtel den Koffer umschlingt als erwartet.
Erna, det iss doch deiner!
Aber nein, meiner ist grün!
Der hier war grün.
Nein, der war türkis.
Dass die Leute niemals wissen, wie ihr Gepäck aussieht! Oder sie vergessen einfach während des vierstündigen Fluges, ob sie nun den braunen oder den roten Koffer dabeihaben.
Blondi fischt gerade eine abgewetzte Reisetasche vom Band und wirft sie sich ruckartig über die Schulter. Dabei spannen sich die Muskeln seines nackten Oberarmes und er legt lässig seinen Kopf in den Nacken. Eine tolle Figur hat er ja, das muss ich widerwillig zugeben, und ein fein geschnittenes, ziemlich markantes Gesicht. Aber diese blondierten Stoppeln – und dann der Kinnbart. Eben ein richtiger Schönling, dumm, blasiert und in zu engen Hosen!
Ich schnappe meine zwei Koffer und verlasse den Gepäckbereich in Richtung Ausgang.
Hoffentlich klappt das mit dem Mietwagen, den mir Frau Wiegand gleich mitbestellt hat, denn ich spreche kein Wort Spanisch. Doch, *Corazon Espinado* kann ich sagen. Aber erst seit dem Lied von Santana. Und *Hola* natürlich.
In der Vorhalle erhalte ich ohne große Schwierigkeiten den Vertrag und den Schlüssel am Schalter der Autovermietung ausgehändigt. Zur Tiefgarage, die eigentlich ebenerdig liegt und sich direkt gegenüber dem Haupteingang befindet, sind es nur wenige Schritte.
Als ich ins Freie trete, steigt Blondi gerade mit der Dame vom Grill in ein Taxi ein. Er bemerkt mich in letzter Sekunde und winkt mir fröhlich zu. Dann fährt sein Taxi los und verschwindet im Gedränge des Flughafenverkehrs.

Lackaffe! Ich gehe meinen kleinen Mietwagen suchen. Er befindet sich in der dritten Reihe, sieht aus wie ein giftgrünes Zäpfchen auf Rädern und ist ziemlich neu.
Señora Zanelli? Ein kleiner graubärtiger Herr mit Sonnenbrille und Hut kommt keuchend angelaufen.
Ja, bitte?
Ich bin Antonio, stellt er sich vor und wischt sich den Schweiß von der Stirn, wobei ihm sein Hut in den Nacken rutscht.
Ich betreue die Finca von Señora Wiegand. Und ich soll Sie abholen! Er greift nach einem meiner Koffer und ich trete überrumpelt einen Schritt zur Seite.
Keine Angst, das geht in Ordnung, lacht er und entblößt dabei ein paar Zahnlücken.
Aber ich habe doch einen Mietwagen, protestiere ich irritiert.
Deshalb bin ich auch mit dem Bus gekommen, erklärt er und wirft meine Koffer einfach in den Kofferraum. Dann hält er mir die Wagentür auf und macht eine unmissverständliche Handbewegung, dass ich mich bitte sehr, aber schleunigst auf die Beifahrerseite zu setzen habe.
Das alles kommt zwar überraschend, aber eigentlich ist es mir ganz recht, zumal ich nicht genau weiß, wo sich die Finca befindet. Ich hätte gleichzeitig auf den ziemlich dichten Feierabendverkehr und auf die Wegbeschreibung achten müssen. Stattdessen kann ich mich nun chauffieren lassen und erste Eindrücke von der Insel sammeln. Jetzt habe ich wirklich Urlaub! Na ja, Kreativurlaub ... Ich will zumindest heute noch nicht an die vor mir liegende Arbeit denken.
Schon nach wenigen Sekunden Fahrt kann ich das Meer sehen, was mich augenblicklich mit allen Männerbegegnungen des heutigen Tages versöhnt.
Antonio blickt mich kurz von der Seite an, sagt aber kein Wort.
Niemand wird mich in meiner Finca stören und auf Kontakte jedweder Art oder gar wilde Strandpartys bin ich sowieso nicht scharf. Ich schaue auf das endlose blaue Meer und entspanne mich.

Was ist eigentlich Verliebtheit?, geht mir durch den Kopf. Liebe? Schmerz? Ein Begehren? Ich weiß aus Erfahrung, dass es einen Unterschied gibt zwischen Liebe und Verliebtheit. Liebe ist etwas Warmes, Sanftes, Bedingungsloses, wie die Liebe zum eigenen Kind, zu einer Schwester oder einem guten Freund. Sie ist, wie der Name schon sagt, nicht an Bedingungen geknüpft, schon gar nicht an die des Zurückgeliebtwerdens. Sie lässt alles, wie es ist, ohne es verändern zu wollen. Und sie findet nichts, das fehlt oder anders sein müsste.

Liebe ist unser Sein, unser natürlicher Zustand, bevor ihn das, was wir ICH nennen, pervertiert. Und das ICH wächst einem ziemlich früh beziehungsweise es wird einem von allen Seiten vermittelt.

Frisch gewaschen und gepudert schmeckt die Welt noch süß und warm, irgendwo eingerollt in undefinierbarer Wohligkeit, ein schweres duftendes Etwas in dem, was sich ein paar Monate später als Mund herauskristallisiert, schwebt man noch eine kleine Weile saugend im Einklang mit dem Universum.

Der Einklang mit dem Universum endet mit dem Versiegen des süßen, warmen, duftenden Etwas und wird nach und nach durch ein unsicheres Ich ersetzt, welches auf Zehenspitzen nach den verbotenen Keksen im obersten Küchenfach sucht und erste Erfahrungen mit einem unguten Gefühl macht – dem schlechten Gewissen.

Liebe. In Liebe sein. Man hat keine Erwartungen an einen Menschen oder eine Situation und kann deshalb völlig ungeniert man selbst sein. Vielleicht wünschen sich deswegen so viele Frauen einen schwulen Freund, weil diese Unschuld dann nicht durch gegenseitige Erwartungen und Besitzansprüche zerstört wird. Außer, er steht auf deinen Fön! Ein Mann, bei dem du sein kannst, wie du bist!

Ich habe solche Augenblicke schon erlebt, allein und mit einem Mann, und die Erinnerung in mir konserviert. Allerdings kenne ich auch die andere Seite: das Verliebtsein. Dieses Gefühl ist eher ein Schmerz, hervorgerufen durch Erwartungen, Sehnsucht, Be-

gehren und die Angst, nicht festhalten zu können, was man zu brauchen glaubt, oder schlimmstenfalls es erst gar nicht erst zu bekommen. Und was brauchen wir? Jemanden, der uns liebt trotz all der Urteile, die wir und andere über uns selbst gefällt haben! Jemanden, der uns anerkennt, weil wir selbst es verlernt oder noch nie gelernt haben.
Die Angst, nicht gut genug zu sein, die Angst, die eigenen Schatten könnten entdeckt und unsere Masken entlarvt werden, legt sich sofort wie ein dunkler Schleier über unsere Eingeweide, sobald wir auf so jemanden treffen, von dem wir wünschen, dass er uns durch seine Zuwendung und Gefühle aufwerten möge.
Das ist auch der Zeitpunkt, in dem total bekloppte Instinkte in mir erwachen, zum Beispiel der, dass ich mit Essen die unsichtbaren Dämonen im Magen vertreiben könnte!
Ich meine, es ist ja schon regelrecht peinlich, dass wir nach Millionen Jahren noch immer die Reaktionsmechanismen der Urmenschen in uns tragen und ihnen derart willenlos ausgeliefert sind! Schließlich haben wir mittlerweile so wunderbare Errungenschaften wie WLAN, Klopapier und etwas Unsichtbares, das aus den kleinen Dosen in der Wand kommt und das unsere Pommesbegleiterin einschalten kann. Wir können uns aus unseren Stammzellen neue Organe züchten oder mit Gift die Mimik lähmen und uns einbilden, wir sähen dadurch jünger aus!
Vielleicht ist Verliebtsein ja auch einfach eine bislang unerforschte Krankheit, die entsteht, wenn man einen wilden Cowboy in sich verliebt machen möchte, für den man sich eigentlich gar nicht gut genug hält. Genauso, wie man sich immer wieder erkältet, obwohl einem hunderttausendmal erklärt wurde, dass man gefälligst bei minus zehn Grad einen Schal umbinden soll!
Und Liebe ist dann vielleicht die ungeplante freiwillige Hingabe an einen auf den ersten Blick unscheinbaren, mittelprächtigen Mann mit Bauchansatz, den du plötzlich wie durch Abramakabra in einem rosarot strahlenden Licht siehst. Sogar sein klappriges, rostiges Fahrrad sieht nun plötzlich aus wie eine Harley und die Glatze wie der glänzende Motorradhelm!

Ich weiß es ja auch nicht genau. Aber nur Vertrautheit und Freundschaft reichen leider auch nicht! Zumindest nicht mir. Sonst hätten die schwulen Jungs viel mehr zu tun.
Also ich kann mir schon vorstellen, mit sechzig ins Kloster zu gehen. Na ja, sagen wir mit siebzig. Dort wirst du wenigstens essenstechnisch versorgt, hast ein Dach über dem Kopf, singst den ganzen Tag Halleluja, wirst im Krankheitsfall gepflegt – und eine kostenlose Beerdigung kriegst du zum Schluss auch noch. Fertig aus, rein in die Kiste, Deckel zu, Ende ... Schön wär's!
Ich befürchte nur, es geht danach genau da weiter, wo man aufgehört hat. Also nix Manna und Flügel und himmlische Chöre! Wie ich unser Spiel einschätze, geht es wahrscheinlich sogar an derselben Stelle weiter, an der man aufgehört hat. Nahtlos ins selbe Desaster!

Inzwischen fahren wir ins Innere der Insel und ich sehe die Windspiele von César Manrique. Schön, wieder hier zu sein.
Ich denke, wir brauchen diesen süßen Schmerz des Verliebtseins hin und wieder, manche Menschen brauchen ihn sogar unentwegt. Ich bin ja schon froh, dass mir der liebe Gott inzwischen Pausen gönnt – sicher wegen des vorgerückten Alters. Da kriegt man Gnadenfristen, um sich zu erholen. Aber auch mit Falten und Hängebacken sind wir weiterhin lernresistent und unbelehrbar. Wir wollen das Gefühl des Verliebtseins, wir wollen leiden, uns in unseren Hoffnungen aalen und in unseren Ängsten baden. Vielleicht wünschen wir uns ja, dass so ein wilder, nach Freiheit duftender Mann uns unsere eigene Freiheit schenkt!
Anstatt uns aus dem Gefängnis unserer Selbstverurteilungen zu befreien, anstatt nach der wilden Frau in uns zu suchen, lehnen wir alles angstvoll ab, was außerhalb der Norm liegt, was also Grund sein könnte, dass man uns nicht mag. Schließlich hat die Kirche uns in zwei Jahrtausenden die wilde Frau derart ausgetrieben, dass die meisten Frauen gar nicht mehr wissen, dass sie in ihrem Inneren darauf warten, wiedererweckt zu werden! Diese wilde, haarige Alte, die sich einfach so liebt und annimmt, wie

sie ist: zu dick, zu klein, mit schiefer Nase, zu winzigen Brüsten, strohigem Haar, mit drei Kindern, einem Haufen Komplexen und schon in der Kindheit ausgelachten Träumen. Diese kichernde Hexe, die ihren Besen schwingt und die Röcke, unter denen sie nichts trägt, die ihre Narben und ihre Orangenhaut nicht mehr verbirgt und nackt im Mondlicht tanzt, ohne jegliche Scham. Die nichts tut, was sie nicht will und was ihr keine Freude bereitet, die kämpferisch sein kann und laut, sanft und liebevoll, nährend und beschützend, sinnlich und heilsam. Die wilde Frau, die sich nichts und niemandem unterwirft und selbst keinen anderen knechtet. Vielleicht hinkt sie ein bisschen oder lispelt. Sie findet, sie ist vollkommen und schön, innen und außen. Und das auch noch gegen die Meinung der Gesellschaft!

Das macht Angst in doppelter Hinsicht! Dem eigenen Schatten zu begegnen, ist schon hart genug, aber gegen den kompletten Strom der moralisch und ethisch korrekten, Reihenhausbesitz anstrebenden Gesellschaft zu schwimmen, macht einsam. Diese Botoxgesellschaft, die sich einerseits die grauen Haare färbt als Ausdruck von Vitalität und Schönheit und sich andererseits kollektiv die restlichen Haare als Ausdruck unserer archaischen Natur wegrasiert ...

Uff. Ich muss Luft holen. Wenn du Pech hast, macht es eine Ausgestoßene aus dir, die die anderen meiden – es ist nämlich ansteckend und Furcht einflößend, vor allem für das alte Patriarchat. Und wenn du auch noch im falschen Jahrhundert geboren bist oder in der falschen Kultur lebst, ist es sogar lebensgefährlich, die Alte in dir zu suchen.

Und so träumen wir seelisch kastrierten, künstlich gebräunten, Diät geschundenen, gelifteten, von schwulen Designern in knabenhafte Kleider gepressten Frauen weiter vom wilden Reiter, der sich als Vertrauter, Freund, Liebhaber und geistiger Partner entpuppt, der uns trotz aller Unzulänglichkeiten liebt und uns nimmt, wie wir sind, und uns alles gibt, wonach wir uns sehnen, *der uns vor allem uns selbst gibt, das Gefühl, richtig und liebenswert zu sein!* Die klassische Bridget Jones eben! Wir selbst finden uns

schrecklich, töricht und unattraktiv, aber der schöne, kluge, perfekte Mr. Darcy liebt uns – *so, wie wir sind.*
Und je perfekter, toller, schöner, reicher oder klüger Mr. Darcy ist, umso mehr wertet er unsere eigenen Makel und Minderwertigkeiten auf – wenn wir ihn denn nun endlich kriegen würden! Im wahren Leben ist das nämlich nicht so einfach wie bei Bridget! Aber davon lebt ja die gesamte Film- und Unterhaltungsindustrie sehr, sehr gut. Sie versteht es, uns eine Illusion zu vermitteln, dass ein Happy End auch möglich sei, wenn man sich selbst nicht leiden kann, gewissermaßen gegen unsere eigene Überzeugung.

Ich seufze wohl sehr laut, denn Antonio schaut mich unvermittelt an. Er scheint ein sensibler Mann zu sein, der spürt, wann man ungestört sein will. Andererseits könnte er natürlich auch ein Verbalmuffel sein und ich bilde mir das nur ein.
Sind Sie das erste Mal auf der Insel?, unterbricht Antonio nun doch das Schweigen.
Nein, ich war schon viermal hier. Das letzte Mal ist aber bereits einige Jahre her.
Antonio nickt zufrieden und fährt sich mit der linken Hand über den grauen Stoppelbart, während seine Rechte bei kerzengerader Straße auf das Lenkrad trommelt. *Und? Wie gefällt es Ihnen hier?*
Ich liebe diese Insel. Hier treffen so viele Extreme aufeinander und man kann nach ein paar Tagen seinen Geist beruhigen, wenn man sich darauf einlässt.
Antonio gibt sichtlich zufrieden noch ein wenig Gas, sodass es mich im Kreisverkehr gegen die Autotür drückt.
Sie werden staunen, Señora Zarah, redet er nun drauflos. *Die Finca ist ein Schmuckstück und liegt ganz versteckt. Man kann sie von der Straße aus nicht sehen und eine eigene Badebucht hat sie auch.*
Sand?, frage ich neugierig und Antonio nickt.
Das klingt alles sehr vielversprechend.
Ich hoffe nur, es wimmelt dort nicht von Touristen!, prüfe ich vorsichtig. Ich habe schon das gruselige Bild einer Pommesbude nebst Eisstand vor meinem geistigen Auge.

Wo denken Sie hin, entrüstet sich Antonio. *Die Bucht ist ganz von Felsen eingeschlossen und nur mit einem Boot erreichbar, oder eben über das Grundstück.*
Super! Das bedeutet, dass ich unbeobachtet meinen Leib nackt im Sande breitlaufen lassen kann.
Am Ende des Dorfes, welches wir gerade im Schritttempo durchfahren, biegt Antonio auf einen schmalen Weg ein und fährt eine kurze Schotterpiste entlang, die es in sich hat. Nach weiteren drei Minuten sind wir da.
Antonio schließt das quietschende Eisentor auf. Obwohl an seinem Schlüsselbund an die vierzig Schlüssel hängen, erwischt er gleich den richtigen. Das ist etwas, was nur Männer können! Frauen finden keinen Schlüssel in ihrer Handtasche, selbst wenn er das Einzige wäre, was sich darin befände!
Ich glaube, wir wühlen aus Prinzip gerne und die Handtasche ist nur ein Symbol für unsere Lieblingsbeschäftigung. Außerdem lässt es uns so schön hilflos erscheinen und weckt den Beschützerinstinkt bei Männern.
Antonio schnappt sich meinen großen Koffer und geht voran, vorbei an zwei haushohen Palmen geradewegs auf ein weißes Häuschen zu, das sich hinter ein paar purpurn blühenden Bougainvilleabüschen versteckt.
Genauso habe ich es mir vorgestellt! Ich könnte laut quieken vor Vergnügen, aber ich werde erst quieken, wenn ich nachher alleine bin.
Das Haus ist nicht besonders groß, auf den ersten Blick landestypisch und rustikal, zumindest von außen, allerdings erwartet mich innen eine ziemliche Überraschung! Englische Stoffe und Blümchentapeten, wohin das Auge schaut! Gemütliche Sessel und ein großes braunledernes Chesterfieldsofa, einige antike Möbel und ein schwerer Korblüster über dem Mahagonitisch. An den Wänden prangen Bilder von Jagdgesellschaften des englischen Hochadels, sogar ein Foto von irgendeinem Poloclub hängt über einer Vitrine mit feinstem Kristall und Porzellan. Ich bin platt. Frau Wiegands Geschmack ist hier wohl eher von Cornwall und

Rosamunde Pilcher inspiriert worden. Auch gut. Die nüchterne spanische Wohnkultur liegt mir sowieso nicht wirklich.
In der ebenfalls im viktorianischen Stil eingerichteten Küche gibt es einen eingemauerten Herd, ein sauteures Modell mit Gas und Elektrobetrieb, einen urigen und schiefen Rauchabzug, vor dem allerlei Pfannen und Töpfe hängen, eine gemütliche Sitzecke mit einem karierten Ohrensessel, unterschiedlichen Stühlen und Hockern und einem schweren naturbelassenen Holztisch. An den Wänden hängen jedoch wundervolle Bilder mit kanarischen Motiven in alten barocken Goldrahmen. Ein Stilbruch, der sich eigentlich durch's ganze Haus zieht. Ich fühle mich wie in einer Finca, aber eben auch wie in einem englischen Cottage. Ich bin amused und begeistert!
Von der Küche aus gelangt man direkt auf die Terrasse, von der aus eine schmale Treppe hinunter zum Meer führt.
Ich strecke meine Arme der Sonne entgegen und atme tief durch. Dann gehe ich zu dem weißen Mäuerchen, das die Terrasse begrenzt, und schaue mir meinen kleinen Privatstrand an.
Ein paar Stufen führen hinunter zum feinkörnigen Strand, links und rechts von der Treppe befinden sich weitere kleine Plateaus, die mit Erde aufgefüllt sind und in denen Blumen und sogar Kräuter wachsen. Blumen sind auf Lanzarote ein absoluter Luxus!
Nutzt Frau Wiegand denn die Finca oft?, frage ich Antonio, der oben an der Küchentür lehnt.
Nein, höchstens zweimal im Jahr, winkt Antonio ab. *Aber ihr Mann ist ab und zu hier, ein englischer Gentleman. Er lebt und arbeitet in London, hat irgendetwas mit dem Unterhaus zu tun*, erklärt er weiter.
Aha. Und wo ist er jetzt? Nicht, dass der hier aufkreuzt und wir müssen uns Ohrensessel und Gasherd teilen! Dann zieh ich aus!
Antonio scheint meine Befürchtung zu ahnen. Er lächelt und entblößt dabei einen Goldzahn und zwei Zahnlücken.
Keine Angst, er ist in Argentinien für längere Zeit.
Das beruhigt mich ungemein. Ich nicke und schaue mich weiter um. Das Haus steht auf einer Felsenklippe. Das Grundstück ist

nicht sehr groß, aber herrlich einsam und abseits gelegen, trotz der Nähe zum Dorf, das in ein paar Minuten zu Fuß erreichbar ist. Ich halte die Hand schützend über die Augen und schaue mir die Küste an. Ungefähr dreihundert Meter entfernt schmiegt sich das Dorf verschlafen an die zerklüfteten Felsen. Das Meer glitzert in der Nachmittagssonne, die schon etwas tief steht, und spiegelt die sanft schaukelnden Fischerboote wie eine bunte Glasperlenkette.

Eine kräftige Brise bläht fröhlich Wäschestücke auf, die wie kleine bunte Wimpel vor den Fischerhütten flattern.

Hier, unterhalb des Hauses, ist wirklich weit und breit keine Menschenseele und vor allem kein Mann zu sehen – Antonio nicht mitgerechnet, aber der zählt ja nicht.

Hier werde ich mit meinem Laptop unter dem großen, dunkelgrünen Sonnenschirm sitzen und mein Buch zu Ende bringen! So schnell wie möglich! Und danach werde ich sicher noch genügend Zeit für die Annehmlichkeiten der Insel haben.

Mir läuft schon das Wasser in Sturzbächen im Munde zusammen, wenn ich an Garnelen in Knoblauchöl denke! So wird's gemacht! In mir kitzeln und glucksen Glücksgefühle, die wie Ameisen in meiner Brust herumspazieren.

Alles zu Ihrer Zufriedenheit, Señora?

Mehr als das!, jubele ich. *So schön hatte ich es mir nicht vorgestellt!*

Ich schmecke die salzhaltige Luft und fühle den Wind in meinem Haar. Hier bläst immer ein Wind, Tag und Nacht, manchmal sehr lau und leise, aber meistens doch recht kräftig. Viele Touristen nervt das nach ein paar Tagen, aber vor allem verbrennt man sich sehr schnell, weil man die sengende Sonne nicht so spürt. Deswegen gehen die schon vorgegrillten Blondinen lieber in den Süden der Insel, in die Animations- und Poolbarhochburgen mit aufgeschüttetem hellen Sand, dort ist es heißer, windstiller und weniger bizarr als im Osten oder Norden. Dort könnte man genauso gut das Gefühl haben, in Hammamet zu sein oder in Antalya oder Alicante.

Ich gehe jetzt!, ruft Antonio aus der Küche. *Der Kühlschrank ist voll und meine Telefonnummer liegt neben dem Telefon im Flur,*

falls Sie etwas brauchen sollten. Ich wohne im Dorf, durch das wir zuletzt gefahren sind.
Danke, Antonio! Ich komme bestimmt zurecht. Wenn ich etwas brauche, melde ich mich.
Ich schüttele ihm die Hand und begleite ihn noch zum Eisentürchen.
Ach übrigens, ich komme etwa zweimal in der Woche, um nach dem Rechten zu sehen. Und meine Frau Consuela kommt alle zwei bis drei Tage, um sauber zu machen.
Echt? Ich bin beeindruckt. Noch nicht einmal putzen muss ich hier! *Das nenne ich Urlaub!,* lache ich vergnügt.
Antonio schlendert gemächlich den Weg zum Dorf zurück – und ich bin allein, endlich! Ich renne auf die Terrasse, hole tief Luft und quieke, so laut ich nur kann.

Schwachstromer mit Haargel

Ich bin nun schon den dritten Tag auf der Insel und fröne immer noch leidenschaftlich dem Faulenzen und absoluten Nichtstun. Kein einziges Wort habe ich bislang geschrieben, aber immerhin schon zweimal lustlos den Laptop aufgeklappt. Und wieder zu.
Mein Gewissen bohrt inzwischen wie eine Tüte voll Hubschraubakterien im Magen, diese Helicobacter oder wie die fiesen Dinger heißen.
Ich habe noch nicht einmal meine Koffer vollständig ausgepackt. Mit geschlossenen Augen zerre ich morgens einfach das eine oder andere Wäschestück heraus und ziehe es an, auch wenn nichts zusammenpasst. Herrlich!
Die meiste Zeit aber laufe ich sowieso im Slip herum. Oder ganz nackt. Das fühlt sich total schräg an, sich nur im Slip auf dem Chesterfield zu räkeln oder die Brüste frei über dem Kochtopf baumeln zu lassen. Freiheit für die Nippel! Na ja, wirklich gekocht hab ich mir noch nichts, außer zwei Eiern.
Stattdessen verschlafe ich den halben Vormittag und verbringe die restliche Zeit am Strand. Das Wasser ist angenehm kühl, sehr aufgewühlt und wild – wie meine freigelassene Seele.
Und so genieße ich die Sonnenstunden im warmen Sand, wälze mich hin und her, paniere mich, um mich danach quietschend in den Wellen abzuspülen, pinkle stehend Herzen auf die großen glatten Steine oder tanze psychedelische Verrenkungen um meine Palmen.
Völlig durchgeknallt fühle ich mich – und gleichzeitig so stinknormal und unbedarft wie lange nicht mehr.

Antonio hat schon zweimal vorbeigeschaut und frisches Obst mitgebracht. Gott sei Dank hat er vorher immer angerufen, sodass ich mich verstecken oder züchtig bekleiden konnte.
Die restlichen Vorräte nehmen jedoch nicht ab, weil ich außer Weißbrot mit Butter und Aprikosenmarmelade sowieso kaum etwas anderes esse.

Am Nachmittag beschließe ich, zur Abwechslung einmal einen kleinen Ausflug zu machen.
Ich packe etwas Obst und Wasser ein und fahre los.
Zum Mirador del Río möchte ich fahren, einem Aussichtspunkt an der nördlichsten Spitze der Insel, der wie ein Adlerhorst über den fast fünfhundert Meter tief liegenden weiß-braun-rot verfärbten Salzpfannen der ehemaligen Saline thront.
Vom verglasten Restaurant und einer schmalen Plattform im Freien kann man die Meerenge von El Río und die kleine vorgelagerte Insel La Graciosa sehen.
Am Mirador del Río herrscht natürlich Hochbetrieb. Auf dem Parkplatz stehen fünf Busse und jede Menge Mietwagen. Eine lange Warteschlange drängt sich an der Kasse zum Restaurant. Ich ärgere mich, nicht daran gedacht zu haben, dass sich an so einem klaren Tag Hunderte von aussichtshungrigen Touris hier oben tummeln würden.
Aber nun bin ich einmal da und will wenigstens einen Latte trinken!
Zehn Euro, raunt der Typ hinter der Glasscheibe, ohne mich anzusehen.
Ich will nur einen Kaffee trinken und mal kurz gucken – nicht das Restaurant kaufen! Mir fällt im Moment leider nur dieser abgedroschene Spruch ein. Ich gehe aber stark davon aus, dass der am Mirador noch nicht angekommen ist.
Aussicht kostet zehn Euro, Kaffee kostet extra, antwortet er unbeeindruckt und drückt mir eine Eintrittskarte in die Hand.
Also ich finde, dass man jemanden, der so großartige Sprüche bringt wie ich, zumindest freundlich behandeln kann, wenn einem selbst schon keine adäquate Retourkutsche einfällt.
Ich erwarte ja nicht, dass ich für meine Brillanz umsonst eingelassen werde oder einen Bambi erhalte, aber wenigstens sollten meine Bemühungen nicht ins Leere laufen!
Ich werfe die Eintrittskarte verächtlich in meine Handtasche und gehe hinein.
Früher war der Mirador eine Artilleriestellung gewesen, das weiß

ich aus einem Reiseführer. Aber César Manrique, ein gefeierter Künstler der Insel, dessen Verdienst vor allem ist, dass keine hochgeschossigen Bettenburgen auf Lanzarote gebaut werden dürfen, hatte in den Siebzigerjahren den Berg aufgraben lassen. In die so entstandene Senke wurde ein Restaurant gebaut und darüber wurden zwei riesige Kuppeln errichtet und mit Erde bedeckt. Man sitzt nun praktisch mitten im Berg und kann durch raumhohe Panoramafenster die Aussicht genießen.
Dieser Manrique setzte sich vor allem dafür ein, die landschaftliche und kulturelle Identität seiner Heimatinsel zu bewahren und zu erhalten, und gestaltete die gesamte Insel mit Kunstwerken, die sich harmonisch in die Natur einfügen.
Das gefällt mir nämlich so besonders an Lanzarote: Kunst, die aussieht, als wäre sie Teil dieser wilden und bizarren Natur!
Ich erwische tatsächlich einen der begehrten freien Tische am Fenster und zutsche mich vorsichtig durch die Milchschaumkrone zum heißen Kaffee vor.
Um mich herum sind einige Japaner bemüht, die Aussicht zu fotografieren. Dass sie mir dabei fast im Kaffee hängen, stört sie offensichtlich nicht. Ich erspare mir entrüstete Kommentare, da sie mich wahrscheinlich sowieso nicht verstehen.
Auch vor den Fenstern im Freien spielt sich das gleiche Szenario ab, allerdings haben jene weitaus mehr Schwierigkeiten, da der heftige Wind, der hier oben orkanartig bläst, ihnen ständig die Jacken oder Haare vor's Objektiv wedelt.
Ich weiß nicht genau, was der liebe Gott sich dabei gedacht hat, Japaner zu erschaffen. Ich vermute, dass er einfach jemanden suchte, der Mangas für ihn erfinden und rohen Fisch in Algen einwickeln konnte. Vielleicht dachte er außerdem, wenn er auf einen Schlag besonders viele von ihnen töpferte, würde das Ganze schneller gehen! Sieben Millionen auf einen Streich!
Vermutlich war er zu diesem Zeitpunkt mit uns Deutschen im fünften Monat schwanger und hatte deshalb äußerst seltsame Gelüste, denn wir lagen ihm sicher schwer im Magen.
Dann dachte sich Gott, klug wie er ist, dass er zur Sicherheit noch

das Harakiri, dünne Papierwände und den giftigen Kugelfisch erfinden müsse, damit sich die Japaner nach erfolgreicher Mission nicht weiterhin ungehindert vermehren könnten.
Ich schaue dem hektischen Treiben der asiatischen Kamerafraktion staunend zu. Irgendetwas muss dem lieben Gott dann aber total aus dem Ruder gelaufen sein ...
Also nuckele ich langsam meinen Kaffee leer und denke über mein Buch nach.
Morgen werde ich mich so lange vor meine elektronische Schreibmaschine setzen, bis ich mindestens zehn Seiten zu Papier gebracht habe!
Selbst hier mit dieser gigantischen Aussicht ist es kein gutes Gefühl, die ganze Arbeit noch vor mir zu haben.
Nachdem ich auch den letzten Rest Schaum aus dem Glas gesaugt habe, fahre ich weiter ins benachbarte Órzola, ein kleines Fischerdorf, in dem man direkt am Kai wunderbar frischen Fisch in inseltypischen Restaurants genießen kann. In einer kleinen idyllischen Bar direkt am Meer bestelle ich mir die so lange vermissten Garnelen in Knoblauchöl sowie kanarische Kartoffeln mit den zugehörigen drei Soßen.
Es schmeckt köstlich! Meine erste anständige Mahlzeit seit meiner Ankunft!
Satt und zufrieden suche ich mir ein schattiges, windgeschütztes Plätzchen an der Mole, denn ich habe meine aufklappbare Staffelei und die Aquarellfarben mitgenommen.
Ich bin erstaunt, wie leicht der Pinsel nach der langen Abstinenz über die kleine Leinwand fliegt, und deute großzügig die ersten saphirblauen Wellen an.
In weniger als einer Stunde bin ich fertig. Ich stehe auf und betrachte mein Bild wohlwollend aus zusammengekniffenen Augen.
Nicht schlecht!, ertönt plötzlich eine bekannte Stimme hinter mir.
Erschrocken fahre ich herum und sehe Blondi vor mir stehen. Er hat seine Hände in die Seiten gestützt und grinst mich an.
Hinter ihm scheint noch jemand zu sein, aber er verdeckt seine Begleitung mit dieser Tarzanpose und den aufgeblähten Zepsen.

Nicht schon wieder!, entfährt es mir, zugegebenermaßen etwas unfreundlich. Hastig versuche ich, mein Bild vor seinen neugierigen Augen zu verbergen.
Ich kann es nicht glauben, dass breitbeinig und grinsend ausgerechnet Blondi vor mir steht! Heute *mit* Goldkettchen! Ich grinse rechthaberisch in mich hinein.
Scheinbar ist die Insel nicht groß genug für uns beide, ach, was sage ich: die ganze Welt!
Ich verkneife mir allerdings die sich aufdrängende bissige Frage nach der getoasteten Dame vom Kofferband. Nachher denkt er noch, ich wäre eifersüchtig!
Warum denn so unfreundlich?
Ich bemerke an seinem Grinsen, dass er mich nicht ernst nimmt. Gleich tacker ich ihm einen Seestern an die Stirn!
Ich will mir nur Ihr Kunstwerk ansehen, grinst er weiter vor sich hin.
Das ist alles andere als ein Kunstwerk!, erwidere ich barsch und merke zeitgleich, dass ich mir gerade ein Eigentor geschossen habe. Also verfalle ich in das Naheliegendste – in Hektik – und beeile mich, meine Sachen einzupacken und das Bild zu verstauen.
Hinter Blondi kann ich jetzt etwas abseits seinen Begleiter an der Mole stehen sehen. Der schaut völlig unbeteiligt auf's Meer und interessiert sich nicht für unseren Zwist.
Mir aber reicht *ein einziger* Blick, um ihn als *den Prototyp* des Cowboys schlechthin zu identifizieren – und zwar einen mit einer ganzen Mustangherde, einer eigenen Marlboro-Manufaktur und einer Aura von wildem Mann, dass mir augenblicklich die Knie butterweich werden!
Mich durchfährt es siedendheiß von den Zehen bis in die Haarspitzen: WOW! Was für ein schöner Mann!
Sein dunkles, glattes Haar ist knapp schulterlang und bedeckt auf der einen Seite ein Ohr, während er einige vom Winde zersauste Strähnen gedankenverloren hinter's andere Ohr streicht.
Er registriert mich gar nicht, warum auch. So ein Mann sähe mich

nicht einmal, wenn ich mir Tampons in die Nase stecken würde und heiße Nudeln auf dem Kopf hätte!
Ich schaue verstohlen aus den Augenwinkeln zu ihm hinüber.
Er sieht aus wie eine Kreuzung aus Johnny Depp und einem jungen Alain Delon. Ich stöhne leise.
Ich schätze ihn auf etwa einen Meter achtundachtzig und um die vierzig.
Er ist schlank, trägt ein weißes, halb offenes Hemd, eine Jeans und eine schwarze Sonnenbrille, die das Unnahbare an ihm perfektioniert.
Ich finde, das Bild hat was, sagt Blondi nickend und schraubt unaufgefordert die Staffelei auseinander. Dabei betrachtet er mich von oben bis unten und grinst schon wieder frech.
Sein Begleiter nimmt immer noch keine Notiz von mir und schaut weiterhin auf's Meer hinaus. Sicherlich wird da draußen gleich ein Boot auftauchen und ihm sein ersehntes Cowgirl bringen!
Mir geht es richtig schlecht und ich fühle mich kraft- und hilflos in dieser Situation, wie eine Aussätzige, die gleichzeitig Lepra, schwarze Blattern und Beulenpest hat!
Genau das ist es, was ich nicht mehr erleben wollte!
Ich weiß ganz sicher, dass mir dieser Kerl nun wochenlang nicht mehr aus dem Kopf gehen wird! Ich werde die ausgefeiltesten Tagträume mit ihm erleben, die immer mit derselben Szene enden werden: Er kniet vor mir nieder und will mich!
Danke für die Blumen! Auf Ihr fachmännisches Urteil habe ich gewartet!, fauche ich Blondi an, der nichts dafür kann. Der lacht nur und amüsiert sich über mich.
Warum bin ich so ruppig zu einem Mann, der mir nichts getan hat? Und stattdessen heillos entflammt für einen, der dekorativ im Hintergrund an einer Mole herumlungert und noch nicht einmal Notiz von mir nimmt?
Vielleicht lispelt er ja oder hat keinen Zahn im Mund! Oder er ist in irgendeiner anderen Weise hirninkontinent – all das weiß ich noch nicht einmal!
Ich wühle wütend und verstört in meinem Rucksack.

Klar, weiß ich es, dass er nichts von alledem hat! Keinen einzigen Makel hat er! Er hat mit Sicherheit die schönsten Zähne der Welt und ein Lächeln zum Niederknien!
Olli, komm doch mal her! Das ist die lustige Bekanntschaft vom Flughafen, von der ich dir erzählt habe!
Blondi fordert den Cowboy mit einer einladenden Handbewegung auf, zu uns zu kommen.
Jetzt falle ich in Ohnmacht – oder wenigstens in ein tiefes Loch! Äh, und überhaupt! Wieso *lustig*? Wahrscheinlich hat mich Blondi ohnehin bereits als die zickigste und blödeste alte Jungfer unter dem ganzen Himmelszelt dargestellt.
Bevor ich mich darüber so richtig entrüsten kann, erstarre ich zu Stein, wie in den Märchen, wenn man aus Versehen zurückgeblickt hat, obwohl man von einer guten Fee vor der Gefahr gewarnt wurde –, denn der Cowboy dreht wie in Zeitlupe seinen Kopf zu mir um und schaut mich an.
Ich würde am liebsten tot umfallen oder unsichtbar werden! Wieso reicht ein einziger Blickkontakt mit einem solchen Exemplar Mann, um die eigene Unvollkommenheit bis ins Mark jodeln zu hören, als wäre man völlig nackt und obendrein aussätzig?
Der Cowboy zieht das aufgestützte Bein von der Mole, streicht sich noch einmal durchs Haar, nimmt die Sonnenbrille ab und kommt auf uns zu.
Ich stehe wie festgefroren und schaue in die unglaublichsten smaragdgrünen Augen des ganzen Universums: tief wie ein Bergsee und mit diesem geheimnisvollen Brennen, sodass mir auch noch die allerletzten Windungen meiner Eingeweide verglühen. Ich bin wieder einmal verloren.
Hallo, ich bin Oliver, sagt er mit einer tiefen und überaus männlichsten Stimme – und hält mir seine Hand hin, begleitet von einem unverbindlich netten Lächeln. Dabei blitzen zwei Schnüre aufgereihter weißer und ebenmäßiger Zähne auf.
Jaaa, ich spüre es, ich bin in diesem Moment einfach nur *ein Mensch* für ihn. Was Schlimmeres gibt's nicht, als bei so einem Traummann ein *Mensch* zu sein.

Keine streunende Katze, die man liebevoll streichelt!
Kein ausgehungerter Hund, den man wenigstens bemitleidet!
Und erst recht keine *Frau* oder gar ein potenzielles Cowgirl, nach dem so ein Mann sich sehnt!
Nur irgend so ein x-beliebiger Mensch, wahrscheinlich nicht einmal weiblichen Geschlechts!
Ein Homo erectus, der bei ihm keinerlei Erectus auslösen wird, ein Neutrum, ein Klon aus E.T. und einer Zelluloidpuppe, der bereits die Haare und ein Auge ausgefallen sind!
Und ich bin der Heinz-Dieter!
Blondi streckt seine Hand dazwischen und grinst unentwegt. *Wir waren ja noch nicht so weit gekommen.*
Hallo zusammen, ich bin Zora …
Wuchtbrumme, alte Muhme und Trümmerfrau, füge ich gedanklich hinzu, wobei ich die Trümmer meines Lebens meine.
Die rote Zora, grinst Blondi jetzt noch breiter, um kurz darauf wie erwartet den Brüller des Tages zu landen: *mit oder ohne Bande im Urlaub?*
Sitzt gerade ein, erwidere ich gelangweilt.
Nun, dann hätten wir ja alles geklärt, stellt Oliver unterkühlt fest und drängt zum Aufbruch.
Das ist ein weiterer Schlag in mein rot glühendes, verzweifeltes Gesicht. Ich bin ihm zuwider – oder noch schlimmer: gar nicht vorhanden!
Ich versuche, mich emsig meinem Rucksack zu widmen, um den Anschein von Normalität zu erwecken. So, als würde ich desinteressiert zur Tagesordnung übergehen und weiter meiner Bestimmung folgen.
Heinz-Dieter dreht sich am Parkplatz noch einmal um und winkt, bevor beide in ihr Auto einsteigen. Der Einzige, der wirklich desinteressiert zur Tagesordnung übergeht, ohne sich weiter um mich zu kümmern, ist Marlboro-Mann Oliver.
In der Finca angekommen öffne ich eine Flasche Rotwein und setze mich auf die Terrasse. Die Sonne steht inzwischen schon recht tief und ich fröstele ein bisschen.

Ich schlüpfe in meine mollige Strickjacke und ziehe mein Lieblingsschlampershirt tief über die angewinkelten Knie.
Mit zwei Gläsern Wein, die ich auf ex trinke, versuche ich, den heutigen Nachmittag zu vergessen.
Aber wie schon befürchtet, geht mir Oliver nicht aus dem Sinn.
Warum fühle ich mich eigentlich so schlecht wegen ihm?
Immer wenn ich glaube, ich habe mich nun endlich von diesen Mr.-Right-Vorstellungen frei gemacht und mich hundert Prozent selbst angenommen, begegne ich einem, der meine Selbstliebe wie ein Kartenhaus in wenigen Augenblicken zum Einstürzen bringt!
Und das heute war schlimmer als bei Dreadlock-Manuel, der ja aufgrund seiner Größe und seines Alters sowieso nie wirklich in Frage gekommen war.
Aber Oliver kam in Frage – und wie! Zumindest rein optisch.
Das Leben könnte mir doch *ein Mal* die Genugtuung gönnen, einen Mr. Perfekt zu entzaubern, damit ich mich nicht mehr so quäle!
Einer, bei dem sofort das Tor zum Dahinter aufreißt, damit frau, von ihrem Löwenherz gepeitscht, in seine klammen Klüfte glotzen kann!
Vielleicht würde Oliver sich ja als Vollpfosten entpuppen, als einer, der zwar getauft und geimpft ist, aber nicht mehr zu bieten hat als Testosteron! – Und der mich deshalb gar nicht mehr interessiert! Obwohl: Genügend Testosteron wiegt schon einiges an Hirnmumps auf!
Aber genau das würde ich nie, nie, niemals herausfinden können!
Obwohl: Ich will nicht ungerecht sein ...
Vor geraumer Zeit hatte das Leben tatsächlich ein einziges Mal Mitleid mit mir gehabt und hat mein mieses Männerkarma belohnt, indem es mir eine Chance zur Entzauberung bot: himmelblaue Augen, langes lockiges Haar – und trotzdem Vollpfosten, das war Holger, die Gellocke!
Ich hatte ihn bei *DatingHating* kennengelernt. Er sah zwar nicht annähernd so gut aus wie Oliver, mehr so wie Pocahontas im Vergleich mit Winnetou, aber zumindest auf dem Foto deutete sich

die Möglichkeit der Erfüllung eines sehr lange gehegten Wunschtraumes an: einen Mann zu treffen mit langen Wallewallehaaren! Ja, und der wollte sich tatsächlich mit mir treffen, er brannte regelrecht darauf! Rockmusiker war er im Nebenleben, aber hauptberuflich vor allem im Schwachstrombereich tätig. Außerdem war er natürlich jünger als ich. Ich wähnte mich also bereits am Ziel jahrzehntelanger Fantasien!

Ich spielte schon tagelang vor dem Treffen immer wieder durch, wie ich mit beiden Händen in seinen langen Locken wuscheln würde und wie sein Haar auf mein Gesicht fallen würde, wenn wir uns küssen.

Als er zur vereinbarten Zeit das Café betrat, war ich allerdings leicht irritiert. An der Eingangstür stand unsicher und zögernd ein großer, schlanker und ganz offensichtlich schwuler Mann. Bei minus zehn Grad und dreißig Zentimetern Schnee trippelte er fröstelnd auf mich zu – in italienischen Lackschühchen und kurzärmeligem Rockershirt!

Nun gut, das muss noch nichts Schlimmes bedeuten, dachte ich mir und betrachtete seine Sonnenbankbräune und leicht geschminkten Augen vorerst mit Wohlwollen.

Ich war mir sicher, dass er Make-up aufgelegt hatte. Außerdem fielen sofort seine schwarz lackierten langen Fingernägel an beiden kleinen Fingern auf. Ich fragte vorsichtshalber nicht nach der Bedeutung.

Im Grunde genommen war er aufgebrezelter als ich, was mich doch etwas befremdete. *Da muss der Storch wohl rückwärts gebügelt worden sein,* dachte ich.

Wahrscheinlich dürfte ich in einer eventuellen Beziehung weder seine Haarpflegeprodukte noch seine Wimpernspirale benutzen!

Als nach dem dritten Latte Macchiato noch kein vernünftiges Gespräch zwischen uns zustande gekommen war, nahm ich mir ein Herz und ihn mit zu mir nach Hause.

Ich zog ihn direkt in mein Schlafzimmer, denn noch einen Latte würde mein Herz nicht vertragen, zumindest keinen aus Macchiato. Ich bat ihn höflich unter Umgehung eines weiteren sinnfreien Kon-

versationsversuchs, sich doch nun ungeniert vor mir zu entblößen. *Fleißige Hände, schnelles Ende!,* versuchte ich ihn aufzumuntern, aber der Kerl zitterte vor Angst. Selbst meine aufgelegte Marvin-Gaye-CD förderte kein Gramm Keckheit bei ihm zutage! Dabei ist Soul doch eine äußerst orgasmusaffine Musik!
Zur Bekräftigung meiner Harmlosigkeit versuchte ich, ihm liebevoll über's Haar zu streichen, damit er ein wenig Mut schöpfte, doch er wich behände aus, sodass ich nur noch flüchtig einen Eindruck seiner bretthart gegelten Lockenpracht erhaschen konnte.
Ich gebe zu, ich hatte mich schon gewundert, warum sich sein Haar nie bewegt hatte, wenn er einmal den Kopf einen Zentimeter in die eine oder andere Richtung gedreht hatte. Aber ich dachte, dass ich halt davon nichts verstünde, weil ich mit meinem eigenen Haar nur einen befristeten Arbeitsvertrag hatte.
Nach meinem tätlichen Übergriff wollte Mr. Gel erst einmal ins Bad. Ich setzte mich also geduldig auf die Bettkante und knibbelte an der Raufasertapete.
Zehn Minuten später kam er bereits zurück und hatte sich die Gellocken zu einer Art Dutt hochgesteckt.
Ich verschluckte mich an meinem so unschuldig begonnenen Atemzug und schmiss ihn hustend auf's Bett.
Er aber ließ sich nicht so zurechtlegen, wie es mir vorschwebte! Er stützte sich, halb auf dem Rücken liegend, mit den Ellenbogen auf, den Dutt vorsichtig auf seinem Kopfe balancierend, immer darauf bedacht, das Kopfkissen nicht zu berühren.
Junge, was sind denn das für Fisimatenten!, raunte ich ihm leicht verärgert zu. *Entspann dich doch mal!*
Ich versuchte, ihn auf mich zu drehen.
Gellocke blieb sitzliegen.
Ich werde mit gleicher Münze zurückschlafen, wenn der sich weiter so anstellt!, beschloss ich.
Nach zwei, drei erfolglosen Versuchen, ihn mir in verschiedenen Stellungen zugänglich zu machen, fiel es mir dann plötzlich wie Schuppen aus den Haaren: Er hatte offensichtlich nur einen einzigen Gedanken – nämlich, seine Frisur nicht zu ruinieren!

In diesem wunderbaren Augenblick plötzlicher Erleuchtung bekam ich einen Lachkrampf und warf Gellocke kurzerhand erst die Klamotten zu und ihn dann mitsamt Lackschühchen und Heavy-Metal-Shirt aus meiner Wohnung.
Was er jedoch gar nicht verstand, weswegen er mir noch längere Zeit immer wieder E-Mails schrieb, ob wir uns nicht wieder treffen könnten. Wozu? Hat ihm mein Bad so gut gefallen? Da kann er glatt warten, bis sein Schwengelbrunnen versiegt ist!
Das war mein vorerst letzter Versuch einer Kopulation mit einem männlichen Wesen.
Zynisch lachend und von mir selbst zutiefst enttäuscht trinke ich das nächste Glas leer und hole stolpernd eine zweite Flasche aus dem Kühlschrank.
In der Glasvitrine, im Kühlschrank auf der Butter, im Weinglas – überall blicken mich gespenstig Olivers unterkühlte Augen an.
Ich habe also wieder die bekannten Loslasskrämpfe, obwohl ich noch nicht einmal richtig angefangen habe, mich in ihn zu verlieben. Die üblichen Dramen nehmen schon wieder ihren Lauf, dieselben Fragen hämmern in meinem Kopf.
Verflixt, hört das denn nie auf!
Ich lecke wieder meine alten Wunden und das sechste Glas aus – und hurra, was sehe ich: das Thema emotionale Abhängigkeit feiert fröhlich Urzustände!
Das hätte ich nun wirklich nicht gedacht von mir! Es ist fast beleidigend, es nicht wenigstens übersehen zu können!
Welches Evolutionsmuster nagt denn da immer noch so sehr an meinem Selbstwert?
Ich verstehe es nicht! Mein Leben hat sich doch so grundlegend geändert in den letzten zwei Jahren! Oder etwa nicht? Trample ich immer noch an derselben Stelle tiefe, einfältige Dumbospuren in den Sand?
Denke ich etwa immer noch so schlecht über mich selbst?
Nein, *denken* tu ich es gar nicht mal, aber *fühlen!*
Obwohl mein Kopf den Rest von mir gar nicht mehr so vernichtend beurteilt wie in jüngeren Jahren, scheint es da eine Instanz in

mir zu geben, die über mein Körpergefühl mit mir kommuniziert und mich vernichtet, bevor ich auch nur einen einzigen klaren oder gar konstruktiven Gedanken fassen kann! Die Situation vorhin war ja wieder der klassische Spiegel!
Guten Morgen, Zora!
Nicht, dass ich etwas über Oliver wüsste, wie er denkt und fühlt, welche Frauen er bevorzugt oder mag.
Nein, *ich selbst* beurteile *mich* und die *Situation* so und lass mir nicht die geringste Chance einer Würde oder eines Stolzes!
Ist es vielleicht der Anblick von Schönheit, der mich meine eigene Unvollkommenheit spüren und bewerten lässt?
Ich stelle diesen Mann auf einen Sockel, ohne ihn im Geringsten zu kennen, und wälze mich selbsterniedrigt vor ihm im Staub.
Wäre Oliver weniger schön oder hätte er nicht alle meine Traummannwunschknöpfe gedrückt, wäre ich vollkommen natürlich und angstfrei auf ihn zugegangen, unbedarft sozusagen, hätte ihn vielleicht nicht einmal beachtet, so wie Blondi, der mir diesbezüglich nicht gefährlich werden kann. Diese Gefühle scheinen immer nur dann zutage zu treten, wenn es um die Wurst geht, also nicht um seine, sondern mehr so als Metapher. Ein Mann, der nicht in Frage kommt, wirft auch keine bohrenden Fragen nach dem eigenen Wert auf!
Aber mein Hirn hat Olli bereits durch einen einzigen Blick in eine Kategorie eingeordnet, die mich wehrlos macht, nachdem es in Tausendstelsekunden alle verfügbaren Muster und Erfahrungen verglichen und mir bereits die Entscheidung abgenommen hat!
Und somit hatte ich bereits verloren, bevor ich auch nur den Anflug einer Kontrolle über diese Gefühle erlangen konnte.
Da ist so blöd, dass es einem die eigene Schamröte ins Gesicht treibt, wenn man darüber nachdenkt!
Ich kann ihn jetzt nur noch als Poster an die innere Wand meiner Seele hängen – unerreichbar für mich – und wieder einmal ein bisschen vor mich hin leiden.
Ich lege Annett Louisan auf. Ihre Lieder sind jetzt die Portion Ge-

fühlsgift, welche die Wirkung des Rotweins um einiges effektiver macht.
Sicherlich ist aber so ein Depressiönchen jetzt und hier nicht gerade förderlich für mein Buch. Und aufschieben lassen sich Depressionen leider auch nicht, sie wollen auf der Stelle ernst genommen werden und unser Heul- und Opferzentrum komplett vereinnahmen!
Am besten, ich mache dicht und aktiviere sämtliche erprobten Schutzmechanismen, um mich nicht weiter zu quälen. Sicher finde ich etwas an ihm auszusetzen, was ihn vom errichteten Sockel wieder herunterholt!
Einen schönen Menschen entstellt alles – wenn frau sich bemüht! Das haben wir nämlich bei uns selbst gelernt!
Dabei hilft mir die zweite Flasche Rotwein ungemein und als sie leer ist, habe ich diese Begegnung vorerst vergessen, einschließlich der Tatsache, wo mein Bett steht.

Am nächsten Tag steht die Sonne schon im Zenit, als ich auf Chesterfield aus meinem Rotweinkoma erwache. Ich blinzele durch geschwollene Lider auf die Uhr: halb eins!
Ich quäle mich aus der Waagerechten, übergebe den Restalkohol der Kloschüssel und verpasse mir eine kalte Dusche.
Danach löse ich zwei Aspirin in Tomatensaft auf und koche den wohl stärksten Kaffee der Kanaren! Dieser Kaffee, der in kleinen Kännchen auf der Herdplatte zubereitet wird, schmeckt ausgezeichnet und ist trotzdem magenfreundlich, was mich heute Morgen noch mehr verwundert.
Es ist wirklich höchste Zeit, sich an den Computer zu setzen und zu schauen, was meine Hauptfiguren so machen.
Vielleicht ist ja inzwischen ein Wunder passiert und sie haben ein Eigenleben bekommen?
Zumindest wäre mein notgeiler Oberarzt bestens geeignet, die Begegnung mit Oliver zu verarbeiten, zum Beispiel, indem ich Oliver einfach vor meinem geistigen Auge in einen weißen Kittel stecke und meinen ganzen Männerfrust in dieser Romanfigur abreagiere!

Nein, er kriegt die kluge, zierliche Krankenschwester nicht! Ganz im Gegenteil! Ein neuer Arzt muss her! Einer, der so lieb und vertrauenswürdig ist, dass die Leserinnen nur so dahinschmelzen, und dieser wird dann die nette, unscheinbare Krankenschwester von ihrer blinden Liebe zu dem Hallodri heilen. Gellocke vielleicht? Nee, der ist sogar zu eitel zum Poppen! Oder Heinz-Dieter als schwuler Pfleger – HeiDi!

Ach, ich liiiebe es zu schreiben! Ich habe Macht über alle Männer der Welt in meinen Büchern und kann mit ihnen machen, was ich will!

Ich könnte Brad Pitt in Cindy aus Marzahn verliebt machen, vorausgesetzt, sie will ihn überhaupt, oder Johnny Depp täglich bei mir anrufen lassen, um mir auf Chinesisch das Datum durchsagen zu lassen. Oder ich könnte dem selbsternannten, völlig unkomischen Comedian Polli Kocher einen normal großen Penis wachsen lassen, was allerdings etwas länger dauern kann.

Leider sieht auch der neue Arzt vor meinem inneren Auge sofort wieder Oliver ähnlich! Mist!

Nach etwa einer Stunde habe ich tatsächlich den Faden wiedergefunden und schreibe wie besessen drauflos. Wut ist schon eine immense Antriebskraft!

Der nächste Roman wird mit Sicherheit ein Krimi! Ich werde reihenweise Kerle umbringen! Jawohl!

Aber erst muss ich dieses Buch hier fertigkriegen ...

Ich will, dass meine Hauptdarstellerin einen netten Kerl abbekommt und sich nicht länger die Augen nach Dr. Oberfuzzi ausheult. Einen, den sie im wahren Leben nie kriegen würde!

Es ist ziemlich befriedigend, Männer zu erschaffen, sie wieder aus dem Weg zu räumen und irgendwann noch der hoffnungslosesten unter allen Mauerblümchen einen Traumprinzen zu verpassen. Jepp! Nie wieder ABC-Pflaster an gichtige oder gar syphilitische ehemalige Oberärzte verkaufen müssen.

Heftpflaster mit Balsamico

Am Nachmittag geht es mir wieder besser. Ich habe zwölf brillante Seiten geschrieben und den Vorfall vom gestrigen Tag in einem regelrechten Oberarztmassaker erstickt.
Mein notorisch fremdgehender notgeiler Herr Doktor hat sich kurzerhand den Penis abgeschnitten, weil er mit dem Hackebeilchen nicht aufgepasst hat. Er träumte während einer OP schon wieder von Riesenmöpsen, anstatt sich auf Herrn Zurbichlers Blinddarm zu konzentrieren! Er wurde also mit seinem eigenen Helicobacter in die Uniklinik ausgeflogen und wird wohl dort am gemeinen und schmerzhaften Wundbrand versterben. Vielleicht finde ich ja auch noch etwas Schmerzhafteres.
Ich werde ihm zum Abschied eine wirklich schöne Beerdigung schenken, auf der alle seine Tussen noch einmal so richtig heulen dürfen.
Und dann wird der Neue seinen Dienst antreten, so mit Zahnspange und Nickelbrille wie diese Alessandra Nelke aus einer dieser täglichen Sinnlosserien.
Es sieht ganz so aus, als ob ich es tatsächlich schaffen werde, mit meinem Buch in wenigen Tagen fertig zu sein!
Ich fühle mich inspiriert und beflügelt wie lange nicht mehr!
Der neue Oberarzt soll übrigens Heinz-Dieter heißen und blond sein. Aber um ihn werde ich nicht so ein Brimborium veranstalten wie um seinen toten Vorgänger, Dr. Immer-im-Einsatz-Lümmel. Vielleicht modelliere ich Doc Dieter ja auch einen ganz kleinen Bauchansatz, damit er noch harmloser wirkt, als er sowieso schon ist. Und am besten gleich einen ganz kleinen Didi.
In meinem Privatleben werde ich mich ab jetzt redlich bemühen, meine Ansprüche herunterzuschrauben und in Zukunft auch den Herren zu antworten, die mir als *Einsames Herz* oder *Kuschelbär* nettlangweilige Briefe schreiben!

Es klopft. Consuela, Antonios Frau, kommt zum Saubermachen. Ich mag sie vom ersten Moment an und unterhalte mich ein wenig

mit ihr, vor allem mit Händen und Füßen, denn Consuela spricht kaum Deutsch und leider auch kein einziges Wort Englisch.
Eigentlich schäme ich mich etwas, dass ich als Gast die Sprache des Landes nicht beherrsche, und nehme mir vor, zu Hause einen Spanischkurs zu belegen, denn nach Lanzarote werde ich sicher noch öfter kommen.
Das Praktische an so einer Putzfrau ist, dass man sich um nichts kümmern muss. Sie weiß, wo alles steht, nimmt sich, worauf sie Appetit hat, und erklärt mir unmissverständlich gestikulierend, wie ich meine Blusen richtig zu bügeln habe.
Ich verschwinde auf die Terrasse und vertiefe mich in den langsamen und qualvollen Tod meines kastrierten Oberarztes und verdrücke eine Träne der Rührung. Schließlich war er ein Teil meines Lebens, wenn auch einer, den ich nun abhaken werde, wie zum Beispiel Oliver!
Consuela schenkt mir fensterputzend ein tröstendes Lächeln.
Wenn die wüsste!
Nachdem sie kopfschüttelnd die Rotweinflecken vom Hochglanzleder-Chesterfield abgerubbelt hat, erklärt sie mir umständlich, dass am Sonntagabend eine kleine Feier bei ihnen im Dorf stattfinden wird, zu der sie mich anscheinend einlädt.
Ich tue, als würde ich sie nicht verstehen, und zucke mit den Schultern, worauf sie Datum, Uhrzeit und Ort auf einen Zettel schreibt, mich dann mit ihrem Zeigefinger zuerst einmal kräftig anspießt und selbigen nun durch Zettel und Tischplatte bohrt.
Um schlimmere Verletzungen an Tisch und Leib zu vermeiden, nicke ich vorsichtshalber, was einer Zusage gleichkommt.
Gerade jetzt, wo ich so etwas wie einen schöpferischen Schreibkrampf habe, kommt mir das wirklich sehr ungelegen! Eigentlich habe ich auch gar keine Lust, will niemanden sehen und schon gar nicht feiern, aber ich habe nun bereits zugestimmt.

Sonntagmorgen. Ich stehe sehr zeitig auf und schreibe zwei neue Kapitel. Danach mache ich ein paar Skizzen vom Haus und beschließe spontan, auf den Markt nach Teguise zu fahren, um ein

Geschenk für Consuela zu kaufen, damit ich mich für die Einladung bedanken kann.
Der Kleiderschrank knarrt beim Öffnen.
So groß ist die Auswahl an hübschen Klamotten nicht, denn ich habe mir hauptsächlich kurze Hosen und T-Shirts für meine Einsiedelei mitgenommen. Nach einigem Herumwühlen findet sich tatsächlich mein rotes Lieblingssommerkleid mit den Blümchen und ein dazupassendes Kopftuch.
Ich beschließe, in Teguise gleich noch die Boutiquen abzuklappern und mir etwas Besonderes für den Abend zu leisten, falls es hier auf der Insel überhaupt Läden für Übergrößen gibt, was ich stark bezweifle. Die Kanarin an sich ist ja eher etwas zierlich von Wuchs, zumindest in der Breite.
Es ist bereits halb zehn und höchste Zeit aufzubrechen, denn ich kenne ja das sonntägliche Marktprozedere, wenn ganze Busladungen sich in die schmalen Gassen ergießen, als hätte man alle Touristen Lanzarotes gleichzeitig in die Inselhauptstadt gekarrt.
Im Auto ist es heiß und stickig und ich schiebe eine mitgebrachte Kassette mit Motownhits ins Autoradio. Ich habe zwar kein Cabrio, aber das Feeling ist ähnlich, wenn man hier über die flimmernden Straßen durch knochentrockene schwarzbraune Landschaften fährt.
Mein Kopf fängt an, im Rhythmus zu hämmern. Als ich in Teguise ankomme, stauen sich schon die Busse und Mietautos auf den Parkplätzen. Längst habe ich meine Idee bereut.
Vielleicht sollte ich lieber nach Haria weiterfahren und mich auf dem schattigen Marktplatz in ein kleines Café setzen. Aber ohne Geschenk will ich heute Abend auch nicht aufkreuzen.
Aus allen Richtungen strömen bereits Heerscharen von Menschen in die durch die zahllosen Verkaufsstände noch engeren Gassen und machen ein Durchkommen fast unmöglich.
Herrlich, denke ich mir, *genauso habe ich es mir vorgestellt!*
Ich quäle mich mit Kaffeebohnenschritten verärgert durch die Menschenmenge. Eigentlich bin ich jetzt bereits am Verdursten und mein Kopf fühlt sich an wie eine Runkelrübe kurz nach dem Ernten.

Um kein umfassendes Scharmützel anzurichten, lasse ich meinen Unmut an den Leuten aus, die das unglückliche Karma haben, vor mir zu stehen. Einer Dame trete ich versehentlich in den zehn Zentimeter hohen Hackenporsche, was sie laut schimpfend quittiert.

Ich quetsche und drängle und schiebe mich an etliche Stände, immer in der Hoffnung, etwas Hübsches für Consuela zu entdecken. Dass ich ihren Geschmack nicht kenne, macht es auch nicht gerade leichter. Lieber eine afrikanische Maske oder ein aufziehbares Quietscheentchen für die Badewanne? Oder doch die Muschelkette? Nein, ein gehäkeltes Tuch für die Schultern! Ach was, vielleicht eher ein buntes Tuch – oder doch lieber eine falsche Rolex?

Oh, was sehen meine entzündeten Augen! Unser motziges Fräulein schon wieder!, ruft es ein paar Meter weiter und ich weiß augenblicklich, dass ich gemeint bin.

An einem Stand mit billigen Uhren und teuren afrikanischen Holzschnitzereien lehnt Blondi im Schatten der Markise und feixt mich frech an.

Ich sträube mich mit aller Kraft, weiter in seine Richtung geschoben zu werden, komme aber gegen den Willen der Massen nicht an und werde direkt vor seine Füße gespült, wie ein gestrandeter Wal.

Hallo, so sieht man sich leider immer und immer wieder, sage ich verärgert und bemühe mich, ihm nicht eine Sekunde länger in die blauen Grinseaugen zu schauen, als es ein Mindestmaß an Höflichkeit verlangt.

Stattdessen stiere ich auf seine muskulöse Brust, was mir augenblicklich die Schamesröte ins Gesicht treibt, als ich es bemerke.

Wie geht's denn so?, fragt Blondi und ich kann mich des Eindrucks nicht erwehren, dass es keine Floskel ist.

Ganz gut. Ich bade gerne in der Menge, ich brauche das.

Er nickt und verzieht das Gesicht zu einer Grimasse.

Willst du Körper gegen Körper pressen? Atem spüren? Gerüche wahrnehmen? Verschiedene Stellungen ausprobieren? Dann quetsch dich in eine Menschenmenge!

Blondi lacht und ist sichtlich erfreut über seinen eigenen Unsinn.
Ach so ...
Ich schmunzele ein wenig. *Hinein, hinaus, von vorn und hinten? Ja? – Dann nimm doch lieber den Bus!*
Blondi lacht jetzt noch lauter.
Sie haben ja Humor! Oder sind Sie heute auf Drogen!
Jetzt muss ich mitlachen.
Nein, ich hatte heute früh nur eine selten blöde Idee. Ich suche nämlich ein Geschenk!
Dann füge ich etwas leiser hinzu: *Für eine Einheimische. Was hier wohl der rechte Platz dafür zu sein scheint.*
Blondi überlegt kurz. *Alt oder jung?*
Um die sechzig, würde ich sagen. Meine Putzfrau. Resolut, aber sehr lieb.
Blondis Augen blitzen auf. *Schenken Sie ihr doch einen Putz-Gutschein!*
Haha!
Er freut sich noch eine Weile über seinen Einfall, dann schaut er fast so, als ob er wirklich nachdenkt.
Ich weiß gar nicht, warum Sie ein Geschenk kaufen wollen! Warum verschenken Sie nicht Ihr hübsches Bild, das Sie in Órzola gemalt haben? Das ist nicht nur persönlicher, sondern für einen Einheimischen auch eine Freude. Danach wienert sie Ihnen alles auf Hochglanz, Sie werden sehen!
Er grinst wieder frech.
Ich erröte. *Ach was, ich brauche etwas Besonderes.*
Blondi zuckt mit den Schultern: *Na, dann viel Spaß mit Tand und Kitsch und Co!*
Ich werde schon etwas Passendes finden, erwidere ich besserwisserisch und übergebe mich wieder dem Menschenstrom durch die Gassen.
Natürlich finde ich nichts und bin einfach nur genervt von all dem Gedränge um mich herum.
Auf dem Marktplatz spielen wieder die Mexikaner auf ihren Panflöten und ich ruhe mich eine Weile aus.

Wo waren noch mal die Boutiquen? Eine Orientierung habe ich durch die vielen Verkaufsstände nicht mehr.
Schließlich finde ich aber doch noch eine kleine Boutique, die wenigstens in Größe 46 drei Kleider hängen hat.
Ich zwänge mich wütend und schnaufend so lange in ein längeres buntes Wickelkleid mit weit fallendem Rock, bis ich die kopfschüttelnde zierliche Verkäuferin davon überzeugt habe, dass es wie angegossen passt.
Stolz ziehe ich mit meiner furchtbar teuren Beute von dannen. Ich trage die Tüte extra vor der Brust, damit jeder das Logo der Nobelboutique sehen kann.
Ja, mir passt so was nämlich!
Wieder zu Hause verbringe ich den Nachmittag auf der Terrasse mit meinem Laptop.
Ab und zu gönne ich mir kleine Schreibpausen, hole mir einen Kaffee oder mache weitere Skizzen vom Haus und der Bucht, jedoch spinne ich die meiste Zeit meine Geschichte weiter und freue mich wie ein Kind über jeden guten Einfall. Dabei kommt mir immer wieder das freche Grinsen von Blondi in den Sinn, aber leider auch der abwesende Gesichtsausdruck von Oliver, diesem wunderschönen Mann, der sowieso unerreichbar für mich ist.
Am Abend ziehe ich mir eine dunkle Jeans und ein schwarzes Longshirt mit einem Hauch Strass an – eins von denen, die noch nicht im Trockner waren. Der neue Designerfummel hängt inzwischen ganz hinten im Schrank, weil er einer weiteren Anprobe zu Hause vor dem Schlafzimmerspiegel nicht länger standgehalten hat. Gott sei Dank hat mich ein disziplinierter kritischer Blick vor dem lächerlichen Auftritt als eingeschnürte Presswurst bewahrt. Aber aufheben werde ich es auf alle Fälle! Vielleicht kann ich es ja mal zum Ausziehen anziehen ...
Kurz vor acht spaziere ich mit meinem Órzola-Gemälde unter dem Arm ins Dorf, von wo mir bereits laute Musik und Gelächter entgegenschallen.
Antonios Haus liegt mitten im Dorf und hat eine Palme vor der Tür, so hat er es mir jedenfalls erklärt.

Allerdings liegen alle Häuser irgendwie mitten im Dorf und haben diverse Palmen vor der Tür.
Als ich um die Ecke auf den Dorfplatz biege und die ausgelassene Menschenmenge erblicke, fühle ich mich ein wenig verunsichert.
Ich atme tief durch und gehe auf eine Schar Halbstarker zu, die an zwei Mopeds lehnen.
Bevor ich den Mund zu einem fröhlichen *Hola* öffnen kann, zeigen sie schon auf Antonio, der sich wenige Schritte weiter mit ein paar Männern unterhält.
Ich bin also bereits Dorfgespräch.
Señora Zarah!, ruft Antonio peinlich laut und winkt mich heran.
Dann murmelt er ein paar Sätze auf Spanisch und alle Männer grinsen mich an.
Ho-la, stottere ich heiser und gebe jedem artig die Hand.
Ich bereue es gerade, dieses Shirt mit dem tiefen Ausschnitt angezogen zu haben, und drehe mich geniert weg.
Ich tue so, als ob ich mir ganz interessiert etwas anschaue.
Männer merken das sowieso nicht.
Wo ist denn Consuela?, frage ich Antonio.
Er schnappt mich am Arm und zieht mich ins Haus.
Wie ich es erwartet habe, ist der Boden hell gefliest und das Haus im Einheitskieferlook möbliert. Hier ein paar Häkeldeckchen, dort die Fotos von der Familie, alles sauber zum Rauswischen.
Der ständig wehende Wind bringt ja das Problem der permanenten Versandung mit sich und so haben sich die Leute praktisch arrangiert.
Drinnen tummeln sich mindestens vierzig Erwachsene und ebenso viele Kinder.
Das ist also die *kleine Feier*, von der Consuela sprach. Offensichtlich findet das *Dorffest* in Antonios Haus statt.
Ich erkundige mich bei einem schmalgesichtigen älteren Jungen und erfahre ganz nebenbei, dass es sich nicht um ein Dorffest, sondern um Consuelas 65. Geburtstag handelt!
Und ich wäre beinahe mit leeren Händen gekommen!
Ich wühle mich also durch die Leute und suche Consuela.

Die finde ich laut schwadronierend mit einigen Frauen in der Küche bei der Essenszubereitung.
Señora Zarah!, begrüßt sie mich mit offenen Armen und herzt und küsst mich, bevor ich auch nur den Mund öffnen kann. Währenddessen redet und gestikuliert sie ununterbrochen mit den anderen Frauen weiter, die *sí!* und *ahhh!* und so weiter rufen und mich nun alle gleichzeitig durchschütteln wollen.
Nach circa zehn Minuten habe ich es geschafft, mich aus den diversen Umklammerungen zu befreien, und kann nun endlich Consuela zu ihrem Geburtstag gratulieren.
Indessen hat sich unbemerkt Antonio dazugesellt und übersetzt kurzerhand meine Glückwünsche sowie den darauffolgenden, nicht enden wollenden Wortschwall seiner Frau in folgender Weise: *Consuela freut sich sehr! Fühlen Sie sich wie zu Hause!*
Ich übergebe verschämt mein Bild und Consuela freut sich ein Loch in den Bauch.
Sie freut sich kurz darauf wieder ein Loch in den Bauch, als sie von einer Nachbarin eine umhäkelte Eieruhr bekommt.
Ich relativiere also meine Freude über ihre Freude und setze mich an den Küchentisch.
Immer wieder betrachtet sie mit ihren Freundinnen mein Bild, sie drehen und wenden es und beommeln sich lauthals.
Ich bin mir nicht ganz sicher, ob das aus Ehrfurcht oder Schadenfreude geschieht.
Consuela wiederholt ständig dasselbe Wort, was ich nicht verstehe, und schaut mich dabei fragend an. Allerdings wird das Wort jedes Mal lauter und ihr fragender Blick energischer.
Gleich kommt der dicke, böse Zeigefinger, denke ich und spanne reflexartig die nicht vorhandenen Bauchmuskeln an.
Antonio hilft endlich und übersetzt: *Weltraumstation?*
Weltraumstation? Hä? Äääähm ...
Ach so!
Nein, Órzola!, erwidere ich.
Óoorzzzolaaa!, schreien jetzt alle Frauen gleichzeitig auf und halten sich laut kreischend die Bäuche.

Consuela legt nach einer Weile das Bild beiseite und gießt mir tröstend einen kleinen Schnaps ein.
Selbst gebrannt!, bemerkt Antonio.
Ich weiß nicht, wieso, aber ich habe das dringliche Verlangen, erst Blondi zu töten und mich dann mit genau so einer Flasche in der hintersten Ecke des Hauses zu betrinken.
Ach was, ich bleib gleich hier sitzen und meuchele Blondi später. Ich gieße mir einen Doppelten vom Selbstgebrannten in ein Wasserglas, einen zweiten und kurz darauf einen dritten und vierten. Die Frauen kichern immer mal wieder, wenn sie zu mir schauen, allerdings kichere ich jetzt auch.
Ab und zu geht eine von ihnen an mir vorbei und klopft mir wortlos nickend auf die Schulter.
Isch liiiebe dieses heime Traut, denke ich und bekomme den ersten Moralischen des Abends. *Seemann, lass das Weinen!*, singe ich inbrünstig.
Consuela begreift sofort und will mir die Flasche wegnehmen.
Ich wehre mich eine Zeit lang auf's Heftigste. Erst als eine große Frau mit Atombusen ihr kanarisches Säulenbein in meinen Bauch stemmt, während alle anderen zusammen an der Flasche ziehen, lasse ich los.
Dann zerren sie mich zu dritt vom Stuhl hoch und führen mich in den Garten. Consuela bringt einen Sessel mit Armlehnen, aus dem ich nicht so schnell herauskippen kann, und viele Hände stopfen mich rundherum hinein.
Ich kriege einen Liter Wasser auf den Tisch gestellt, trockenes Brot und eine ordentliche Ladung Gegrilltes sowie diverse Salate.
Nei...iii, Conschula, ich schüttele heftig den Kopf, wobei mir schwindelig wird. *Ich will nichts essen! Niemals nicht will ich wieder essen!*
Isch will, will, pör...sunell Trainer willisch. Hmmm. Willisch.
Bevor ich den Mund wieder schließen kann, habe ich einen Brotknebel zwischen den Zähnen.
Mirissschläääächt! Ich kaue und würge den Knebel hinunter.
Con...Conschueli, hihi!

Antonio bringt mehrere Decken und einen Hocker für meine Füße. Und der Sputnik mit Laika fliegt an mir vorbei ... *Huiii, weg isser!*
Irgendwann in der Nacht werde ich wach. Ich kann nichts sehen. Ohhh-ha! Schließlich werde ich ja nicht allzu häufig mit dem Wachwerden hell, denke ich mir.
Hick.
Gänzlich verpuppt klemme ich wie ein fetter, unbeweglicher Kokon in meinem Sessel fest. Eine Mumie mit Kopfschmerzen und Durst. Zuerst suche ich meine Arme, aber die scheinen irgendwo in den unermesslichen Tiefen des Kokon festgetackert zu sein.
Aqua! Aqua!, rufe ich in meiner Not.
Aber *Juanes* dröhnt viel zu laut aus der übersteuerten Anlage.
Im Lampiongeflacker wackeln tanzende Elfen und Gnome zum Latinorhythmus mit ihren Hinterteilen.
Con Gas? Blondi gießt mir ein großes Glas Wasser ein.
Duuu kommst mir nich zwischen die Lippen! Duuu nich! Nich.
Ich versuche einen Moment lang zu überlegen, was ich eigentlich gerade sagen wollte, buddele dann aber im Kokon lieber gleich nach einer Mordwaffe.
Komm, hilf mir mal, den betrunkenen Engerling aus den Decken zu befreien!, ruft Blondi in die Dunkelheit und begibt sich an meinem völlig wehrlosen Mumienkörper auf die Suche nach Griffen.
Bevor ich Blondi töter als töten oder auch nur einen ansatzweise klaren Gedanken fassen kann, was der schon wieder hier zu suchen hat, hievt er mich bereits ächzend aus dem Sessel und versucht, mich auf meine Füße zu stellen.
Er schafft es aber nur auf seine und stöhnt auf.
Im selben Moment sehe ich Oliver aus der Dunkelheit auf mich zukommen.
Ich bin eine Yogawurst, denke ich und lasse mich wieder in den Sessel fallen.
Oliver schaut mich einen Moment lang mitleidig an.
Dann wendet er sich Blondi zu: *Ich von hinten, du von vorn. Auf drei ...!*

Unter anderen Umständen wäre ich über diese Aussage total glücklich gewesen, aber so freue ich mich einfach nur auf einen schnellen und baldigen Tod. In diesem Augenblick begreife ich nämlich trotz meiner mindestens zwei Promille umfassend bis in die hinterletzte Zelle seine große Bedeutung als Erlöser ...
Ein entrücktes Lächeln legt sich auf mein Gesicht, ich schließe die Augen und mache meinen Frieden mit mir und meinem Leben.
Eins, zwei, drei ...
Pass auf, sie fällt gleich wieder um!
Ein Lachen.
Ich hab sie! Ach nein! Achtung!
Wir brauchen mehr Männer!
Uhhh!
Scheiße! Sie kippt nach vorne!
Ein dumpfer Schlag auf den Rasen schaltet das Licht aus.
Schwester, das sieht nicht gut aus.
Stillschweigendes Nicken.
Skalpell! Pflaster!
Was denn nun, Skalpell oder Pflaster?!
Pflaster reicht, glaube ich.
Aber das Pflaster passt nicht zu ihrem brombeerfarbenen Breitshirt!
Hmm, das ist in der Tat ein Problem, Schwester. Was schlagen Sie vor? Tupfer? Schere? Säge?
Balsamico.
Wieso Balsamico?
Tunken Sie doch das Pflaster in Balsamico, dann passt es!
Genialer Einfall, Schwester! Darf ich Sie später vögeln?

Ich erwache in der Küche auf einem Kanapee. Vor mir der Oberarzt und eine Schwester. Während die letzten Worte im Nebel meines Komatraums verhallen, erkenne ich Blondi und Consuela. Blondi ist nackt, zumindest oben herum. Dagegen trage ich ein Shirt, welches ich freiwillig niemals angezogen habe. Es ist weder breit noch long und es spannt fürchterlich.
Wir mussten dir ein anderes Shirt anziehen. Du hattest deins etwas,

na ja, sagen wir mal: beschmutzt. Und die Blusen von Consuela haben nicht ganz gepasst.
Blondi lehnt sich entspannt zurück und nippt an einem Bier.
Ah ja. Danke.
Sind wir jetzt beim *Du* angelangt? Ich ziehe die Decke bis zum Hals. Mein Kopf brummt und meine Nase tut höllisch weh.
Blondi scheint meine Gedanken lesen zu können und wechselt wieder zum *Sie*.
Sie sind vorhin umgefallen, Zora.
Auf's Gesicht, fügt er hinzu.
Und nach zwei Sekunden: *Tut mir leid, wir konnten Sie nicht halten in all den Decken.*
Ich winke kraftlos ab.
Keine Ursache. Männer müssen ja nicht immer stark sein oder gar helfen. Hauptsache, sie sind pünktlich zur Stelle, wenn die Trikots getauscht werden, erwidere ich zynisch.
Ich fasse an meine Stirn und bemerke ein großes Pflaster.
Sieht schlimmer aus, als es ist, nur ein Kratzer. Blondi gluckert den Rest der Flasche leer.
Ich gehe jetzt nach Hause, sage ich zu Antonio, der gerade die Küche betritt.
Señora Zarah wieder unter den Lebenden! Ja, mein Selbstgebrannter ist gefährlich! Ich habe Sie noch warnen wollen, war aber schon zu spät.
Ich nicke und versuche langsam aufzustehen.
Sie müssen hier schlafen, Señora! Ich fahre Sie später zur Finca.
Nein, danke. Ich winke ab. *Es geht schon. Ich laufe lieber nach Hause. Langsam!*, füge ich hinzu, als ich Antonios besorgtes Gesicht sehe. *Ich habe Ihnen genug Umstände gemacht und entschuldige mich. Ist normalerweise nicht meine Art ...*
Er bleckt die Zähne, dass sein Goldzahn blitzt.
Keine Umstände, Señora, das ist hier normal. Passiert oft, mit meinem Schnaps.
Ich merke, dass er auch mindestens 2,8 auf dem Kessel hat. Blondi steht auf und stellt die leere Flasche hin. Es ist alkoholfreies Bier.

Nein, kommt gar nicht in Frage! Das mache ich!
Er hakt mich unter und bringt mich langsam zum Auto.
Eigentlich müsste ich jetzt ablehnen, aber irgendwie bin ich willenlos. Nun ist sowieso schon alles egal. Noch mehr blamieren geht nicht.
Kleinlaut setze ich mich in seinen offenen Jeep.

Salz mit viel Suppe

Nach mehreren Stunden Schlaf, einer kalten Dusche und Gewissensbissen bis zum Abwinken beschließe ich, an diesem verkorksten Tag nichts mehr zu schreiben.
Ich richte mich notdürftig her und fahre los in Richtung Arrieta, einen Ort ganz in der Nähe, der zwar auch schon von Touristen bevölkert ist, aber hauptsächlich von Individualisten, die jenseits der Bettenburgen und All-inclusive-Manie Urlaub machen.
Dort gibt es einen hübschen Strand mit dunklem Sand und die besten Garnelen in Knoblauchöl, die man auf einem Balkon direkt über dem Meer verspeisen kann.
Ich möchte heute zwar alleine sein, aber nicht unbedingt alleine mit mir. Ich werde mich einfach anonym unter's Volk mischen, ein bisschen baden, die Leute beobachten, ohne mit ihnen Kontakt haben zu müssen, und natürlich etwas Leckeres essen.
Meine Seele braucht das, mein Kopf auch. Nur nicht alleine zu Hause hocken und über den gestrigen Tag nachdenken!

Am Strand von Arrieta herrscht Gott sei Dank gerade Ebbe. Etliche Spanierinnen halten wie immer schwatzend ihre straffen Strandspaziergänge ab und einige Urlauberpärchen tun es ihnen gleich.
Auch ich geselle mich hinzu, nachdem ich meine Badetasche ausgepackt habe.
Es ist herrlich, im nassen, kühlen, festen Sand barfuß zu marschieren, immer zweihundert Meter hin und zurück.
Die meisten laufen in der Regel eine halbe bis eine Stunde, das kenne ich schon. Je nach dem Stand der Gezeiten geht es frühmorgens zeitig los. Am Abend, wenn langsam Ruhe eingekehrt ist vom Tagestourismus, wiederholt sich dann das beschauliche Spiel.
Am Ende des durch die Ebbe stark vergrößerten Strandes liegen Hunderte glatt gespülter Steine im Sand.
Ich suche mir einen großen aus und setze mich darauf.

Die Wellen bedecken schäumend und schwappend meine Füße, nur um sie kurz darauf zu unterspülen und ihnen den Boden wegzureißen.
Mein Leben ist doch ganz genauso, denke ich. Erst bietet es sich übersprudelnd in all seiner Fülle an, doch kaum richte ich meine Aufmerksamkeit darauf und fange an, es zu genießen, reißt es mir hinterrücks den Boden weg und ich beginne wieder zu taumeln! Das Leben ist eben wie die nachmittäglichen Talkshows: Du weißt, es wird grauslich, aber du kannst weder wegschauen noch umschalten!
Unmerklich schrauben sich wohlbekannte Klänge in mein Bewusstsein – Pete und Geoffrey? Ich glaub's nicht! Es gibt sie noch! Oben auf der kleinen Restaurantterrasse stimmt Pete mit ein paar markanten Klängen seine Gitarre.
Ich erkenne auch Geoffrey, der gerade sein Keyboard aufbaut, und noch ein dritter Mann ist dabei, der mit dem Rücken zu mir ein Instrument auspackt.
Mein Herz pocht vor Freude wie wild!
Schon vor zehn Jahren hörte ich Pete und Geoffrey hier manchmal abends spielen und habe beide damals kennengelernt.
Ich laufe hastig zu meiner Tasche zurück und schüttele mein inzwischen versandetes Handtuch aus.
Das ist für heute Abend wirklich die Rettung! Ich fühle mich auf einmal ganz glücklich und beschwingt!
Ich werde mir einen Tisch suchen, einen leckeren Salat mit frischen Shrimps essen und mich von der Musik berauschen lassen. Die Garnelen in Knoblauchöl und mein Lieblingsfischrestaurant können noch einen Tag warten!
Ich laufe die Treppen hinauf, finde sofort einen schattigen Tisch, und strahle bis über beide Ohren.
Geoffrey schaut zu mir und wieder weg.
Er schaut mich erneut an und ich kann förmlich nachvollziehen, wie der Groschen fällt. Ich muss lachen, denn genau das habe ich erwartet und gehofft.
Geoffreys Gesicht hellt sich plötzlich auf und er zwinkert mir zu.

Ich glaube, jetzt hat er mich wiedererkannt!
Jedes Mal, wenn ich auf Lanzarote war, habe ich die beiden hier oder in einer Teguiser Bar besucht und mich von ihrer Musik verzaubern lassen, bestimmt schon sieben- oder achtmal in all den Jahren. Obwohl man sich danach aus den Augen verliert und keinen Kontakt pflegt, ist es mir, als ob ich beste Freunde träfe!
Im selben Moment tritt aus der hinteren dunklen Ecke der dritte Musiker nach vorne und beginnt auf einem Saxofon zu spielen – *On the Beach* von Chris Rea.
Ich schmelze dahin. Der Wind streicht mir sanft durch die Haare, ich schaue auf's endlose Meer, den leicht bewölkten Himmel und lausche der Musik.
Gibt es mehr Freiheit und Glück als in diesem Augenblick? *What a Difference a Day makes ...*
Den Saxofonisten kenne ich nicht. Beim letzten Mal spielte Gerry noch das Saxofon. Ich beobachte den Neuen. Er hat die Augen geschlossen und scheint ganz mit seinem Instrument zu verschmelzen. Sein Solo klingt sanft und eindringlich und geht mitten ins Herz. Er ist groß und hager mit sehr kurzem dunklen Haar und etwa in meinem Alter.

Nach einer halben Stunde ist Pause. Geoffrey kommt sofort an meinen Tisch. Wir begrüßen uns stürmisch und ich weiß gar nicht, was ich ihn zuerst fragen soll. Er kommt mir jedoch zuvor, erkundigt sich nach meinen Töchtern und meinem Ex, wobei ich die erste Frage sehr ausführlich und den Rest eher spärlich beantworte.
Ich bemerke, wie sehr mein aus der Übung gekommenes Englisch wieder einmal hängt und kriege ein ganz erhitztes Gesicht.
Ich erkundige mich auch nach Gerry und erfahre, dass dieser wegen einer Frau im letzten Winter nach England zurückgegangen ist.
Und wer ist der Neue?
Robert. Ein Deutscher. Er spielt mit uns, wenn er auf der Insel ist. Wir haben noch keinen festen Ersatz für Gerry gefunden.

Ah ja.
Guter Mann.
Oh ja.
Geschieden. Geoffrey grinst.
Ich zucke mit den Schultern.
Pete kommt ebenfalls und schüttelt mir kräftig die Hand.
Die gleichen Fragen, dieselben Antworten.
Ein bisschen Small Talk, ein Bierchen, eine Fluppe.
Dann müssen sie auch schon wieder zurück an ihre Instrumente.
Beiden scheint es gut zu gehen hier.
Ich lehne mich entspannt zurück und wir kommunizieren lächelnd mit den Augen weiter.
Cantaloop! Mein Lieblingsstück! Ich flippe aus! Petes *yeah, yeah* ist sensationell!
Einige Leute stehen auf und beginnen zu tanzen. Ich auch. Ich stehe einfach auf und tanze allein. Hier geht so etwas. In Leipzig in der Altstadt geht das eher nicht.
Ich tanze nicht besonders gut, aber das macht nichts. Ich hätte mich eben nach meiner Geburt für den Wiener Walzer und nicht für das Wiener Schnitzel entscheiden sollen.
Ich schließe die Augen, drehe mich und spüre die Richtung des Windes. Ich rieche das Meer, meine leicht verbrannte Haut und die Sonnencreme.
Hupfdohle kommt mir in den Sinn. Ich bin eine Hupfdohle wie die Damen auf den Ü40-Partys. Nur gemästeter. Also eher ein hupfendes Suppenhuhn. Ein gemästetes, einsam tanzendes Suppenhuhn.
Zwischendurch zwinkere ich Pete und Geoffrey zu.
Der Neue ist auch auf mich aufmerksam geworden. Ich kann mir aussuchen, was ich darüber denken möchte: Dass er zu mir schaut wegen der Tatsache, dass ich offensichtlich seine Kollegen kenne oder weil er noch nie vorher ein dickes Suppenhuhn alleine hat tanzen sehen.
Ich dreh' mich einfach weiter. Jedes Mal, wenn ich an ihm vorbeidrehe, blinzele ich durch winzige Sehschlitze.

Er wird es nicht merken, ich kann gut blinzeln. Schon meine Mutter dachte, ich hätte die Augen geschlossen, dabei schaute ich heimlich mit fern: *Rudi Channell*, *Tim Wölke* oder *Schulmädchensport*.
Am besten gefielen mir solche Dokumentationen wie zum Beispiel über diesen *Langen Hans-Rainer* mit seinem Harem. Er und vier Frauen in einer Kommune. Alle wollten ihn und alle liebten sich. Und alle waren immer sooo glücklich!
Ich denke ja, so etwas wie Vielmenscherei geht, wenn überhaupt, nur umgekehrt: eine Frau und vier oder fünf Männer!
Da wird ein Schuh draus!
Außerdem glaube ich, dass der Mensch eben einfach total hormonisch ist. Besonders die Männer. Frauen nur im Klimakterium. Da spüren sie zum ersten Mal, was vorher eigentlich für ein Potenzial da war, wenn es plötzlich versiegt.
Gut, Männer haben auch ein Klimakterium, nennen es aber anders: Midlife-Crisis, Selbstverwirklichung, Glatze, Bierbauch oder sie kaufen sich mit fünfzig 'ne Harley. Manche machen sich selbstständig, andere gehen plötzlich ins Fitnessstudio, nur zum Arzt gehen sie deswegen doch nicht! Lieber in den Puff. Oder auf Ü40-Partys!
Ich bin ja für's Matriarchat. Und für Monogamie – jedenfalls die Männer so nacheinander. Also beispielsweise einer von zwölf bis zwei, einer von zwei bis vier Uhr nachts und so weiter.
Ein Kerl mit vier oder fünf Frauen in einer Wohnung ist ja der blanke Terror! Immer schön in den obersten Oktaven!
Aber dieser Lange Hans, der hat sich das fein ausgedacht. Er sucht sich einfach vier Kandidatinnen mit chronischem prämenstruellen Syndrom, sperrt sie lebenslang in seine Zweiraumwohnung, wartet, bis die sich gegenseitig zerfleischt haben, und hat ein schönes Leben! Und ab und zu klopft er an eine der Türen, wenn er pimpern will. Welche Tür, das wird je nach Gusto oder nach dem Wohlverhalten der Damen entschieden. *Gute Laune feil* heißt das Spiel. Und wer ihn anmeckert, nimmt an der Lotterie vorläufig nicht mehr teil! Ich will im nächsten Leben auch unbedingt ein Mann sein! Ach ja ...
Ich dreh mich und dreh mich und löse mich auf in meinen Ge-

danken: Wie schön und friedlich und blühend könnte diese Welt sein, wenn Frauen die Erblinie bestimmen würden! Große glückliche, friedliche Familienclans, in denen sich die Männer um *die eigene Sippe* und damit die Kinder der Schwestern und Nichten kümmern. Eine solche Familie kommt dann ganz ohne Liebesverwicklungen und Beziehungsgedöns aus, ohne Schlammschlachten, Eifersuchtsdramen oder Krieg. Ohne Versorgungsausgleich und Anwälte kann sie sich selbst ernähren!

Männer, die nicht psychisch kastriert sind von der ewigen Suche nach ihrer eigene Rolle und Verantwortung, hin- und hergerissen zwischen den eigenen wahren Bedürfnissen und denen der ihnen ans Bein gebundenen Familie.

Und Frauen! Ja, Frauen, die nicht sozial und wirtschaftlich vom Mann abhängig sind, wenn sie drei Säuglinge an der Brust haben, beziehungsweise alternativ von den staatlichen Almosen. Das Geld wird von der Ältesten verwaltet, die nicht ins Pflegeheim abgeschoben wird, sondern echtes Ansehen genießt. Name und Besitz werden an die älteste Tochter vererbt. Frauen sind stark und unabhängig, weil sie behütet und in Ruhe Kinder zur Welt bringen können, weil sie sich nicht abhängig vom Labilsten und Unzuverlässigsten machen müssen, was es auf der Welt gibt: Gefühlen! – Und natürlich nicht von der daraus resultierenden jahrelangen Verantwortung und Pflicht, die meist nur für die Frauen entsteht, wenn man sich durch Gefühle zu Schwangerschaften hinreißen ließ!

Stattdessen wird munter und frei und ohne Zwänge mit den Männern des Nachbardorfs drauflosgejodelt! Tagsüber versorgen diese ihren Clan und nachts geht's zur Geliebten, frei von allen Lasten des Alltags. Jeder Mensch ist frei, sich zu verlieben, aber es gibt keinen Grund oder Zwang, sich zu binden! Und natürlich ist jeder auch frei, sich wieder zu trennen, wenn man sich satt hat. Wenn Mann und Frau wollen, können sie in unschuldiger, ungetrübter Zweisamkeit bis zum Lebensende monogam bleiben – aber aus Liebe, nicht aus gegenseitiger Bedürftigkeit.

Als Großväterchen und Großmütterchen sitzen sie dann, ein Pfeifchen rauchend, vor der großmütterlichen Kate und nicken zufrieden vor sich hin:
Erna, sind das meine Kinder?
Nö, weiß nicht. Ich glaube, der Große ist von Egon, der Mittlere sieht eher deinem Bruder ähnlich, aber die Kleine könnte deine sein.
Schön, schön ... Soll ich dir dein Doppelkinn kraulen?
Gerne. Aber verletz dich nicht an meinem Damenbart.
Gekicher.
Männer leben besser, wo Frauen das Sagen haben! Sie haben sich nämlich mit dem Patriarchat selbst kastriert. Und diese Lebensform ist auch kein umgekehrtes Patriarchat!
Männer sind in diesem neuen System für fast nichts verantwortlich, sie arbeiten viel weniger und sind den ganzen Tag mit ihren Freunden zusammen – und obendrein können sie für immer bei ihrer Mutter leben! Also ein Schlaraffenland für sie. Es gibt keine Gewalt, keine Verbrechen und keinen Streit.
Und das ist keine Utopie, denn es gibt solche matriarchalen Gesellschaften noch, zum Beispiel das Volk Mosuo in Südchina. Frauen fühlen sich dort frei und stark.
Wenn sie mit einem Mann reden können, Sex haben und ausgehen, dann sind sie verliebt. Für sie ist die Liebe wichtiger als die Partnerschaft! Bei uns ist es ja leider umgekehrt, auch wenn es vielen nicht bewusst ist.
Die Mosuofrauen wollen verliebt sein. Der einzige Grund, mit einer anderen Person zusammen zu sein, ist Liebe. Heiraten oder mit einem Mann eine Familie gründen, das interessiert sie nicht. Und wenn es vorbei ist, ist es vorbei.
Sie bleiben nicht zusammen wegen der Kinder oder des Geldes oder sonst etwas.
Die Männer tragen nicht die Last ihres versehentlich entfleuchten Spermas und die Frauen wollen die Männer nicht an die Kette legen aus Angst, frierend mit fünf Bälgern und einem Baby an der Brust in einer kalten Höhle zu verhungern, während der Angebetete auf der Jagd nach einem saftigen Mammut

aus Versehen auf eine junge schöne, jungfräuliche Wilde trifft! Die Welt könnte so schön und friedlich sein!
Halleluja!!! Was einem alles in den Sinn kommt, wenn man sich wie ein Derwisch dreht!

Ich bekomme Durst und hole mir eine Cola. Mit hundert Stücken Würfelzucker drin! Mmhhh. Und jetzt eine Pause!
An meinem Tisch sitzen Oliver und Blondi.
Ich falle fast um vor Schreck. Ich habe jetzt genau drei Sekunden Zeit, um zu entscheiden, ob ich mich dazusetze oder eine andere Richtung einschlage.
Bevor ich mich jedoch versehe, stehe ich am Keyboard und wippe mit meiner rechten Hüfte im Takt. Nicht etwa, dass Pete und Geoffrey gerade spielen würden ...
Ich wippe also ohne Musik, was das Zeug hält, und schüttle mein Haar. Was der Beweis ist, dass uns das Leben wie Marionetten fernsteuert. Ich wippe so was von ferngesteuert!
Je länger ich wippe, desto blöder komme ich mir vor und desto weniger kann ich damit aufhören.
Ein wippendes Masthuhn, fertig für den Römertopf! Im vollen Besitz meiner geistigen Kräfte und meine Ganzkörperschmach registrierend.
Und als ob das nicht bereits dämlich und peinlich genug wäre, gieße ich mir reichlich Cola auf mein Dekolleté beim Versuch, wippend und Haare schüttelnd zu trinken. Macht sich gut auf meinem weißen Lieblingskleid. Masthuhnbrüstchen mit Colasoße. Deliziös!
Blondi springt auf, schnappt sich einen Salzstreuer und hechtet sich auf mich, um mir mein eben noch einigermaßen lebenswertes Dasein endgültig zu versalzen.
Ich liiiebe Salz mit viel Suppe! Und ich hab Karma mit diesem Mann. Fieses, zähes, klebriges und vor allem peinliches Karma!
Nach etwa zehn Sekunden komme ich unter ihm liegend wieder zu mir. Am Rücken drückt das Keyboard, auf mir neunzig Kilo Heldenhaftigkeit. Und zweihundert Gramm Salzstreuer.

Seit ich Sie kenne, könnt' ich mich pausenlos betrinken!, stelle ich atemlos fest.
Diesmal lacht auch Oliver. Schallend. Also nicht einfach mal so normal schallend wie ein Lachsack, sondern so mit Superbass Subwoofer Highendteilen an den Stimmbändern, zweitausend Watt Bang & Olufson an jedem Strang! Die Töne kommen mitten aus weit aufgerissenen schneeweißen Perlensträngen und einer bebenden, behaarten Brust!
Blondi kann vor Lachen nicht aufstehen. Vielleicht will er auch nicht. Er liegt schlaff auf mir, die Arme hängen seitlich herab und er prustet mir feuchtwarm in den Busen.
Was machen Sie eigentlich auf mir? Mehr als rein geht nicht!, versuche ich ihn auf seine Position aufmerksam zu machen.
Okay, ich ziehe dann mein Knie jetzt mal vorsichtig raus.
Ich bitte darum.
Bitte.
Danke.
Blondi zieht sein Knie aus einem Abfalleimer, der sich zwischen meinen Schenkeln verkeilt hat. Ein halber Döner klebt an seinem Schenkel.
Rings um mich wälzen sich mehrere Leute vor Lachen am Boden. Einer strampelt sogar mit den Füßen und ringt nach Luft!
Eine ziemlich rundliche Frau mittleren Alters jammert *Oh Gott, Oh Gott!* und hält sich den weit aufgerissenen Mund zu.
Ich bin sooo dankbar für ihre Solidarität.
Hilft denn keiner meinem Mann!, ruft sie und zeigt auf ihren strampelnden Mann, der keine Luft mehr bekommt und keuchend nach selbiger ringt.
Eine Hand zieht mich hoch. Es ist Roberts Hand. Ich schüttele die restlichen Zwiebeln aus meinem Rock.
Danke.
Oliver kommt mit einer Flasche Sekt und lacht immer noch.
Zora, das müssen wir begießen! Blondi umarmt mich.
Auf den Beginn einer wunderbaren Feindschaft!, proste ich ihm zu.
Jetzt klopfen massenhaft Hände an mir herum, einige schrubben

mich mit einem alten Scheuerlappen ab, andere tätscheln mir feixend den Kopf.

Fünf Minuten später sind alle Tische zusammengeschoben und etwa zwanzig ausgelassene und sich bislang völlig fremde Menschen feiern feuchtfröhlich eine Party.

Na, da freue ich mich doch mal richtig, wenn ich der Anlass zu solch lustigen Verbrüderungsorgien bin!

Pete, Robert und Geoffrey spielen den geilsten Jazz ihres Lebens und Oliver – Oliver spricht plötzlich mit mir.

Haben Sie sich wehgetan?

Ja, als ich vom Himmel fiel. Haha ...

Kennt doch jeder den Spruch!

Oliver schaut etwas irritiert, sagt aber nichts.

Shit, er kennt den Spruch nicht.

Es war ein riesiges Hochdruckgebiet, versuche ich die Situation zu retten.

Hochdruckgebiet ..., wiederholt er. *Ist Ihnen schwindelig?*

Ich meine ja nur, weil ich kein Engel bin. Also ich bezeichne mich nicht als Engel. Mehr als so was Großes, also so was wie eine Hochzuckdrohne.

Oliver schaut Hilfe suchend zu Blondi. Der grinst und schüttelt den Kopf. *Sie hat keine Gehirnerschütterung. Sie ist immer so.*

Oliver schaut mich an und lächelt wieder. Diesmal meint er mich. Ich spüre es.

Das Welke in Grün

Vier Tage später ruft Annette an, morgens um sieben.
Annette! Weißt du nicht, dass es hier quasi noch Nacht ist?
Doch. Aber Edgar hat mich verlassen.
Na endlich! Das ist der Autohändler mit den Piercings an allen hervorstehenden Körperteilen.
Tut mir leid. Ruf doch später noch mal an...
Ich brauche jetzt unbedingt eine Auszeit auf einer einsamen Insel, sofort!
Aber nicht auf meiner! Oder ...?
Doch, genau hier wird mein Herz genesen, weiß sie.
Hier brechen aber ständig Vulkane aus und dieser schreckliche Sturm rund um die Uhr!, warne ich.
Genau das brauche ich, sagt ihr Bauch.
Und wenn du vielleicht mal deinen Kopf fragst?
Der hat bereits gebucht. Morgen Abend gegen acht landen alle Körperteile zusammen in Arrecife.
Annette kommt! In meine Oase! In meine Zuflucht! Meine stille Klosterzelle mit Meerzugang!
Oliver darf Annette keinesfalls zu sehen kriegen! Vor allem nicht in ihrem moosgrün-goldenen Push-up-Bikini! Das wäre ja, wie wenn man Jack the Ripper eine Jungfrau auf einem Silbertablett vor die Haustür legte!
Annette hat langes rotblondes Haar und grüne Augen. Sie ist so was wie eine Naturschönheit. Der liebe Gott wird wahrscheinlich täglich mit einem Lächeln auf sein Werk herniederschauen und sich eine Träne der Rührung aus dem Knopfloch drücken!
Ihre helle Haut leuchtet vornehm unter den Sommersprossen und sie bewegt sich, als ob sie eine Balletttänzerin wäre. Ist sie nicht, war sie auch nie, aber sie ist der Schwan unter den Frauen und ich das watschelnde Suppenhuhn neben ihr. Im Vergleich mit Annette bin ich das Welke in Grün.
Wenn du mit Annette ausgehst, hast du automatisch einen riesigen blauen Sack über dem Kopf.

Ach, hallo Annette, bringst du deinen Sperrmüll weg?
Annette ist eine supererfolgreiche Anwältin und macht einen auf Familienrecht. Der beziehungsenttäuschte Mann, der bis dahin vielleicht noch etwas schwankte, lässt sich garantiert scheiden, sobald sie seinen Fall übernimmt! Sie ist wirklich ein ganz spezieller Fall – und jeder ist ihr verfallen.
Aber irgendwie hat sie mit Männern dasselbe Problem wie ich, nur, dass ihr ausgerechnet die Sorte Männer hinterherläuft, die ich gerne hätte: smarte, knackige Cowboys.
Mir würden diese Kerle allerdings schon in der Basicversion reichen! Bei ihr haben sie allerdings auch noch Geld und Erfolg, sind Anwälte, Ärzte, sogar ein bekannter Rennfahrer war dabei. Erstaunlicherweise will Annette die nicht. Sie will eigentlich nur Brad Pitt, sonst niemanden.
Seit der jedoch unter der Fuchtel von diesem psychisch nicht ganz astreinen Schmollmund steht, der die halbe Welt zu Füßen liegt, obwohl ihre schauspielerischen Leistungen sich eher auf Laszivgucken und Schnuteziehen beschränken, ist sie irgendwie von ihm enttäuscht – und gibt sich nur noch mit Männern ab, die völlig unter ihrem Niveau sind.
Also Annette hat mindestens so einen an der Waffel wie ich! Andererseits fährt sie einen nagelneuen Mercedes SLK und ich einen fünfzehn Jahre alten Ford. Und sie hat einen blaublütigen Windhund, Sir Archibald, während ich meine Knochen selber abnagen muss.
Annette hat übrigens ein ganz ausgefallenes Hobby: Sie sammelt nämlich jegliche Art von Abwehrsprays. Eine ganze Vitrine voll hat sie in ihrem Büro stehen, schön grell beleuchtet und in Szene gesetzt.
Vom Reizstoffspray im glitzernden Lippenstiftformat über das getarnte Pfefferspray im praktischen und wiederverwendbaren Riesendildo bis hin zur Chemiekeule in einer vermeintlichen Puderdose. Sie sagt, das verleihe ihr Autorität, wenn Männer in ihre Kanzlei kämen.
Aber ansonsten ist sie ein richtiger Schatz für mich, jedenfalls wenn keine Männer dabei sind. Ich konnte noch nie vorher mit

einer Freundin so lachen und weinen und wir haben die gleiche glühende Leidenschaft für Jane-Austen-Verfilmungen. Egal, ob im Sommer mit heruntergelassenen Rollos, bei nasskaltem herbstlichen Schmuddelwetter oder in der kuschelig-kerzenlastigen Adventszeit: Annette und ich sitzen mit Schokolade, Rotwein und Taschentüchern auf dem Sofa und fiebern um Mr. Darcy oder Sir Edward Ferris. Bei ihr hinterlässt die Schokolade allerdings höchstens eine neue Sommersprosse, bei mir ein ganzes Kilo Fett pro Film, was vielleicht darin begründet liegt, dass Annette EIN Stückchen lutscht – eineinhalb Stunden lang! Und ich den Rest der Tafel verspeise – einer muss sich ja opfern! Es weiß ja jeder, dass angebrochene Schokolade schnell schlecht wird! Ich habe einmal gehört, dass man an der Art und Menge, Schokolade zu essen, erkennt, wie eine Frau im Bett ist. Was für ein Trost!
Ich bevorzuge die englisch-antiquierten Originalverfilmungen, während Annette auf glatt- und hochpoliertes Hollywood setzt. Deshalb haben wir ein ausgeklügeltes System entwickelt: Wer die größeren Depressionen hat, darf den Film aussuchen! Ermittelt wird das anhand der Anzahl der in der Woche verbrauchten Tempotaschentücher, Internetbekanntschaften und Weinflaschen: Pro Stück gibt's jeweils einen Punkt. Zehn weitere Punkte gibt's für eventuell vorliegende Menstruationen. Zwanzig Punkte werden abgezogen bei gewonnenen Prozessen, Gehaltserhöhungen oder Geburtstagen.
Eigentlich schauen wir fast ausschließlich meine englischen Originalverfilmungen.
Allerdings musste ich die letzten beiden Monate alleine schauen, weil Annette ihre gesamte Freizeit an diese Elendszuchtel Edgar verschwendete. Dabei hat sie gar keine Zeit mehr zu verschenken, denn schließlich will sie noch ein Kind mit ihren 39 Jahren! Tick, tick, tick.
Willst du lauter Schlampen und Hauptschüler gebären?, habe ich sie gewarnt, aber sie war bereits derart mit Verliebtheit geschlagen, dass sie so ziemlich alles zur Welt gebracht hätte für Porno-Edgar. Bin ich froh, dass das nun vorbei ist! Endlich wieder gemeinsam

einsam! Mir kommt auf alle Fälle kein Mann mehr ins Haus! Na ja, also ambulant schon, aber keinesfalls mehr stationär!
Ich bin hin und her gerissen. Einerseits wäre ein gemeinsamer Urlaub mit ihr ein Traum, den ich mir bislang leider nie leisten konnte. Ich habe ihr immer tagelang hinterhergeheult, wenn sie wieder einmal Richtung Mauritius, Kenia oder Neuseeland abgereist war. Andererseits genieße ich gerade meine Ruhe und das Alleinsein, die Freiheit, auf niemanden Rücksicht nehmen zu müssen, und meine spontane Zeiteinteilung.
Ja, und nicht zu vergessen: Ich bin doch gerade mitten im Endspurt meines Romans! Mein neuer Oberarzt hat sich als schwul geoutet und die kleine nette Krankenschwester hat im Lotto gewonnen, ihren Job an den Nagel gehängt und in der Karibik einen äußerst attraktiven Saxofonspieler kennengelernt ...
Das Telefon klingelt schon wieder. Diesmal ist es Blondi.
Hallo Zora!
Hi! Woher hast du meine Nummer?
Ich war in deiner Wohnung nach Consuelas Geburtstag. Hab dich doch heimgebracht. Gefühltes sehr breites Grinsen.
Aber die Nummer steht nicht auf dem Telefon!
Ich hab mich einfach von deinem Telefon aus auf meinem Handy angerufen, als du im Bad die Buchstabensuppe umgetütet hast.
Die was?
Die Suppe umgetütet, eine Straßenpizza belegt, Würfelhusten ...
Raffiniert! Auf die Idee mit dem Selbstanruf wäre ich ja nie gekommen! *Ja, das kommt davon, wenn man betrunken ist,* seufze ich. *Was hast du noch so alles angeklingelt?*
Jetzt lacht Blondi wieder laut auf. *Ich glaube, deine Klingel war in deinem Zustand sowieso außer Funktion. Na, wenigstens sind wir inzwischen mal beim DU angelangt.*
Ja okay, wir haben letztens in Arrieta Bruderschaft getrunken, allerdings alle zwanzig Leute auf einmal! Das hat also überhaupt nichts zu bedeuten!
Okay, Heinz-Dieter, komm zur Sache. Ich habe zu tun. Was willst du denn eigentlich von mir?

Irgendwann krieg ich den Goldenen Kaktus verliehen für besonders widerborstige Hartleibigkeit im Umgang mit Blondi.
Oliver und ich fahren nachher in die Nähe von Haria, in die Berge. Dort lebt eine Freundin von uns und die lädt von Zeit zu Zeit zum Brunch ein. Ihre Bekannten und Freunde sind fast alle Deutsche oder Engländer, die hier leben.
Blondi macht eine kurze Denkpause. *Zwei Österreicherinnen sind auch manchmal dabei und eine Lehrerin aus der Schweiz.*
Denkt er, ich fühl mich besser, je mehr Frauen anwesend sind?
Jedenfalls freut sich Brigitte immer, wenn neue interessante Leute dazukommen.
Ah ja, und da habt ihr an meinen unfreiwillig komischen Unterhaltungswert gedacht. Ich glaube, ich bin beleidigt.
Blondi beschwichtigt. *Nein, nein, Zora, wir glauben einfach, du passt zu diesen Leuten. Es ist immer sehr schön und unterhaltsam dort, lustig auch, und es sind einfach unglaublich tolle Leute dabei. Oliver und ich kennen Brigitte schon seit Jahren. Oliver war mit Brigittes Schwester verheiratet.*
Ich werde plötzlich hellwach und mich durchfährt es siedendheiß vom Kopf bis in die schweinchenrosa lackierten Zehennägel.
Wieso war?
Sie sind geschieden.
Aha. Komm, bitte erzähl weiter, ohne dass ich dich danach fragen muss! Blondi schweigt. Laaange.
Ist sie denn auch dort? Olivers Ex? Ich muss es wissen!
Mira? Blondi lacht. *Nein, die ist vor zwei Jahren mit einem Brasilianer durchgebrannt, lebt irgendwo in der Nähe von Rio. Hat Oliver sitzen lassen von einem Tag auf den anderen, der war völlig ahnungslos.*
Wie Männer meistens sind. Mein Herz klopft wie wild.
Starrt er deshalb so auf's offene Meer, weil er hofft, dass sie mit dem nächsten Boot wieder zu ihm zurückkommt?
Ich beiße mir auf die Zunge, aber zu spät. Ich habe bereits gesagt, was ich gesagt habe.
Blondi lacht diesmal nicht.

Zora, Zora, warum denn immer so garstig. Du musst ja nicht mit uns fahren, wenn du uns nicht leiden kannst. Wir dachten nur, du würdest uns gerne begleiten.
Na ja, ich werde es mir überlegen, lenke ich kleinlaut ein.
Na gut. Ich rufe in einer Stunde noch mal an. Dann solltest du dich aber entschieden haben. Wir würden dich dann abholen kommen. Du liegst quasi auf dem Weg.
Ja, nur etwa zwanzig Kilometer Umweg, lache ich.
Okay – und danke. Ich lege auf.

Im offenen Jeep von Blondi peitscht es mir regelrecht die Strähnen ins Gesicht, die unter dem vorsorglich umgebundenen Kopftuch herausschauen. Oliver hat wieder seine schwarze Brille auf und ein weißes Leinenhemd, das bis in die Mitte der Brust offen ist. Ich bekam sofort einen Eisprung bei seinem Anblick. Er hat mich heute zwar etwas freundlicher begrüßt als die letzten Male, aber wieder eher distanziert und unverbindlich. Oliver sitzt hinter mir und ich fühle mich beobachtet. Mit dem Kopftuch schaue ich sicherlich noch weniger attraktiv aus, als ich mich sowieso schon fühle, und ich spüre seinen Blick auf meinen runden Schultern. Ein beiläufiger Blick in den Schminkspiegel verrät mir jedoch, dass er die Landschaft betrachtet und keinerlei Interesse an meiner korpulenten Hinteransicht hat, nicht einmal im denkbar negativsten Sinne. Blondi hat das brombeerfarbene Shirt an und eine helle Leinenhose. Ich bilde mir ein, sein Shirt liege nicht mehr so knackig eng am Sixpack an wie letztens. Sicher habe ich es um mindestens eine Nummer ausgeweitet. Außerdem trägt er so eine coole Lederkappe mit Ohren wie ganz früher die Motorradfahrer oder Piloten und macht einen ziemlich passablen Eindruck, wenn man die blondierten Stoppeln auf seinem Kopf nicht sieht.
Ich bin anscheinend gerade mit den wohl heißesten Kandidaten Lanzarotes unterwegs, überkommt es mich plötzlich, und ich fange an zu reflektieren, dass die Dicke im Türkinnenlook auf dem Beifahrersitz sich wohl glücklich schätzen darf, als Freundin der

beiden Dreamboys überhaupt eine Runde im schwarzen Vierspänner mitgenommen zu werden.
Irgendwie macht mich das nicht wirklich selbstbewusster und ich ziehe beschämt den wild flatternden Rock über die knubbeligen Knie.
Die letzten zweihundert Meter geht es abseits der Hauptstraße eine wilde Buckelpiste den Berg hinunter, bis wir ein weißes Etwas sehen, das wohl einmal ein Haus gewesen war und an einem etwa zehn Meter hohen abgebrochenen Berghang klebt.
Wäre ich schlank und jung und schön, würde ich jetzt schlussfolgern, dass die beiden mich an einen völlig verlassenen Platz bringen, um mich zu vergewaltigen. Aber leider bin ich dick. Ich seufze.
Brigitte ist Künstlerin und Therapeutin, erklärt mir Blondi, bevor wir am Haus ankommen. *Sie lebt hier seit fünfzehn Jahren alleine in den Bergen, ohne Strom und fließendes Wasser. Das Wasser kommt übrigens aus einer Zisterne und wird über's Dach geleitet und von der Sonne aufgeheizt. Sie entwirft und fertigt auch wunderschöne Schmuckstücke, die sie ziemlich berühmt gemacht haben, auch jenseits der Kanaren. Vor allem aber bietet sie schamanische Therapien an, hauptsächlich für Frauen.*
Ah ja. Das ist genug Genie in meinen Augen. *Dann gibt es also wahrscheinlich auch kein Klo?*
Blondi und Oliver lachen. *Ein Trockenklo hinter'm Haus gibt es schon,* ruft er von hinten. Das Erste, was er von sich gibt seit unserer dreißigminütigen Fahrt.

Vor dem Haus stehen mehrere Autos in der staubigen Gegend herum, von der ja reichlich vorhanden ist. Blondi hält einfach seinen Jeep mitten auf dem Weg an und will aussteigen.
Fährst du denn nicht etwas zur Seite? Ich meine, wenn nun noch andere Leute kommen ...?
Blondi grinst. *Die Welt ist doch breit genug an dieser Stelle, oder?*
Nur weil du ein Ego hast wie ein Lkw, heißt das ja noch lange nicht, dass du eine Zufahrtstraße blockieren darfst!, erwidere ich entrüstet.
In diesem Moment kommt im rasanten Tempo ein weiterer Jeep

den Weg heruntergedonnert und hinterlässt eine Staubwolke so groß wie die Wolke beim Ausbruch des Vesuv. Der Jeep schlägt einen Haken um unseren und kommt dann mit quietschenden Reifen irgendwo in der Mitte des Nirgendwo zum Stehen.
Blondi grinst mich siegessicher an.
Ich verstehe. Hier scheint ein Männerspielplatz zu sein! Hier also werden laut johlend die Mustangherden zugeritten! Jede Frau würde sich artig so weit wie möglich an die Seite quetschen, immer schön in Reih und Glied, wie wir es in der Fahrschule eben gelernt haben.
Aus dem ziemlich schmutzigen Jeep springen Geoffrey und Pete und winken mir zu. Meine Laune bessert sich schlagartig!
Die Freundin von Geoffrey und Pete zu sein, ist um so vieles leichter als die von Blondi-Sixpack und Marlboro-Man. Geoffrey und Pete sind eben nur Männer, oder Musiker – Kumpels halt.
Die haben zwar einige wilde Gene vom lieben Gott bekommen, doch dafür hat er an Gestalt und Antlitz kräftig gespart. Es muss ja irgendwie alles gerecht verteilt werden.
Ich überlege gerade, womit ich selbst etwas üppiger bedacht wurde, aber mir fällt auf Anhieb nichts ein. Der Speck zählt ja nicht mit, der ist auf meinem eigenen Nutellabrot gewachsen, den hatte ich nicht von Anfang an, jedenfalls nicht an *diesen* Stellen.
Pete und Geoffrey umarmen mich. Sie gehören zu der Sorte hagerer Männer um die sechzig, die stark nach Tabak und subtil nach alten Socken riechen, die sich morgens im Bad kurz den Sack kratzen, einmal in den Spiegel schauen und mit sich und der Welt zufrieden sind. Männer, die sich dann die Zähne gründlich mit Whiskey spülen und zum Frühstück einfach eine ungetoastete halbe Schachtel *Camel* rauchen, die, nachdem sie abgehustet haben, mit rauchiger Kneipenstimme ihre neuen Titel einspielen gehen.
Ich bin mir ganz sicher, dass die beiden seit irgendeinem nebeligen Oktobertag des Jahres 1961 auf irgendeinem Bahnsteig in irgendeinem Dartford eine ziemlich wilde Zeit gehabt haben.

Wahrheiten im Lotterbett

Die Finca von Brigitte ist der Hammer! Von außen ein eher unscheinbares, nicht einzuordnendes Bauwerk, am ehesten noch an eine winzige verfallene Burg erinnernd, die an einem kaputten Hügel klebt ... und innen einfach nur WOW!
Der Weg führt durch wilden Ginster und endet an einem Gartentürchen, umsäumt von Oleander und Bougainvillea. Mehr sieht man erst einmal nicht. Nur ein bisschen was vom flachen Dach ist zu sehen und ein kleiner weißer Anbau, an dem der Putz kräftig vor sich hin bröckelt, ragt aus den Büschen.
Das ist die Schmuckwerkstatt, sagt Blondi, der meinem Blick gefolgt ist.
Pete und Geoffrey sind schon vorangegangen und man hört an dem fröhlichen Gelächter im Inneren, dass sie auf Freunde gestoßen sind.
Blondi lädt mich mit einer Handbewegung ein, die Zauberruine zu betreten. Wenn man durch das Gartentürchen will, muss man sich bücken, so dicht hängen die Zweige der Büsche herab.
Ich stehe in einem kleinen Innenhof mit schmiedeeisernen Mosaiktischen, niedlichen Eisenstühlen und dick gepolsterten Bänken, auf denen bereits sieben oder acht Leute sitzen, die uns herzlich begrüßen. In einer Ecke döst eine weiße Katze mit schwarzer Nasenspitze und überall hängen kleine Blumenampeln mit Kräutern von den Wänden herab. Ein riesiger blühender Hibiskus wächst scheinbar aus der Wand gegenüber und rankt sich um eine Laterne. Es gibt drei Türen mit Fliegenschutzgittern in den drei Flügeln des Hauses. Überall hängen Windspiele in den Zweigen oder an den Fenstern, die leise im Wind klimpern.
Aus der rechten Tür treten Geoffrey und Pete mit einer sympathischen, hochgewachsenen Dame, die ich auf Mitte fünfzig schätze. Ihr brünettes halblanges Haar ist zu einem Pferdeschwanz gebunden und sie trägt eine Schürze über dem folkloristischen Hippiekleid. Als sie mich anlächelt, hat sie mein Herz bereits erobert.
Sie müssen Zora sein!, begrüßt sie mich herzlich und nimmt mich

in den Arm. Ich schüttele begeistert ihre Hand und freue mich auf einmal total, hier zu sein. Blondi hat doch ganz gute Ideen. Er zwinkert mir zu und setzt sich zu zwei Frauen an einen der Tische.

Möchten Sie sich erst mit den Leuten bekannt machen oder soll ich Ihnen das Haus zeigen, damit Sie sich zurechtfinden?

Ich entscheide mich für die Hausbegehung.

Wir treten durch die rechte Tür ein, aus der Brigitte gekommen ist, und sind in der Küche. Ich bin überwältigt! Ich stehe in einer liebevoll gemauerten, kanarisch-rustikalen Küche mit rußigem, kuppelförmig überbautem Rauchabzug, viele bunte Trockensträuße hängen an den weiß getünchten Wänden. Alles ist sehr gemütlich, es gibt einen kleinen Holztisch mit zwei Stühlen, auf dem allerlei Getränke stehen, und ein riesiges selbst gezimmertes Regal mit Einweckgläsern, in denen sich diverse deutsche Nettigkeiten tummeln, wie eingelegte Senfgurken, Erdbeeren und grüne Böhnchen. Ich tippe auf eine einweckende Mama zu Hause in Deutschland, die ganze Schiffsladungen voller nahrhafter Pakete auf die gemüsemäßig recht karge Insel schickt. Ich drehe mich noch einmal langsam im Kreis und betrachte das chaotische und liebevolle Küchensammelsurium. Der Raum ist bezaubernd und scheint keinen einzigen rechten Winkel zu haben.

Durch eine niedrige schmale Tür führt Brigitte mich nun in eine Vorratskammer und dahinter gelangen wir in ein Bad. Das Badezimmer scheint in den Felsen eingemauert zu sein – und das im Stil der Lavahöhlen von César Manriques Wohnhaus in Tahiche, welches heute ein Museum ist.

Ich bin hin und weg. An der gegenüberliegenden Seite erweitert sich der Raum in Form einer recht schmalen Gesteinsblase wie eine aufrecht stehende Erdnuss. Darin befindet sich eine Dusche, deren buckelige Wände mit blauen Mosaiksteinchen verkleidet sind. Oben hat die Decke ein rundes Fenster, durch das die Sonne scheint. Brigitte zeigt mir, wie man es öffnen und schließen kann. Die vordere Wand mit der Tür und die gegenüberliegende, aus der die Duschblase in den Berg wächst, sind strahlend weiß getüncht, die anderen Wände sind mit verschiedenen Blau- und Türkistönen bemalt. Auf der linken Seite prangt ein riesiges Mandala, in dessen Mitte ein goldener Spiegel in Form einer Sonne mit Strahlenkranz platziert ist, die andere Wand ziert ein beeindruckendes Paisleymuster. Mehrere kleine verglaste Bullaugen geben darin die Sicht auf die Küste frei, die ein paar Kilometer entfernt im Dunst unter uns liegt.

Wir sind hier mehr als fünfhundert Meter über dem Meeresspiegel, untermauert Brigitte mein Staunen.

Mir fehlen einfach nur die Worte. Nicht, dass Brigitte hier irgendeinen Luxus besitzen würde im Sinne von materiellen Werten! Nein, alles scheint in Handarbeit selbst gebaut und gestaltet worden zu sein. Alles ist sehr einfach und rustikal, aber unglaublich liebevoll mit witzigen und sehr fantasievollen Details.

Haben Sie das alles alleine geschaffen?, frage ich staunend und betaste vorsichtig prüfend das Mandala.

Ich habe vieles selbst gemacht, so nach und nach über die Jahre. Aber mir haben auch Freunde geholfen. Pete zum Beispiel hat die Dusche gemauert und ein anderer Freund hat die Warmwasserkonstruktion entworfen. Einige der Tische mit den Mosaiken habe ich selbst angefertigt, andere Möbel habe ich gekauft oder geschenkt bekommen.

Wir gehen zurück durch die Küche in den Innenhof. Ich muss einen Moment lang meine Sonnenbrille aufsetzen, so grell ist das Licht hier draußen. Im Bad und in der Vorratskammer war es auch angenehm kühl, während mir jetzt wieder die Hitze ins Gesicht schlägt.

Brigitte zieht mich durch eine doppelte Fliegentür in den mittleren Teil des Hauses.

Wir stehen in einem großen lichtdurchfluteten Raum mit zwei überdimensionalen Sofas, vielen Sitzkissen und einem kleinen Altar an der Seite. Alles wirkt sehr orientalisch: die vielen bunten Tücher und Kissen mit Spiegelplättchen und bestickten Perlen verziert, der geschnitzte Holztisch in der Mitte, ein riesiger Spiegel mit Messingrahmen und diverse Buddhafiguren und Klangschalen.

Über den Sofas prangen Moskitonetze und ein sehr schöner Traumfänger.

Hier wohne und arbeite ich, sagt Brigitte und führt mich weiter.

Der nächste Raum hat eine besondere Ausstrahlung. Er ist nicht so groß, ganz weiß getüncht und hat ein weites Fenster zum Innenhof mit einem gemauerten Vorsprung davor, auf dem bunte Kissen und einige Bücher liegen. In der Mitte des Raums befindet sich ein immenses Bett, ziemlich flach, so wie die japanischen Futonbetten, aber wahrscheinlich sind es nur Matratzen, die auf dem Boden liegen. Auf dem Bett liegt eine gelbe Batikdecke mit einem Elefantengott, über dem Bett hängt das schlichte Moskitonetz. Kein Bild an der Wand, keine weiteren Möbel. Der Raum fängt das besondere Licht Lanzarotes ein und strahlt Klarheit aus und Stille, obwohl draußen die Leute reden und lachen. Ich spüre, dass man hier ausgezeichnet schlafen kann, auch in der größten Hitze.

Brigitte schaut mich an und lächelt. *Komm, ich zeig dir den Rest!*

Wir gehen wieder über den kleinen Hof, diesmal in den linken Flügel. Dort befindet sich ein kleines Büro mit Blick in den Hof, es gibt einen rustikalen Schreibtisch mit einem PC und viele Bücher, teils am Boden gestapelt, teils in raumhohen Regalen an den Wänden. Das Zimmer ist in einem hellen Terrakotta gestrichen, das Kissen auf dem Stuhl und die Motive der Bilder über dem Schreibtisch passen genau zusammen. Auf dem Schreibtisch stehen Familienfotos, auch ein Foto von ihr und einer anderen Frau sowie ein Foto vom Dalai Lama.

Wie funktioniert ein PC ohne Strom?, frage ich neugierig.

Ich habe ein Notstromaggregat. Das reicht für ein bis zwei Stunden täglich. Ich brauche ja auch Strom für verschiedene Geräte, die ich zur Schmuckherstellung benötige. Den Strom muss ich mir allerdings sehr gut einteilen, lacht sie.

Es gibt noch ein großes Zimmer hinter dem Büro, in dem sich ein weiteres Matratzenlager in Doppelbettgröße befindet. Das Bett wird von einer Buddhafigur auf einem leuchtend pinken Tuch bedeckt, darüber wölbt sich ein rosa Netz. Hier würde ich gerne schlafen!

In einer Ecke sind auch etliche Matratzen und Kissen gestapelt, sodass hier geschätzte sechs bis acht Leute übernachten könnten. Der Rest des Raumes ist ziemlich leer und mit Teppichen ausgelegt. Es gibt auch hier einen Altar und viele Kerzen auf kleinen Mosaiktischchen oder Wandborden, eine riesige, mindestens einen halben Meter hohe Buddhafigur lächelt von einem gemauerten Sockel.
Ein Gästezimmer?, frage ich Brigitte.
Ja, das auch. Ich nutze den Raum hauptsächlich für Meditationen oder therapeutische Sitzungen, wenn ich größere Gruppen habe.
Sind Sie Buddhistin?
Nicht direkt. Aber wir sollten uns duzen.
Ich drücke sie an mich. *Einverstanden. Ich finde das Haus umwerfend*, erwidere ich begeistert.

Draußen werden wir schon von den anderen erwartet.
So, ich gehe jetzt in die Küche!, ruft Brigitte ausgelassen. *Wer kommt mit?* Zwei Frauen erheben sich und folgen ihr.
Das sind bestimmt die beiden Lehrerinnen, denke ich.
Oliver steht ebenfalls auf und verschwindet in der Küche. Ich fühle mich schon wieder persönlich abgewiesen – als ob er wegläuft, wenn ich auftauche. Meine Laune rutscht augenblicklich in den Keller. Vielleicht sollte ich mich, was ihn betrifft, nicht so wichtig nehmen!
Blondi winkt mich heran und schiebt mir einen Stuhl unter den Hintern. Ich bekomme kanarischen, frisch gebrühten Kaffee mit aufgeschäumter Milch von ihm eingegossen.
Und? Wie gefällt es dir hier?, fragt er neugierig.
Super! Ich finde das Haus toll … Und Brigitte auch.
Freut mich!
Vorsichtig schlürfe ich an der heißen Tasse.
Wo sind eigentlich Pete und Geoffrey hin?
Sie holen ihre Instrumente. Robert hat gerade angerufen. Eigentlich hätte er heute Nachmittag nach Deutschland fliegen müssen, aber da hat sich wohl ein Termin verschoben und nun kann er doch noch bleiben. Ich vermute, der kommt auch mit her.

Blondi macht mich mit den zwei Frauen und drei Männern bekannt, die am großen Tisch zusammensitzen. Alles ausgesprochen nette und offene Leute, die mich gleich in ihr Gespräch einbeziehen, als ob ich schon immer dazugehöre.
Und was machen Sie so auf der Insel?, fragt mich ein junger Mann, der offensichtlich mit seiner Frau oder Freundin zusammensitzt.
Ja, erzähl endlich mal was über dich!, fordert mich Blondi auf. *Wisst ihr, ich habe sie nämlich betrunken am Straßenrand aufgelesen, nackt und völlig orientierungslos! Vielleicht ist sie ja von ihrem Ehemann ausgesetzt worden!* Blondi grinst von einem Ohr bis zum anderen.
Ich werfe ihm einen vernichtenden Blick zu und erzähle dann in wenigen Sätzen, wer ich bin und was ich hier mache. Allerdings lasse ich Einzelheiten über meinen Beziehungsstatus weg und verrate auch nicht, unter welchen Umständen ich zu meinem Feriendomizil gekommen bin.
Zora ...? Wie ist eigentlich dein Familienname ...? Kennen wir deine Bücher?, fragt der junge Mann weiter.
Ich muss Farbe bekennen.
Nein, ich schreibe unter dem Pseudonym Zarah Zanelli.
Du bist ... Zarah Zanelli? Blondi kippt fast vom Hocker.
Na, jetzt tu nicht so, als ob du mich kennst! Ich werde rot.
Also ehrlich gesagt, ich habe deine Bücher nicht gelesen, aber Mira hatte immer eins dabei und schmökerte bei jeder sich nur bietenden Gelegenheit. Oliver wird sicherlich überrascht sein, denn dein Name wird ihm auch nicht unbekannt sein ...
Jetzt kippe ich fast vom Stuhl. Na klasse!
Blondi ist schon aufgesprungen und brüllt in die Küche: *Hey, was glaubt ihr, was wir da für einen Fang gemacht haben! An diesem Tisch da draußen sitzt nicht irgendeine Zora ... Nein, das ist die Schriftstellerin Zarah Zanelli, die mit den kitschigen Arztschnulzen!*
Die Bombe platzt genau da, wo sie den größten Schaden anrichten kann. Brigitte und die beiden Lehrerinnen kommen herausgelaufen, um mir freudig zu erzählen, dass ihre Mütter begeistert meine Bücher lesen. Nur Oliver erscheint nicht.

Ich muss nun allen etwas von meinem neuen Buch erzählen und versprechen, demnächst eine Lesung zu veranstalten. Blondi strahlt mich an.
Jetzt wird aufgetischt und gegessen. Oliver sitzt am Kopfende der Tafel und redet mit Brigitte.
Kurz darauf kommen Pete und Geoffrey zurück und haben Robert dabei. Er schaut mich an und ein kurzes Lächeln huscht über sein Gesicht, bevor er die versammelte Runde begrüßt. Er wirkt heute noch größer und jungenhafter, hat einen Dreitagebart und trägt einen dunklen Leinenanzug. Robert nimmt mir gegenüber Platz, was mich ein bisschen nervös macht, aber auch freut.
Wir essen ganz lecker und ich kann mich kaum bremsen bei all den Köstlichkeiten. Robert lächelt immer mal wieder, gießt mir auch einmal Wasser aus einem Krug nach, spricht mich aber nicht an. Dafür Blondi umso öfter. Er quetscht mich aus und will alles über meine Schreiberei wissen. Irgendwann, als er endlich mal die Backen so voll hat, dass er einen Moment lang wirklich nur kauen kann, nehme ich das Ruder in die Hand.
Und du? Was machst du auf der Insel?, will ich wissen.
Blondi schluckt und würgt und antwortet mit halb vollem Mund: *Ich habe eine Firma hier. Tourismusbranche, Immobilien und so. Ich kaufe schöne Fincas, alte Häuser auf dem Land, die versteckt liegen, meist etwas abseits. Oder schöne, alte, verträumte Stadthäuser wie in Teguise. Die werden saniert und nach modernem Standard hergerichtet, also zum Beispiel mit Bädern und richtigen Toiletten.* Grinsend schluckt er hinunter und nimmt erst einmal einen Schluck aus seinem Glas. *Die Häuser werden dann als Ferienobjekte vermietet, oder als Eigentum verkauft, meist für Ausländer, die sich einen zweiten Wohnsitz hier zulegen wollen. Manche werden auch zu Pensionen oder kleinen Seminarhotels. Also alles Feriendomizile für betuchtere Leute oder Wohnsitze für Aussteiger, Einsteiger, Künstler usw. Die meisten meiner Kunden kommen aus Deutschland.*
Blondi nimmt wieder einen großen Schluck Wasser.
Ich bin etwas verwirrt und überrascht, weil ich ihm offensichtlich

doch ziemlich unrecht getan habe. Ich hatte ja einiges erwartet, aber das sicherlich nicht! Also ist er ganz und gar kein Turnbeutelvergesser, sondern Geschäftsmann, und das auch noch ziemlich erfolgreich, wie mir scheint. Ich schaue ihn mit großen Augen an und bin erst einmal sprachlos. So hässlich ist er ja eigentlich doch nicht, finde ich plötzlich. Sein Benehmen lässt zwar manchmal zu wünschen übrig, aber sein Körper dafür keine Wünsche offen ...
Deine Finca war übrigens eines meiner ersten Projekte, müsste jetzt sieben oder acht Jahre her sein. Hast dir einen gut aussehenden und ziemlich reichen Mann geangelt!
Ich spucke das Aioli zurück auf den Teller.
Um Zeit zu gewinnen, nehme ich mir eine Serviette und wische wie verrückt an meinem Mund herum. Er denkt, ich bin verheiratet! Er denkt, ich bin Frau Wiegand! Das denken die wohl alle – auch Oliver! Ach was, den interessiert das ja sowieso nicht. Mein Kopf läuft Amok. Ist das nun gut oder schlecht? Wäre es peinlicher, dass mir die Finca *nicht* gehört, oder wäre es vielleicht sogar gut für mich, nicht als verheiratet zu gelten?
Meine Oma sagte immer: *Kind, wenn du die Qual der Wahl hast, wähle immer die Wahrheit. Irgendwie führt sie dich ans bessere Ende der Wurst, wenn auch manchmal auf Umwegen!*
Ich weiß zwar generell nicht, welcher Wurstzipfel besser ist, aber ich halt mich immer an diese Weisheit, wenn ich mich entscheiden muss.
Ich bin nicht verheiratet. Die Finca gehört ... einer Bekannten. Ich mache nur Urlaub hier und schreibe an meinem neuen Buch.
Jetzt war es raus! Dieser Tag wird als *Tag der Bomben* in mein *persönliches Tagebuch der Desaster* eingehen.
Arm wie eine Kirchenmaus, aber wenigstens ledig, wenn schon am Tisch drei gut aussehende Männer sitzen – und auch noch total lebendige! Keine virtuellen! Ja, und Blondi gehört nun auch irgendwie zu den Cowboys dazu ...
Im Moment meiner Offenbarung verschluckt sich nun wiederum Blondi an seinem Wasser. *Echt? Na, da wird sich Oliver aber wundern!*

Wieso Oliver!? Was soll denn das heißen ...? Als ob sich Oliver plötzlich für mich interessieren würde, nur weil ich ein lediges Suppenhuhn bin.
Ach, nur so. Blondi steht auf und geht in die Kakteen. So sagt man hier bei Brigitte, wenn man mal aufs Plumpsklo muss. Ich vermute, ich bin ihm auf den Magen geschlagen.
Robert räuspert sich und schaut mich an: *Entschuldigen Sie, Zora ... oder Zarah ... möchten Sie etwas Wein?*
Zora ist mir lieber. Ja, warum nicht!, ich halte mein Glas hin.
Und was machen Sie so auf der Insel?
Ich? Robert räuspert sich wieder.
Ich nicke.
Ich verbringe hier meine gesamte Freizeit, so ich welche habe. Zurzeit habe ich ein paar Tage Urlaub. Pete und Geoffrey haben mir die Gelegenheit gegeben, meinen Traum vom Musiker zu verwirklichen, wenigstens im Nebenleben ... Früher habe ich nur im stillen Kämmerlein vor mich hin gespielt.
Er nimmt sich ein Stück Brot und tunkt es in eine der Soßen.
Ich habe die beiden vor zwei Jahren kennengelernt, als Gerry noch bei der Band war. Ich bin an einem Abend dann mal spontan für Gerry eingesprungen, als dieser sich nicht wohlfühlte. Kurz darauf ging er dann nach England zurück. Seitdem spiele ich mit den beiden, wenn ich auf der Insel bin. Und ich versuche, dies so oft es geht möglich zu machen.
Robert beißt in das Brot.
Und im Hauptleben? Was machen Sie im Hauptleben ...?
Er kaut erst in Ruhe zu Ende, bevor er fortfährt.
Da bin ich das ganze Gegenteil von einem Saxofonist.
Robert lächelt.
Finanzbeamter?
Fast ... Ich bin Steuerberater.
Ich lächle jetzt auch. *Ahhh, und haben Sie denn so wenig Klienten oder zu viel Geld, wenn Sie so oft hier sein können?*, frage ich weiter, ohne zu überlegen.
Ich habe meine Kanzlei in Bogenhausen, zwinkert er mir zu.

In München Bogenhausen? Alles klar ... Sicher vom Papa geerbt! Ich kann mein loses Mundwerk einfach nicht halten.
Robert schaut mich eine Weile an. Sein prüfender Blick ist mir unangenehm. Ich habe nämlich das Gefühl, er guckt geradewegs bis auf den Boden meines Herzens. Robert antwortet ganz ruhig: *Nein, ich stamme eigentlich aus einem kleinen Dorf in Mecklenburg-Vorpommern. Bin nach der Wende bei einem Kollegen in München eingestiegen, ein Glücksfall. Zehn Jahre später habe ich dann meine eigene Kanzlei eröffnet.*
Sorry, sollte nur ein Scherz sein – war wohl einer der missglückten.
Blondi kommt gerade rechtzeitig zurück.
Hab ich was verpasst?
Nein, nur den Austausch von Belanglosigkeiten. Ich empfehle mich kurz. Robert steht auf und geht in die Küche.
Wumm, der Korb sitzt. Bei Robert muss ich aufpassen, den Bogen nicht zu überspannen! Na ja, aber eigentlich interessiert er mich ja auch gar nicht.
Mich interessieren heute sowieso nur Männer, die sich für mich interessieren – so wie Blondi! Der ist doch kein Ballermann-Hohlkopf, wie mir scheint! Und er steht offensichtlich total auf mich!
Ich nippe am dritten Glas und merke, dass ich bereits wieder eine weiche Birne bekomme. Die Gedanken fühlen sich so wattig an und machen komische Kurven, bevor sie in meinen Mund gelangen. Sonst ist es immer andersherum. Da sind sie mir meist schon von der Zunge gesprungen, bevor sie überhaupt einmal im Kopf auf ein Hallo vorbeigeschaut haben!
Blondi kaut schon wieder und redet dabei mit mir.
Heinz-Dieter! Beim Reden spricht man aber nicht!, lalle ich streng und blinzele zu Oliver. Der plauscht immer noch mit Brigitte. Bestimmt über Mira und die guten alten Zeiten! Phhh ...
Oliver bemerkt meinen Blick und dreht sich kurz zu mir um. Ein winziges verlorenes Lächeln huscht über sein Gesicht, bevor er sich wieder seiner Exschwägerin zuwendet. Sicher hat er bemerkt, dass ich schon wieder fast betrunken bin, und macht sich lustig über mich!

Ich weiß auch nicht, was hier mit mir los ist. Zu Hause trinke ich höchstens einmal am Wochenende ein Glas Wein mit Annette, *ein* Glas! Aber betrunken war ich seit mindestens zehn Jahren nicht mehr!
Das ist der Pluto!, sage ich zu Blondi.
Der was?
Na, der Pluto, Mensch! Der Planet, der Lanzarote beherrscht. Der wirbelt alles auf in uns drin. In unserer Seele. Der Herr der Vulkane, der Herr des Feuers! Ich schüttele fassungslos den Kopf. Lebt auf der Insel und weiß nichts.
Der Herr der Ringe?, macht sich Blondi lustig.
Brigitte hat meine lautstarken Erklärungen wohl mitbekommen und gibt mir vom Tischende her recht. *Zora meint, dass der Pluto unsere Schattenseiten zutage bringt auf dieser Insel. Kocht sozusagen unsere versteckten Gefühle hoch. Und das ist nicht immer besonders angenehm. Viele Menschen spüren das instinktiv und meiden die Insel, andere werden magisch von ihr angezogen.*
Nicht angenehm!, wiederhole ich noch lauter. Blondi schiebt mir eine Salzstange in den Mund.

Geoffrey, Robert und Pete haben ihre Instrumenten geholt und spielen ein bisschen unplugged.
Als Robert auf dem Saxofon mit *Isn't She Lovely* loslegt, kriege ich wieder dieses hemmungslose Wind-Meer-Freiheits-Feeling und schmelze auf meiner Rotweinwolke dahin.
Komm mal bitte mit, ich möchte dir was zeigen! Blondi reißt mich aus meiner gedanklichen Zuckerwattewolke.
Ich zucke den anderen entschuldigend zu und schnappe schnell nach meinem Glas Rotwein.
Das lassen wir mal lieber hier. Blondi stellt mein Glas zurück auf den Tisch und führt mich dann in das große Gästezimmer mit dem pink umhüllten Buddhabett.
Komm Zora, lass uns zusammen ein Friedenspfeifchen rauchen. Wir verdrücken uns einfach mal für 'ne Weile ...

Er lässt sich auf's Lotterbett fallen und klopft einladend auf die Decke, aber ich befinde mich sowieso schon im freien Fall. Blondi dreht 'ne Tüte und leckt das Papier an.

Sag mal, wie findest du Oliver eigentlich?

Ich liege auf dem Rücken und summe ein Lied mit, welches die drei draußen im Hof spielen. *Oliver? Welcher Oliver! Woher kennste diesen Cowboy überhaupt!*

Cowboy?, Blondi lacht. *Ich hab ihn als Kunde kennengelernt. Er suchte ein Ferienhaus für ein paar Wochen Urlaub. Ist vielleicht fünf Jahre her. Jetzt gehört ihm ein eigenes Haus in Haria.*

Blondi hält mir die fertige Tüte hin. Ich ziehe und inhaliere und stöhne.

Mann, ist das lange her ...

Dass ich Oliver kennengelernt habe?

Nee, die letzte Tüte.

Gefällt er dir?

Wer ...?

Na, Oliver! Ich rede von Oliver, meinem Freund!

Hmmm, geht so. Wenn ich Blondi jetzt sage, dass ich wegen Oliver schon vier oder fünf Eisprünge in zwei Wochen hatte, wird er vielleicht ein wenig eifersüchtig.

Was macht 'n der eigentlich so?

Meine Frage wird sicher unverfänglich wirken. Schließlich habe nicht ich angefangen, von Oliver zu reden!

Oliver verkauft Harleys.

Ich verschlucke mich am Lungenzug und fange an zu husten. *Waaas?*

Oliver hat vier Motorradläden in Deutschland und einen in der Schweiz, er verkauft hauptsächlich Harleys und das ganze Zubehör, Klamotten, Fanware und so.

Ist nicht wahr!

Doch.

Er lebt inzwischen die meiste Zeit hier. Hat genug Angestellte in seiner Firma, geht ab und zu auf Messen oder fliegt mal in die Staaten.

Blondi legt sich auf den Rücken und zieht so stark, dass die Tüte zischt.
Das muss das Gras sein! Geiles Kraut! Ich glaube, ich hab Halluzinationen. *Du ...,* lache ich, *stell dir vor, ich hab verstanden, Oliver würde Harleys verkaufen.*
Blondi lacht jetzt auch und reicht mir den Joint.
Olli mag dich. Ich spüre so was. Er hat seit zwei Jahren keinerlei Interesse mehr an Frauen gehabt, seit Mira weg ist. Wird Zeit, dass der mal wieder auf andere Gedanken kommt!
MICH mag der??? Echt jetzt? Ich sollte mehr kiffen in Zukunft.
Was is´n das für´n Kraut. Macht geniale Fantasien ... Ich höre dich immer so wunderhübsche Sachen sagen ..., dabei bin ich ja ganz alleine hier ... Ich hebe meinen Kopf und schaue mich um.
Blondi ist in Brigittes Büro verschwunden.
Es war übrigens Olivers Idee, dich heute mitzunehmen!, ruft er von nebenan.
Kurz darauf kommt Blondi mit einem gerahmten Foto zurück.
Guck mal, das sind Brigitte und Mira. Er gibt mir das Bild und dreht eine neue Tüte.
Ich erblicke Brigitte mit einer ziemlich korpulenten kleinen Frau im Arm. Dunkelhaarig, hübsches Gesicht – und dick. Kleinerer Busen als ich, dafür wesentlich dickerer Hintern.
Das ist Mira? Mein Hirn setzt kurz aus. Ich glaube, so fühlt man sich, wenn der Mann von der Lotterie mit dem Koffer vor der Tür steht.
Blondi nickt. *Olli mag es, wenn was dran ist an den Frauen.*
Hahhhhhhhh! Ich kriege einen Lachflash. *Oliver steht auf dicke Weiber!???*
Blondi liegt auf dem Rücken, zieht genüsslich und lacht mit.
Ich kriege mich derweil nicht mehr ein und halte mir den Bauch.
Und verkauft Harleys!
Blondi schüttelt sich jetzt auch vor Lachen.
Und wollte, dass ich dich hierher mitnehme!
Und sieht aus wie ein Filmstar!
Ich kullere hin und her.
Und ist auch noch treu wie ein altdeutscher Schäferhund!

Blondi wiehert kindisch.
Treudoof!
Ich schnappe nach Luft! *Merkt nicht mal, wenn die Frau längst 'nen anderen hat!*
Blondi explodiert gleich. *Nee, der merkt nix!*
Oliver steht vor dem Bett!, beommele ich mich.
Welcher Oliver ...? Blondi schnaubt und wiehert.
Ach, DER Oliver! Komm Olli, mach uns den Hengst!
Oliver steht einfach da und sagt kein Wort.
Du, Oliver, diese lustige pummelige Frau hier IST gar nicht verheiratet! Ist das nicht genial?
Oliver dreht sich wortlos um und geht wieder hinaus.
Ich rolle mich auf Blondi. *Und der merkt auch nüscht, wenn ich dich jetzt wild küsse!*
Ich will aber nicht von dir geküsst werden!, kichert er.
Doch, wir knutschen jetzt. Ich halte mich an Blondis Ohren fest.
Nein, nicht knutschen! Bloß nicht knutschen!, wehrt er sich vehement und wirft mich lachend ab.
Schlagartig stoppt mein Lachkrampf und ich setze mich auf.
Du stehst wohl überhaupt gar nicht auf mich!
Doch!, Blondi lacht weiter. *Doch, doch, so platonisch schon! Platonisch gesehen bist du meine Traumfrau!*
Hä? Nur platonisch? ... Ich dachte ..., weil du immer ... Ach komm, nur einmal küssen!
Blondi rollt sich zusammen wie ein Baby: *Zoooraaa! Lass das! Ich steh nicht auf dich ... so sexuell ... Ich mag gaaanz schlanke Frauen! Sehr, sehr dünne Frauen! Sehr, sehr dünne ...*
Ahhh ja ... Ich komme gerade auf dem Boden der Tütenlosigkeit an. *Musst du mir das jetzt so direkt sagen?*
Ja, die Info wollte ich dir eigentlich ersparen, aber du wolltest dir ja das Paket unbedingt abholen.
Ich schüttele ihn, doch er liegt fest zusammengerollt und kichernd auf der Seite. *Ich will Dünne, gaaanz furchtbar Dünne, Knochige, Spitze, Ausgemergelte ...*, plappert er weiter, *... die ungefähr 1,80 m groß sind ... und 40 Kilo wiegen ... und 20 davon vorne oben.*

Jetzt schnarcht er.
Ich kenne da eine – und die kommt morgen Abend an.
Irgendwie bin ich plötzlich enttäuscht und schon wieder deprimiert. Bis vor ein paar Stunden war mir dieser Kerl noch total zuwider und nun finde ich den so was von süß und attraktiv!
Ich nehme das Foto und setze mich an Brigittes Schreibtisch. Draußen ist es dunkel geworden. Im Hof brennen Laternen und Kerzen. Ich erkenne Roberts Gesicht im Schein des Lichtes. Er spricht mit Pete.
Brigitte kommt aus der Küche und bringt Teller mit Tapas.
Oliver ist nirgends zu sehen. Ich betrachte das Foto im Halbdunkel und versuche, irgendetwas zu finden, so etwas wie einen Haken an der Geschichte mit Olivers Vorliebe für Rubensfrauen ...
Das Leben besteht eben aus Verlassen oder Verlassenwerden, je nach dem, an welchem Ende der Nahrungskette man steht. Ich stehe *immer* am bitteren Ende. Wieso sollte sich das ändern?
Warum sollte Marlboro-Man Oliver auf Rubensfrauen stehen – und wenn ja, weshalb ausgerechnet auf mich!? Sicherlich war es mit Mira die berühmte Ausnahme oder ganz seltenes Karma oder sonst etwas Abgedrehtes! Sogar dieser tolle Hollywoodschauspieler Pierce Brosnan kneift seiner mächtig übergewichtigen Frau heute noch verliebt in den Po, zumindest wenn die Kameras laufen. Aber das ist *ein Paar* unter Millionen! Klar gibt es das manchmal, dass furchtbar schöne Männer mit nicht halb so tollen Frauen zusammen sind. Umgekehrt ist das ja immerhin die Regel und völlig normal, zumindest wenn Männer Geld haben!
Aber mir passiert doch so was im Leben nicht! Schließlich war Oliver nicht mal aus der Küche gekommen, als Blondi die Nachricht mit meinem Pseudonym verkündet hat. Der interessiert sich nicht die Bohne für mich! Ob nun ledig oder nicht, Schriftstellerin oder nicht ... Das ist dem doch völlig schnuppe! Der sieht nur fetten Arsch und Hängebacken – oben und unten.
Ich gehe nach draußen und schiebe mir zum Trost ein Häppchen Weißbrot mit Schinken in den Mund. Oder auch zwei?
Wo warst du denn so lange? Brigittes Blick sagt alles. Sie lächelt.

Gespräche unter Frauen, erwidere ich. *Heinz-Dieter schläft 'ne Runde und mir ist es ziemlich kühl. Ich hole mir erst einmal meine Jacke aus dem Jeep.*
Nimm eine Taschenlampe mit, sorgt sie sich.
Nein danke, brauche ich nicht, der Mond ist doch so hell heute.
Hast du keine Angst?, spricht mich eine der Lehrerinnen an.
Ich? Wovor denn ...? Vor Kannibalen und Liebe?
Sie lacht. Habe ich aber gar nicht lustig gemeint.
Die Tür des Jeeps ist Gott sei Dank offen und ich hole meine Jeansjacke heraus und lege sie mir um die Schultern. Dann werfe ich die Tür wieder zu.
Zora, warte einen Augenblick!, ruft es etwas abseits hinter mir im Dunkeln. Ich weiß sofort, wer das ist, und bekomme einen Herzkasper.
Oliver kommt langsam auf mich zu und bleibt zwei Meter vor mir stehen.
Ich habe gerade nachgedacht über dich ... und wollte dir nur sagen ..., dass es mir leidtut, wie ich dich behandelt habe ... so unfreundlich und ... abweisend.
Nein, nein, das geht schon in Ordnung!, erwidere ich trocken. *Du brauchst mir gar nicht zu zeigen, dass ich im Gegensatz zu dir eine dämliche, ungeschickte, aufgedunsene Trockenpflaume bin, ich fühle mich nämlich die meiste Zeit selbst wie eine dämliche, ungeschickte, aufgedunsene Trockenpflaume ..., egal, ob mit oder ohne Alkohol!*
Oliver schaut mich betroffen an.
Ich halte dich überhaupt nicht für ... so was!, sagt er energisch.
Ja, ich geb's zu. Ich war die meiste Zeit recht unfreundlich und abweisend zu dir – und das tut mir leid. Ich finde dich aber gar nicht so ... schlimm ..., wie du vielleicht denkst.
Ich gucke ihn verdutzt an und schweige.
Na gut, du bist ständig betrunken, wenn wir uns sehen, sagst lauter blöde Sachen, schreibst kitschige Bücher und malst ebensolche Bilder – und du trägst viel zu flache Schuhe für deine ... Größe.
Oliver macht eine kurze Pause.

Ja, und außerdem bin ich mal enttäuscht worden von einer ... korpulenten Frau ... und bin seitdem der Meinung, dass Rubensfrauen ... haltlos sind. Je mehr Oberfläche, desto größer der Bedarf an Oberflächennutzern ..., verstehst du?
Nö.
Aber ich habe dich ... – und das meine ich wirklich ehrlich – ... seit ich dich das erste Mal in Órzola gesehen habe ... Also, ich habe dich ... eigentlich ... ganz gerne.
Ich nicke und schaue auf meine Schuhspitzen. Ich brauche noch etwa zehn Sekunden, um den Mund wieder zu schließen, drehe mich wortlos um und gehe hinein zu den anderen.

Pete, Robert und Geoffrey sind gerade am Aufbrechen und verabschieden sich.
Sagt mal, könntet ihr mich mitnehmen?, frage ich spontan. *Mein Fahrer ist wohl ausgefallen.*
Alles grinst. Brigitte bietet mir an, hier zu übernachten.
Ein anderes Mal liebend gerne. Aber meine Freundin kommt morgen aus Deutschland und da hab ich noch ein bisschen was zu tun.
Brigitte nickt und packt mir noch ein paar Tapas ein.
Ich sitze mit Robert auf der Rückbank. *Möchten Sie eine Decke haben?*, fragt er mich nach einer Weile. *Es zieht ganz schön heftig hier hinten.*
Ja, gerne. Irgendwie ist er immer so höflich und aufmerksam, ein Gentleman eben.
Robert, ich wollte mich noch mal entschuldigen. Manchmal ist mein Humor etwas seltsam... und dient wohl der vorsorglichen Abwehr, lache ich gekünstelt.
Robert schaut mich sehr lange an. Ich merke das, obwohl ich nach vorne sehe. Und es ist mir wieder sehr, sehr unangenehm.
Sie brauchen mich nicht abzuwehren, denn ich will nichts von Ihnen. Ich wollte mich einfach nur nett mit Ihnen unterhalten.
Ich bekomme einen knallroten Kopf, was man Gott sei Dank im Dunkeln nicht sieht. Außerdem habe ich wieder diesen Kloß im Hals, der jegliche weitere Kommunikation sperrt.

Ich drehe meinen Kopf zur Seite und starre in die Dunkelheit. Ab und zu sieht man Lichter von Ortschaften in der Ferne.
Pete und Geoffrey unterhalten sich vorne ziemlich laut, allerdings auf Englisch und das in einem rasanten Tempo, sodass ich kaum etwas verstehe. So bemerken sie aber wenigstens nicht das frostige Schweigen auf den schlechten Plätzen. Vielleicht denken sie ja auch, dass wir schlafen.
An meiner Finca angekommen, springe ich aus dem Wagen, bedanke mich und laufe zur Gartentür. Ich drehe mich noch einmal um und sehe, dass Robert mir nachschaut. Dann sind die drei auch schon verschwunden.

Die Bikinifraktion

Annette hat nur eine Reisetasche dabei, als sie aus dem Flughafengebäude tritt. Ich bin erleichtert. Das kann rein rechnerisch nicht mehr als drei Tage Aufenthalt bedeuten!
Wir fallen uns in die Arme, als ob ein halbes Jahr Hindukusch zwischen uns läge.
Mensch, siehst du gut aus!, ruft sie und lüftet kurz die italienische Designersonnenbrille.
Wenn Annette das sagt, stimmt es auch. Denn sie wäre die Erste, die mir ein *Gott, was hat dich denn überfahren!* entgegenschleudern würde. Umgekehrt ist das nicht so. Nicht, dass ich nicht auch unverblümt meine Meinung sagen würde. Nein, Annette sieht einfach immer ... unentwegt ... und andauernd schön aus!
Sie trägt heute die langen roten Haare offen, schiebt sich die Sonnenbrille in die Stirn und schaut sich um. Eigentlich sieht sie eher nach einer Vollblut-Zora aus und ich nach der gemeinen deutschen Annette. Das fast bodenlange, grünorange gemusterte Kleid passt so was von gut zu ihren Haaren, dass ich ganz berührt bin von ihrem Anblick. Am Handgelenk klimpern ein paar dünne Goldreifen, wenn sie die schmalen Hände bewegt, und sie ist kaum geschminkt. Nur ein orangeroter Lipgloss lässt ihre vollen Lippen glänzen.
Ich seufze und will ihre Reisetasche nehmen.
Lass nur, wir müssen noch warten! Annette stellt die Tasche wieder hin.
Auf was warten wir denn? Sie wird doch nicht in letzter Minute einen Mann mitgebracht haben! Womöglich diesen Edgar? Mir rieselt es kalt den Rücken hinunter.
Gleich müsste dieser Typ kommen und den Rest von meinem Gepäck bringen.
In diesem Moment öffnet sich die Schiebetür und ein kleiner untersetzter Mann stemmt sich gegen einen völlig überladenen Kofferkuli mit ungefähr sieben Koffern und diversen Taschen, der sich offensichtlich nicht geradeausschieben lassen will.

Der Mann versucht, eine Hand freizubekommen, und wischt sich mit einem blau karierten Herrentaschentuch den Schweiß von der Stirn.
Bevor ich meinen ganz furchtbaren Gedanken zu Ende denken kann, winkt ihm Annette auch schon aufreizend zu und plappert dann spanisch auf ihn ein. Klar kann Annette natürlich auch Spanisch! Ich verstehe zwar kein Wort, aber es klingt sehr, sehr sinnlich, was sie ihm sagt. Aber wahrscheinlich würde es auch sinnlich klingen, wenn Annette nach der Toilette fragen würde.
Was hast du denn zu ihm gesagt?
Dass man den Wagen besser bewegen kann, wenn man den Griff zieht.
Der Mann hat es inzwischen geschafft, den unter der Last quietschenden Kofferkuli in unsere Richtung zu zwingen, und stoppt schnaufend das Gefährt.
Nach weiteren drei Sätzen von Annette, einem umwerfenden Lächeln und dem Augenaufschlag von Greta Garbo zieht sich der Mann rückwärts ..., ganz ohne Trinkgeld, ... unter mehreren Bücklingen ... mit beidseitig angedeuteten Handküssen zurück.
Mir ist in diesem Augenblick völlig klar, warum ich seit über dreißig Jahren meine Koffer selbst trage.
Und? Wo ist denn unser Cadillac?, fragt Annette.
Ich glaube, ich hole ihn mal besser her.
Ich bin mir zwar ziemlich sicher, dass wir sofort mindestens drei weitere Männer finden würden, die den Kofferwagen auch noch ins Parkhaus hieven würden, aber der Einfachheit halber bringe ich lieber den Berg zum Propheten. Was danach kommt, ist einfach nur Hochstapelei. Wir versuchen eine geschlagene halbe Stunde, das Gepäck im Kleinwagen zu verstauen. Erst zwei Flughafenangestellte schaffen es, dass wir alle Türen schließen können.
Hast du schon Abwehrsprays entdeckt für meine Sammlung?
Annette versucht, im Durchzug der heruntergelassenen Scheiben ihre wild wehenden Haare zu bändigen.
Na, du hast Sorgen! Ich bin ja schließlich nicht zum Spaß hier!

Irgendwie hab ich das Gefühl, sie nimmt meinen Job nicht so ganz ernst.
Willst du mir nicht mal erzählen, was eigentlich los war mit Edgar?
Annette wirft den Kopf in den Nacken. *Edgar? Wer bitte ist Edgar! Ich bin eine ungebundene Frau auf dem Weg in den größten Abenteuerurlaub meines Lebens! Wo sind die flotten Spanier! Her damit! Am besten alle gleichzeitig!* Annette schüttelt aufreizend ihr Haar. *Apropos, sag mal, stehst du eigentlich auf Rollenspiele?*
Ich zucke mit den Schultern. *Das kommt ganz darauf an, wer wen rollt ...*
Ach du großes Bisschen! Ich rechne hier mit einer völlig verzweifelten Annette, die ich aufbauen, trösten und pflegen muss. Ich habe bereits Unmengen Tempos gekauft und die spanische Version von *Sinn und Sinnlichkeit* auf DVD ausgeliehen – und sitze nun auf einmal neben einer männermordenden Bestie, die sieben Koffer voller Dessous dabeihat und anscheinend Gruppensex will!
Gruppensex finde ich sowieso irgendwie blöd. Das ist wie ein Speeddating, wo jeder Kandidat fünf Minuten Zeit hat, sich kurz vorzustellen und von seiner besten Seite zu präsentieren.
Du, da wirst du wohl alleine auf die Suche gehen müssen ... Du weißt ja, ich muss mein Buch fertig kriegen.
Spielverderberin! Annette mustert mich von der Seite. *Du siehst aber nicht aus, als ob du nur im dunklen Kämmerlein sitzt und schreibst.*
Ich sitze und ich schreibe. Mein Läppi hat Akku.
Annette schaut zum Fenster hinaus und zählt laut die Palmen an der Straße. Dann dreht sie sich plötzlich um und zerrt aus dem Kofferberg auf der Rückbank eine Tasche heraus. Sie fummelt eine Flasche Schampus zutage und öffnet sie unter kindischem Quieksen.
Komm, zur Begrüßung! Sie kippt mir ohne Vorwarnung die explodierende Flasche in den Mund.
Ich habe plötzlich bei Tempo 110 eine orale Schaumparty und kriege keine Luft mehr. *Spinnst du! Doch nicht beim Fahren!*, pruste ich entrüstet.

Aber ICH kann! Annette gluckert beleidigt an der Flasche.
Mir schwant langsam, was Annette von ihrem Urlaub erwartet.
Sag mal, haste nicht schon mal 'nen netten Kerl kennengelernt hier?
Iiich? Ach wo ... Ich beiß mir auf die Zunge.
Sagtest du nicht so was am Telefon?
Ich tu so, als ob ich nicht wüsste, was sie meint.
Ach, der Typ vom Flughafen ... Den hab ich doch nur zufällig noch mal auf dem Markt getroffen. Weiter war da nichts.
Und? Wie ist er? Annette fährt herum und setzt sich seitlich auf ihren Sitz, in unmissverständlicher Erwartungshaltung und mit weit aufgerissenen Augen und ebensolchem Mund. Als ob ich ihr gleich vom Date mit George Clooney berichten würde!
Na ja ... wie soll ich den beschreiben ...? Ja, wie nur?! ... *Langweilig halt ..., klein ..., ein Labersack ..., Wichtigtuer ... 'ne Glatze hat er mit solchen von einem zum anderen Ohr herübergekämmten fettigen Strähnen ..., 'nen Bierbauch auch ..., eigentlich ist er ... fett.*
Annette schaut mich enttäuscht an. *Und dann erzählst du mir am Telefon eine geschlagene halbe Stunde über diesen ..., diesen ... Mr. Kniebeißer? ... Sehr, sehr seltsam ...*
Annette dreht sich wieder enttäuscht in Fahrtrichtung und nuckelt weiter am Schaumwein.
Glaub's mir ruhig, der ist richtig fett! Immerhin schlägt das eine Ohrläppchen von Blondi Falten! Ich hab's gesehen!
Also fett geht ja bekanntlich bei Männern gar nicht! Wie soll denn bitteschön so ein behäbiger, nach Luft ringender Schwibbelschwabbel ein Mammut fangen können oder mit dem gefährlichen Säbelzahntiger kämpfen! Bei uns Frauen hat das die Natur eben ganz anders vorgesehen! Und die Natur irrt bekanntlich nicht! Schließlich müssen wir Frauen Reserven haben und überleben können, wenn so ein Spätheimkehrer erst im Frühjahr wieder nach Hause findet, weil er die Mammutspuren mit denen eines Yeti verwechselt und einen kleinen Umweg über den Himalaja genommen hat! Zigaretten- oder Kondomautomaten hingen damals ja auch nur an jedem dritten Urwaldeingang. Und wenn dann der sechs Monate am Stück gelaufene Sixpack

mit der Mammutkeule über der Schulter die Höhle betritt, will er ja auch was Schnuckeliges vor die Linsen kriegen, wenn er seine Linsen löffelt, und nicht mit der damals noch nicht erfundenen Lupe nach winzigen Rippenstöpseln an seinem Weibe suchen, an denen er ein bisschen herumschrauben kann. Er will die Glocken läuten hören, dass ihm Hören und Sehen vergeht! Nämlich – so ist das. Sollte man mal diesen schwulen Modeheinis verklickern, die neuerdings Kleidchen in Größe null entwerfen und dabei immer ihren Lieblingsknaben vor Augen haben, für den der Fummel eigentlich gedacht ist! Diese Zausel! Gehen überhaupt nur auf's Kreiswehrersatzamt wegen der kostenlosen Prostatauntersuchung und dem Obstkörbchen. Oder gibt's Obstkörbchen nur noch beim Blutspenden ...?
Du, sag mal, kriegt man beim Blutspenden eigentlich noch ein Frühstück umsonst?
Du wirst doch wohl noch ein paar Brötchen zu Hause haben in deiner Finca!, ruft sie entrüstet.
Ja, ja, war auch nur so 'ne Frage.

Ich hatte mir eingebildet, die Gepäckaktion wäre bereits der nervigste Höhepunkt des Tages gewesen, aber da standen wir noch nicht mit Annettes Koffern vor meinem ein Meter breiten Kleiderschrank!
Hast du noch Platz bei dir? Annette schiebt meine Kleiderbügel zur Seite. *Meiner ist voll! Dabei hab ich erst einen Koffer ausgepackt!*
Das Gästezimmer ist doch relativ groß, versuche ich sie zu beschwichtigen. *Warum legst du dir nicht die wichtigsten Sachen raus und lässt den Rest einfach in den Koffern?*
Die wichtigsten Sachen?! Ihre Stimme wird eine Oktave deutlicher. *Alles ist wichtig!*
Annette wühlt in meinem Schrank herum auf der Suche nach Kleiderbügeln. *Gott, ist das süüüß!!!!!!!*, schreit sie los und hat mein 300-Euro-Wickelkleid in der Hand. *Das passt dir doch niemals!*
Um mir zu demonstrieren, was sie damit genau meint, schlüpft sie noch vor Vollendung dieser einfachen Feststellung aus ihrem

Kleid heraus und in meins hinein – und das, bevor ich auch nur einen einzigen Grund finden könnte, der rechtfertigt, dass so ein Kleid ausgerechnet in meinem Schrank hängen und auch bleiben muss.
Viel zu groß, stellt Annette fest, *aber man kann es ja enger wickeln.* Sie schnürt das Bindeband unter der Brust straff.
Ich weiß nicht genau, warum ich jetzt heule, aber es ist mir ein großes Bedürfnis.
Ach komm, wir finden auch für dich was Schönes!, tröstet mich Annette und dreht sich vor dem Spiegel.
Ich muss jetzt an meinen Laptop, schniefe ich. *Richte dich erst einmal etwas ein. Obst und Wasser findest du in der Küche.*

Mein neuer Oberarzt ist mir heute auch nicht gerade ein Trost. Aber dafür lasse ich die superhübsche neue OP-Schwester, die jetzt den Part der Romanheldin übernommen hat, mit zehn Kilo mehr auf den Rippen aus dem Urlaub kommen. Das kann ja wohl irgendwie nicht sein, dass es dermaßen ungerecht auf der Welt zugeht! Drei Kilo in drei Tagen! Kommt mir irgendwie bekannt vor, aber man kann ja auch mal den Spieß einfach umdrehen!
Consuela steht plötzlich hinter mir.
Hola! Scheene Freundin!
Ja! Ich weiß!
Hab ich Scheiße gebaut mit Kleid. Consuela hält mir mein einziges wirklich gut passendes Kleid vor die Nase, das hübsche rote mit den Blümchen, das so schlank macht. *Kleid kapuht. Danke.*
Och bitte! Gerne doch! Ich sehe ein halbes schwarzes Bügeleisen auf der Stelle, wo meine linke Brust reingehört.
Irgendwie wird mir heute alles zu viel. Ich springe auf, laufe hinunter zum Strand und setze mich auf einen großen Stein.
Consuela sagt Gott sei Dank nichts mehr und verschwindet wieder im Haus. Kurz darauf putzt sie an der Terrassentür herum, was sie ja erst letztens gründlich getan hat. Dabei schaut sie immer in meine Richtung und beobachtet mich.
Ich geh schon nicht ins Meer wegen eines lächerlichen Kleides! Wo ich doch ohne Probleme ein neues haben kann! Und wenn

mir mal eins nicht mehr gefällt, lass ich es einfach von Annette auftragen!
Annette scheint telepathisch auf mein Stichwort zu reagieren. Sie schreitet wie eine Madonna im grüngoldenen Bikini die Treppe herab. Sogar der ewig unruhige Wind hält einen Moment lang inne. Jetzt eine Kamera – und das Titelbild für den *SMART-Sommerkatalog* wäre im Kasten!
Annette entweiht gerade unwissentlich mein intimes Refugium, meinen figurschonenden Privatstrand, und nimmt ihm die einsam-rustikale Unschuld.
Ich hasse öffentliche Badestrände! Ich hasse Schwimmbäder, egal, ob frei oder behallt. Und das hat im Wesentlichen nur einen einzigen Grund: die *Bikinifraktion*! Sie schreiten daher in ihren knappen Minimalkunstwerken, öffentlich vor aller Augen demonstrierend, dass diese winzigen edlen Stofffetzchen nicht den kleinsten Raum an Spekulationen bieten, der Trägerin einen versteckten Makel zu unterstellen! Mein Körper dagegen strebt nicht ansatzweise nach öffentlicher Zuschaustellung, obwohl ich ihn mehr als einmal eindringlich gebeten habe, doch diesbezüglich mal etwas ehrgeiziger zu werden! Ich gehe höchstens mal an den FKK-Strand, denn dort scheinen sich ja ohnehin nur die zu treffen, die mit oder ohne Bikini ein Bild des Jammers bieten! Und die sind dann unter sich und erzählen jedem, wie unschuldig es doch vergleichsweise am FKK zugeht! *Da schaut keiner nach deiner Figur,* flüstern sie sich gegenseitig den ultimativen Geheimcode paradiesischer Körperkultur zu! Klar guckt keiner zum Nachbar – und das nicht nur, weil es so unappetitlich ist, die Meiers nackt auf ihren Campingstühlen beim Suppelöffeln zu beobachten oder Willi Winzigs winzigen Willi traurig in der Gegend herumbaumeln zu sehen! In Wahrheit guckt nämlich niemand, weil keiner sein eigenes Elend gespiegelt haben möchte!
Am liebsten sind mir sowieso die Monate Oktober bis April. Ich finde, für einen durchschnittlichen Deutschen reichen 15 Grad Außentemperatur vollkommen aus, um einigermaßen durchs Le-

ben zu kommen. Da läuft keine Schminke, da quellen keine keulenartigen Oberarme aus Muscleshirts und dämliche schwarze Stricke zurren nicht für alle sichtbar kastenförmige Riesenteile in Unterhüftjeans zusammen. Man kann beruhigt einmal eine Kugel Eis essen und modisch alle Weichteile bedecken, für die man sich schämt. Ein Körper wie meiner schreit ja förmlich nach langen Hosen, Longshirt und Jacke oder zumindest nach völliger Dunkelheit, wenn schon gerade so etwas Hinterhältiges wie Sommer ist. Ein Körper wie meiner windet sich vor Schmerz, wenn breitflächig Licht auf ihn fällt!

Die Bikinifraktion aber breitet sich ungeniert aus und das nicht nur in diversen Bädern oder an Seen. Nein, neuerdings wird auch in Fußgängerzonen, Schulen und anderen öffentlichen Einrichtungen immer und jederzeit unverhüllt zur Schau gestellt, was man früher unter quer gestreiften Ganzkörpertrikots züchtig verbarg. Ich vermute, es dauert nicht mehr lange und wir haben die Bikinifraktion im Bundestag! An der Spitze Heidi Klum mit zwei großen Rauschgoldflügeln am Rücken, damit sie schnell wegfliegen kann, wenn die inzwischen schrunzeligen Altemanzen von der Hippiepartei den Bundestag unter ihrem Ruf erzittern lassen: *Wir brauchen mehr Stoff!*

Aber mir hilft jetzt beim Anblick der gazellengleichen, goldschimmernden Annette nicht einmal ein Astronautenanzug, um das ganze Ausmaß von Ungerechtigkeit und fiesem Karma darin zu verbergen! Houston, wir haben ein Problem! Was, eins nur?

Houston, wir sind das Problem!

Die engelsgleiche Annette streift unterdessen ihr goldschimmerndes Oberteil vom straffen B-Körbchen und hält mit ausgebreiteten Schlankarmen die weißen Mirabellen in die vor einer Stunde untergegangene Sonne.

Ist es nicht herrlich hier? Einfach göttlich!, ruft sie und springt wie eine Meerjungfrau in die Fluten.

Ich nicke und weine noch ein bisschen den vergangenen Tagen nach, als zierliche Fischlein im Wasser der einzige Dorn in meinem Auge waren ...

Angriff der Killergarnelen

Eine Stunde, nachdem Annette eingetroffen war, wusste es Consuela. Zehn Minuten, nachdem Consuela mit Putzen fertig war, wusste es Antonio. Zwei Stunden, nachdem Antonio es wusste, wussten es Blondi, Oliver und Geoffrey: Ich habe die weltallerschönste Freundin und die weilt derzeit unter der kanarischen Sonne Lanzarotes!

Am nächsten Morgen haben wir innerhalb der Verzehrdauer eines Latte Macchiato drei Einladungen: eine von Geoffrey zur nachmittäglichen Jazzmugge nach Teguise, eine von Blondi und Oliver zum Abendessen nach Arrieta und eine von Antonio zur ganztägigen Schnapsverkostung. Ohne zu überlegen, ziehe ich die Sandalen an und werfe mir ein einfaches Top über.

Wo fahren wir hin?, fragt Annette vergnügt.

Wir fahren nirgends hin, wir gehen nur ins Dorf!

Mein spontaner Plan ist, Annette so abzufüllen, dass sie danach für mindestens zwei Tag im Bett bleibt. Ich werde ihr dann noch sicherheitshalber eine Maske aus Quark und Gurken auflegen, wenn sie im Koma liegt, falls doch mal jemand aus Versehen vorbeischaut und ihr Zimmer betritt. Danach werde ich alleine zur Jazzmugge fahren und abends Garnelen in Knoblauch mit Blondi und Oliver schlemmen. So mach ich's!

Annette schaut irgendwie gelangweilt drein. *Dann geh du mal alleine, ich lege mich noch eine Weile an den Strand, damit ich etwas Farbe bekomme, wenn wir heute Nachmittag ausgehen.*

Okay, Plan B. *Ich* trinke mich ins Koma und kriege danach den ganzen kläglichen Rest meines Lebens nicht mehr mit.

Obwohl, man weiß es ja nicht so genau, was im Koma passiert ... Mir drängt sich da gerade so ein Bild auf: Annette kommt im bezauberndsten aller Brautkleider mit Oliver an mein Krankenbett, um mir anlässlich ihrer Hochzeit für die überaus selbstlose Verkuppelung zu danken. Im leeren Kleiderschrank – wenn man im Koma liegt, braucht man ja bekanntlich nichts – sitzen Blondi und Robert, mit denen Annette parallel kleine Affären unterhält.

Ich sehe und höre zwar alles, kann aber meiner Wut und Enttäuschung nur ein wenig Ausdruck verleihen, indem ich etwas Schaum im Mund bilde.
Ach Gott, Oliver, gib doch mal ein Tuch her, Zora sabbert ja, die Arme!
Alle schauen mich mitleidig an. Dann küsst Oliver Annette ganz leidenschaftlich und drückt mir noch ein letztes Mal zutiefst dankbar die Hand. Danach sehe ich die beiden nie wieder ...

Dann geh ich eben allein! Ich laufe missmutig den Weg ins Dorf hinunter und bin völlig durch den Wind.
Auf der Hälfte der Strecke steht eine schiefe Bank unter einer Palme, auf die setze ich mich erst einmal. Ich muss nachdenken! Ich muss meine prekäre Situation reflektieren!
Einerseits liebe ich Annette und wünsche ihr wirklich von Herzen das große Glück, nach dem sie sich sehnt ... Andererseits schwinden meine eigenen, ohnehin schon äußerst geringen Chancen auf das große Glück, sobald Annette auftaucht. Von da an bin ich nur noch ihr Schatten.
Außerdem hat mir Oliver ja quasi bereits so etwas wie eine Liebeserklärung gemacht! Also fast ..., schließlich darf doch getrost schon mal die Hochzeitstorte in Auftrag gegeben werden, wenn dir so ein Cowboy sagt, dass er dich nicht ganz so schlimm findet, wie du selbst glaubst!
Seit der vorgestrigen Nacht hab ich deswegen schon keinen Bissen mehr herunterbekommen und ich habe bestimmt ein Pfund abgenommen – mindestens! Ich bin seit seinem, na ja, nennen wir es ruhig Heiratsantrag, in einem ziemlich rosaroten Zustand von Dauererregung, in etwa so, als hätte man ein zweitägiges Vorspiel ohne Pinkelpause – und das mitten im Herzen!
Ich kniebele eine Packung Marlboro aus der engen Gesäßtasche und zünde mir eine verschrumpelte Zigarette an – die erste seit drei Wochen! Eigentlich wollte ich ja aufhören, eigentlich.
Der erste Zug schmeckt einfach grauenhaft. Dummerweise wird spätestens die dritte Zigarette wieder schmecken, das weiß ich aus

Erfahrung. Warum die Natur das so hinterlistig eingerichtet hat, weiß ich auch nicht. Wenn du dagegen einen scheußlichen und unsympathischen Mann küsst, schmeckt der dritte Kuss ja auch nicht besser als der erste! Ich nehme einen Lungenzug und huste. Ach Mensch, was soll ich nur tun!
Nach einer halben Stunde brennen meine Schultern wie Feuer. Ich hab vergessen, mich einzucremen, na klasse. Es wäre wohl gut, mich jetzt endlich einmal für die eine oder andere Richtung zu entscheiden: nach Hause oder zu Antonio? Wirklich Lust habe ich nicht auf Antonios Schnapsbrennerei und auch nicht auf Consuelas Betütelungen. Nachher macht sie mit mir noch einen Bügelkurs und bringt mir bei, wie man schlank machende Lieblingskleider in nagelneue Putzlappen verwandelt! Andererseits kann ich auch nicht zu Annette zurück, bevor mir eine wirklich brillante Strategie oder wenigstens ein paar gute Ausreden eingefallen sind. Eine ausweglose Lage!
Ich schicke also ein tiefes Stoßgebet nach oben: *Lieber Gott, bitte kümmere dich mal um meine Misere. Ich weiß nicht weiter!*
Zwei Minuten später quietschen Reifen und ein schwarzer Jeep kommt den Berg hochgefahren.
Danke Gott, ich geh dann mal meine Koffer packen und fahre heim ... Wirklich witzig!
Neben mir hält Blondi und reißt die Beifahrertür auf.
Was machst 'n hier? Komm, steig ein. Ich will mir mal deine Freundin anschauen!

Blondi verweilt einen Moment an der Terrassentür und schaut hinunter zum Strand, wo das Handtuch von Annette liegt ... ohne Annette. Ich will ja nicht gemein sein und es wäre auch ganz furchtbar traurig, aber eine winzige Sekunde lang genieße ich den Gedanken, dass sie sich verschwommen hat und inzwischen irgendwo an Strandgut geklammert vor der afrikanischen Küste treibt.
Du siehst ja, sie ist nicht da.
Schade ... Blondi kommt zurück in die Küche. *Du, ich hab eigent-*

lich auch gar keine Zeit, treffe mich jetzt unten im Dorf mit einem Interessenten für ein Haus und wollte euch nur noch mal persönlich einladen für heute Abend.
Na ja, dann kann ich wohl froh sein, dass ich zufällig Besuch habe, oder?
Unser kleiner Inselkaktus, grinst Blondi. *Da irrst du dich aber gerade. Die Einladung war ursprünglich nämlich nur für dich.*
Olli hat heute Geburtstag, aber ich soll es eigentlich nicht verraten, er will nicht, dass dann jeder so ein Brimborium wegen der Geschenke macht ... Brigitte kommt übrigens auch und noch zwei, drei Leute. Und als ich hörte, du hast Besuch, dachte ich, dass wir ja deine Freundin nicht sich selbst überlassen können ...
Ach, die käme schon zurecht ...
Wie alt wird Olli denn?, lenke ich ab.
Zweiundvierzig.
Ich merke, ich sitze in der Falle. Wenn ich heute aus irgendeinem fadenscheinigen Grund nicht hingehe, war's das. Wer weiß, ob so eine Gelegenheit in den nächsten zwei Wochen noch einmal kommt. Aber wenn ich Annette mitbringe, war's das wahrscheinlich auch.
Ich kann echt nicht glauben, dass Oliver beim Anblick von Annette abwinken und sagen wird, sie solle wiederkommen, wenn sie 20 Kilo zugenommen hat!
Was ist nun? Blondi trommelt mit den Fingern auf den Tisch und ich verschwabbere meine Tasse Kaffee.
Mit dir kann man sich nicht mal in Ruhe einen Fleck auf's Hemd machen, schimpfe ich. *Ja, ich weiß auch nicht ..., ich muss erst Annette fragen, was sie möchte.* Ich schaue ihm fest in die Augen.
Wieso sollte Oliver mich denn einladen? *Das ist doch auf deinem Mist gewachsen, oder? Kann das sein, dass du ihm zum Geburtstag 'ne ... fette Überraschung ... machen willst?*
Wer weiß, grinst Blondi und geht in Richtung Tür. *Also, ich rechne mit dir! Und schlepp deine Freundin mit! Ciao derweil!*
Dann isser weg.
Ich lass mich auf Chesterfield fallen und versuche nachzudenken.

Wenn nicht mal der liebe Gott Mitleid mit mir hat, macht es wohl wenig Sinn, mich gegen mein männerloses Schicksal zu wehren. Wahrscheinlich habe ich schon alle Kandidaten in der ersten Lebenshälfte verbraucht und werde vom himmlischen Männerverteilungsdienst nun nicht mehr bedacht.
Oder wer weiß, was ich im letzten Leben für Schandtaten angehäuft habe! Vielleicht habe ich ja rothaarige Frauen verfolgt oder noch schlimmer! Und nun muss ich zur Strafe mein trostloses Karma neben der Schönsten von allen absitzen. Ich seufze. Die Hälfte meines Lebens hab ich ja schon rum. Die andere Hälfte wird aber nur erträglich werden, wenn ich endlich einmal ganz ernsthaft das Beziehungsgedöns aus meinem Kopf kriege! Wenn ich ehrlich bin, hatte ich eigentlich genug Sex für diese Inkarnation – und genug Männerchaos auch. Kennste einen, kennste alle. Was sollte also noch kommen, was ich nicht bereits zur Genüge erlebt habe!
Ich springe auf und hole mir Papier und Bleistift.
Ich, Zora Zitzelinger alias Zarah Zanelli, gelobe hiermit feierlich, dem Männergeschlecht mitsamt seinem Gemächt abzuschwören und mich stattdessen froh und glücklich anderen Annehmlichkeiten zu widmen, die da wären ...
Ach, das schreibe ich später hin. *So wahr mir Gott helfe.*
Datum, Unterschrift.
Das Blatt stecke ich in einen Briefumschlag und klebe ihn zu.
Annette ist immer noch weg.
Ich gehe nach draußen und klappe mein elektronisches Buch auf. Muss ja auch mal wieder etwas zu Papier bringen, auch wenn es virtuelles Papier ist.
Zwei Stunden später steht Annette ganz verschlafen neben meinem Tisch.
Wo kommst du denn her!, erschrecke ich ein wenig.
Hab geschlafen. Sie rückt sich einen Stuhl in den Schatten.
Ich hatte nach zehn Minuten bereits Sonnenbrand und hab mich ins kühle Zimmer verzogen. Sie zeigt mir ihren krebsroten Rücken.
Au, das tut weh! Ihre weiße Haut ist eben doch sehr empfindlich.

Ist noch Kaffee da? Annette watschelt in viel zu großen Schlappen in die Küche und beantwortet sich die Frage selbst, indem sie die Thermoskanne schüttelt.
Was machen wir denn nun heute noch?
Ich muss unbedingt schreiben. Wenn ich gut vorankomme, denke ich, können wir später nach Arrieta fahren. Aber nachmittags auch noch zum Jazz: Das wird mir echt zu viel.
Annette nickt. *Einverstanden. Dann lass ich dich jetzt mal in Ruhe.* Sie setzt neuen Kaffee an. *Möchtest du auch noch eine Tasse?*
Ich nicke und wende mich wieder meinem Buch zu.
Ich denke, du kennst hier niemanden!, ruft Annette aus der Küche.
Doch, ich war ja auch schon mehrmals hier, kenne schon ein paar Leute auf der Insel, druckse ich herum. *Wir sind übrigens zu einem Geburtstag eingeladen.*
Mann oder Frau?
Mann. Der Bruder einer Bekannten.
Und du kennst ihn nicht?
Doch, so vom Sehen ... Ich muss jetzt aber echt was tun!, lenke ich ab.
Haben wir ein Geschenk?
Nein.
Wie alt?
42.
Okay, schreib mal weiter, ich kümmere mich darum.
Annette verschwindet mit ihrer Tasse im Haus. Und ich begebe mich ans vorletzte Kapitel meines Buches.

Gegen sechs erscheint Annette im supersexy weißen Minikleid auf der Terrasse. Ich halte kurz den Atem an. Sie hat die Lockenmähne geglättet, jede Menge Goldgeschmeide angelegt und klimpert mit den falschen Wimpern.
Ich glaube, du solltest jetzt mal aufhören zu schreiben.
Ich bringe den Satz zu Ende und schalte den Computer aus.
Muss erst einmal gähnen und mich dehnen und hab gerade keinen Plan, was los ist. Annette? Ahh ja! Annette ist hier!

Die Party wartet!, hilft mir Annette auf die Sprünge, als sie merkt, dass ich noch nicht ganz im Hier und Jetzt angekommen bin.
Ach, du Schreck! ... Wie spät ist es?, fällt es mir siedend heiß ein.
Fünf Uhr.
Was ziehe ich an?!! Das scheint mir das weitaus größere Problem zu sein, nachdem mir Consuela mein einziges Wohlfühlkleid vernichtet hat.
Geh mal duschen und dann schau auf dein Bett, frohlockt Annette.
Ich dusche brav und schaue. Auf meinem Bett liegt ein halb offener, flacher Karton, aus dem Seidenpapier herausschaut.
Annette grinst.
Ich mache den Deckel ab und das Papier auseinander. Zum Vorschein kommt dieser me-ga-gei-le Fummel, den ich neulich in der *Molly de luxe* gesehen habe, einer nagelneuen Zeitschrift für die runde Frau, in der auch eine junge Designerin vorgestellt wurde, die superteure Klamotten für pralle Luxusweibchen produziert.
Du bist verrückt!, entfährt es mir und ich reiße begeistert das feine und teure Stöffchen an mich.
Komm, probier mal an. Ist eigentlich mein Geschenk für dein fertiges Buch, aber ich denke, du brauchst es einfach schon heute.
Das dunkelrote fußlange und ärmellose Kleid ist auf Taille gearbeitet und mit goldenen Ornamenten an Brust und Saum verziert. Es hat ein unsichtbares Miederteil eingearbeitet, das eine Supersilhouette und ein umwerfendes Dekolleté zaubert. Für die Schultern und nackten Arme gibt es einen breiten hauchdünnen Schal mit den gleichen goldenen Stickereien. Der Rock fällt trotz des dünnen Stoffes schwer und weit und ich fühle mich wie eine Prinzessin, wenn ich mich darin drehe. Ich sehe mindestens zehn Kilo schlanker aus, vor allem in der Mitte, denn da hat sich alles nach oben und unten verteilt wie ein Klumpen Hefeteig, den man von der Mitte aus ausrollt.
Ich bin total entzückt vom orientalischen Traum in Rot und falle Annette um den Hals. *Das war doch bestimmt sündhaft teuer!*, geniere ich mich.
Ach was, Hauptsache, es passt dir! Du siehst so schön aus, Zora ...

Ich fühle mich auch ausnahmsweise so. Jetzt wird mir völlig klar: Schuld an meinem Karma ist tatsächlich die Modebranche! Kleider machen eben doch Leute, auch in großen Größen!

Oliver hat nach Arrieta ins *El Amanecer* eingeladen, das beste Fischrestaurant, das ich auf Lanzarote kenne. Am schönsten ist die windgeschützte Terrasse direkt über dem Meer. Auf dem Balkon hört man nur das Rauschen des Meeres und das Kreischen der Möwen. Es ist ein schlicht eingerichtetes Restaurant, in dem sich Einheimische und Besucher allzu gerne treffen, um fangfrische Köstlichkeiten zu normalen Preisen zu genießen.
Wie erhofft, hat Oliver die Terrasse reserviert. Es ist eine kleine Tafel zusammengeschoben, an der bereits fünf Leute sitzen. Annette hat ein wunderschönes Geschenk eingepackt, einen Bildband der Kanaren, den sie ganz zufällig dabeihatte. Mich wundert nicht, dass sie mit so vielen Koffern anreist. Scheinbar hat sie ihren kompletten Hausstand dabei!
Geh du voran, sagt Annette und schiebt mich aus dem halb dunklen Restaurant auf die Terrasse. Einen Moment lang verstummen die Gespräche. Oliver hält mitten im Gespräch mit Brigitte inne, schaut mich kurz an, schaut dann zu Annette und sofort wieder zu mir. Das Ganze dauert nicht länger als zwei Sekunden, doch es ist für mich eine kleine Ewigkeit. Und ausnahmsweise ist es ein saumäßig gutes Gefühl!
Blondi springt auf und begrüßt uns. Na ja, eigentlich begrüßt er ja mich, zumindest schüttelt er mir wild die Hand, er schaut aber wie hypnotisiert auf Annette. Bingo. Der erste Volltreffer des Abends. Wer *Sex* auf dem Schein hat, schnell ankreuzen!
Also liegt es vielleicht doch nicht an den schwulen Modedesignern, sondern an Herrn Ferrero und Herrn Suchard. Und es spielt überhaupt keine Rolle, ob man eine Qualle in ein rotes Seidenkleid mit Goldstickereien packt und oder jemandem nackt auf die Brust legt: Qualle bleibt Qualle!
Ich entziehe Blondi die Hand, was er gar nicht bemerkt. Oliver steht auf und gibt mir dafür seine. Er schaut wieder so unterkühlt

wie eh und je. Am liebsten würde ich gleich wieder nach Hause fahren!
Alles Gute zum Geburtstag!, mehr fällt mir nicht ein.
Dafür drücke ich ihm Annettes kunstvoll verpackten Kunstband in die Hand.
Blondi erhält daraufhin einen strafenden Blick von ihm und ich ein freundlich unverbindliches *Danke, wäre doch nicht nötig gewesen.*
Dann rückt er mir neben Brigitte einen Stuhl zurecht und setzt sich selbst wieder auf deren andere Seite. Brigitte zwischen uns zu haben bedeutet Sicherheit vor jedweder Konversation. Es gibt nichts Undankbareres, als den übernächsten Platz auf derselben Seite des Tisches einzunehmen.
Du hast ein wunderschönes Kleid an, sagt Brigitte im knallgelben Hippieschlabberlook. *Geht's dir gut?* Sie nimmt einen großen Schluck Rotwein und schaut mich wieder durchdringend an.
Ich nicke. *Darf ich?* Ich nehme ein leeres Glas vom Tisch und kippe mir randvoll Rotwein hinein.
Blondi kommt mit Annette und sie setzen sich gegenüber. Das heißt, Blondi sitzt nun Brigitte gegenüber und Annette sitzt Oliver gegenüber. Ich habe auch ein nettes Gegenüber, nämlich einen freien Platz. Das ist der endgültige Beginn einer tiefen Freundschaft mit *Rioja*. Rioja hat genauso ein dunkelrotes Kleid wie ich und ist auch ein bisschen schüchtern. Prost Zora! Die anderen unterhalten sich und merken nicht, dass ich bereits wieder dabei bin, mich ohne Sinn und Verstand abzufüllen.
Annette kann gar nicht so schnell antworten, wie sie mit Fragen gelöchert wird. Mich fragt nie einer, wie ich meine tolle Figur halte oder ob alle Männer Deutschlands blind seien, weil ich noch Single bin!
Brigitte nippt an ihrem Glas und beobachtet mich immer wieder mal von der Seite. Ich bin inzwischen bei der bulgarischen Übersetzung der Speisekarte angelangt. Die auf Hindu werde ich im Anschluss selbst hinzufügen.
Ein flotter junger Spanier bringt eine riesige Vorspeisenplatte. Ich

versuche, nach den leckeren Sachen zu greifen, ohne dass mir der Schal von den Oberarmen rutscht. Einmal Blankziehen und alles war umsonst!
Wie weit bist du denn mit deinem Buch?, fragt mich Brigitte.
Danke, fast fertig. Etwa zwanzig Seiten noch.
Brigitte nickt. *Komm mich mal besuchen, wenn du fertig bist.*
Mach ich. Das Beste wird sowieso sein, ich verkrümele mich in ihre Finca. Ich nehme an, ab morgen wird mein Kleinod mit Privatbucht nur noch von sabbernden Kerlen umlagert sein. In Booten werden sie den ganzen Tag geduldig warten, bis Annette ihr glänzend goldgrünes Oberteil ablegt und ins Meer steigt.
Ich habe noch nie eine Frau gesehen, mit solchen wahnsinnsroten Haaren und solcher Haut!, baggert Blondi gegenüber.
Was, du kennst Milva nicht?, rufe ich dazwischen.
Blondi lacht kurz und gräbt dann weiter an Annette rum. Ob sie Model sei oder schon mal als Schauspielerin gearbeitet habe.
Uuuääähhhh ...
Mir wird vom Zuhören ganz übel. Da nehme ich mir doch lieber das siebte Stück Baguette aus dem Brotkorb! Dabei muss ich mich nämlich jedes Mal ziemlich weit vorbeugen, so schräg über den Tisch – in Olivers Richtung. Pro Baguettescheibe kann ich dann einen unverfänglichen Blick auf ihn werfen. Ich ertappe ihn natürlich jedes Mal, wie er gerade zu Annette schaut, allerdings sagt er nichts.
Alles klar! Wieder der stille, zurückhaltende Unterkühlte! Frosty the Snowman! Später wird er Annette unbemerkt aufs Klo folgen und in der dunklen Ecke zwischen Damen und Herren gestehen, dass er sie mag – *so, wie sie ist*! Was ja auch nicht schwer ist!
Jeder am Tisch macht mir ein Kompliment wegen meines tollen Kleides, während Annette Komplimente wegen ihrer tollen Figur bekommt. Bin dem Heulen nahe.
Schicke, teure Kleider machen überhaupt gar keine bessere Figur, sie lenken höchstens einen Moment lang davon ab!
Eine riesige Fischplatte kommt und ich bin pumpelsatt vom trockenen Brot. Vielleicht weicht der Rotwein ja die äußere Zellmem-

bran des Weißbrots auf und lässt es in sich zusammenschrumpfen, überlege ich mir. Ich trinke also das vierte Glas, doch der Rioja löst gemeinerweise die Zellmembran meines Hirns auf. Bis in den Magen will der bei mir gar nicht!

Oliver und Brigitte unterhalten sich angeregt und Blondi redet unentwegt auf Annette ein, die in gleichmäßigen kurzen Abständen loskichert. Ich bin pappsatt von trockenem Brot, mutterseelenalleine und mein Hirn löst sich in Wohlgefallen auf.

Eine Riesengarnele glotzt mich an und grinst. So weit ist es nun mit mir gekommen, dass mich totes Meeresgetier auslacht!

Ich lege ihr eine Tomatenscheibe auf die Augen. Genau in dem Moment, als ich mich siegessicher zurücklehnen will, legt mir Brigitte drei Glotzgarnelen auf den Teller. *Du hast ja noch gar nichts gegessen!*

Ja! Jeder sieht, wenn ich Hunger habe, aber keiner sieht, wenn ich satt bin! Ich befürchte, dass es die drei toten Grinsegarnelen auf mein Mieder abgesehen haben. Ich kriege darin sowieso kaum Luft und mein hochgezurrter Busen mit Push-up-Bauchspeckunterfütterung bremst jetzt schon meinen Unterkiefer beim Kauen. Wenn ich einen Bissen zu viel zu mir nehme, platzt vielleicht das ganze Arrangement und ein Drittel meines Körpergewichtes saust im freien Fall nach unten, um laut klatschend auf meinen Knien aufzuschlagen. Ich überlege gerade, ob mein Busen nachfedern würde, als sich die Riesengarnelen auf meinem Teller zu bewegen beginnen.

Mit ihren großen Scheren im Anschlag kriechen sie in geduckter Haltung auf mich zu und klappern mit den gegarten Füßchen!

Komm, nimm uns! Fisch ist gesund! Ganz viel Omega-3-Fettsäuren, die dein Michelinmäntelchen schmelzen lassen!

Ich drücke mich mit weit aufgerissenen Augen an die Stuhllehne.

Ist dir nicht gut? Du isst ja gar nichts ... Oliver sitzt auf einmal neben mir und gießt Wasser in mein Weinglas. Ich habe gar nicht bemerkt, dass Brigitte aufgestanden ist.

Nette Freundin hast du. Ein bisschen zu mager, aber nett.

Ich kann nicht glauben, dass ich höre, was ich höre! Muss an den

Killergarnelen liegen, die mich immer noch bedrohlich anglotzen.

Du kannst dir noch so viele Beispiele aus den Haaren saugen, ich glaube dir nich. Niemals nich. Schau, es gibt Kühe und ... Kühgirls ... und Marlboro-Männer. Du bist nämlich so einer ... Annette ist das perfekte Girl und ich die Küh ..., die Gummikuh im roten Nobelfell von ... Molly de luxe, labere ich so vor mich hin.

Oliver lacht. *Sag mal, hast du eventuell ein Problem mit deiner Figur? Da wärst du aber die Einzige hier!*

Was verstehst du schon von vier Jahrzehnten Problemzonenelend! Blondi bin ich auch zu fett. Ich bin allen Männern zu fett, die eine Herde haben ... haben.

Wer ist Blondi, und welche Herde?

Heidi? Mustangherde?

Ach, Heinz-Dieter ... Oliver lacht. *Magst du ihn denn?*

Uiii ... Fangfrage!

Darum geht's doch bei uns Frauen gar nicht!

Oliver sieht mir tief in die Augen. *Worum denn? Klär mich auf.*

Dass er mich nicht mag!

Aber er mag dich doch, das weiß ich.

Aber nur so platonisch! So ohne Figur! Nur das blöde Innere, was eh keiner sieht! Ich will aber auch so, so feminin ... gemocht werden!

Oliver schaut mich ernst an. *Willst DU ihn denn, so maskulin?*

Ich? Nö! Den doch nicht!

Dann versteh ich dich wirklich nicht.

Siehst du. Sage ich doch.

Oliver schaut noch etwas ungläubig und steht dann auf. Er entschuldigt sich kurz in Richtung Toiletten. *Lauf bitte nicht weg!,* ruft er noch.

Annette ist natürlich auch gerade nicht am Tisch. Siehste!

Jetzt geht er ihr hinterher und macht seine Liebeserklärung. Ich kippe das Wasserglas zum Balkon runter und schenke Wein nach. Eine Killergarnele klatscht mit den Scheren Beifall und kichert.

Du schon wieder! Ich schnappe mein Messer und haue ihr den Kopf ab. Und den Teller mittendurch.

Was 'n mit dir los?, guckt Blondi irritiert. *Bist du wieder verstimmt, Kaktus?*
Es ist mir doch egal, welche Wurst mir über die Leber gelaufen ist! Und dir doch übrigens auch, oder?, schnauze ich ihn an.
Blondi guckt etwas verwirrt und Annette klappt der Unterkiefer herunter.
Brigitte schnappt mich von hinten. *Komm, wir machen einen kleinen Spaziergang.*
Der Spaziergang geht bis nach Punta Mujeres, dem kleinen verschlafenen Nachbarort von Arrieta.
Darf ich dich was fragen?, kommt Brigitte nach zehn Minuten Blabla endlich zur Sache.
Ich bitte darum.
Was ist eigentlich los mit dir?
Brigitte macht eine kurze Pause.
Ich will dir keinesfalls zu nahetreten, aber ich seh dich jetzt das zweite Mal, jedes Mal angetrunken, obwohl ich spüre, dass du eigentlich mit Alkohol nicht viel am Hut hast. Du bist immer gefrustet und irgendwie auf dem Sprung, wie eine Katze, die man schon mal überfahren hat.
Anstatt zu antworten, fange ich an zu heulen.
Ich versteh das nicht ganz, fährt Brigitte fort. *Du bist eine äußerst attraktive, erfolgreiche Frau. Wovor hast du eigentlich Angst?*
Ich weiß es nicht. Und ich weiß auch von alledem nichts, was du vorher gesagt hast – das mit dem Erfolg und der Attraktivität usw. Ich glaube einfach, dass mich kein Mann will, jedenfalls keiner, den ich will! Ich bin fett und inzwischen auch zu alt für die Cowboys, hab einfach alles vermasselt, schniefe ich.
Komm, lass uns mal setzen.
Wir lassen uns auf einem Mäuerchen nieder.
Gibt es denn einen Cowboy, den du willst?
Brigitte schaut mich wieder von der Seite an, ich spüre das.
Ich zucke mit den Schultern
Heinz-Dieter ist der Auserwählte, oder?
Nein! Wie kommen denn bloß alle auf den!

Na, so wie du dich ihm gegenüber benimmst ... Sieht ganz nach der einfachen Weisheit aus: Was sich neckt, das liebt sich. Und der ist doch ein ganz ansehnliches Kerlchen ...
Ich schüttele heftig den Kopf.
Jemand in Deutschland vielleicht?
Ich schüttele wieder und seufze: *O l i v e r.*
Oliver!? Der Mann meiner Schwester?
Brigitte guckt ziemlich erstaunt.
Exmann, sorry! Na, das merkt wirklich keiner! Am allerwenigsten Olli! Der denkt übrigens, du hältst ihn für ein aufgeblasenes Ar...mleuchter.
Er IST ein aufgeblasener Ar...m...schloch ... Ich zucke wieder mit den Schultern. *Ist doch sowieso egal. Oliver will mich eh nicht.*
Brigitte lächelt: *Na ja, wenn du vorher schon aufgibst ... Du versuchst es ja nicht einmal. Hast du es ihm denn gesagt?*
Ich? Bin ich der Kerl oder er! Hab keine Lust auf einen Korb ... Aha, daher weht der Wind.
Brigitte schmunzelt. *Stolz und Vorurteil?*
Ich nicke traurig. *Mein Lieblingsfilm.*
Was ein Zufall ...
Ach, was soll denn dieser Psychotest. Ich werde ärgerlich. *Im wahren Leben kriegt so jemand wie ich ja doch keinen Mr. Darcy ab!*
Wenn du das glaubst, wird es wohl für dich so sein.
Brigitte erhebt sich.
Stimmt.
Ja, stimmt. Brigitte schaut mir in die Augen und nickt.
Komm, lass uns zurückgehen.
Ich möchte heim.
Ich fahr dich.
Okay. Danke.

Pipimännchen im Sand

Die nächsten beiden Tage sehe ich Annette kaum. Sie ist von morgens bis abends mit Blondi unterwegs und nennt ihn bereits liebevoll *Zuckerstange* – und ich mag mir gar nicht so genau vorstellen, warum.

Ich sitze an meinem allerletzten Kapitel. Die neue OP-Schwester hat die zehn Kilo mal ebenso nebenbei wieder abgespeckt. Ich hatte einfach zu großes Mitleid mit ihr, dass sie kein passendes Hochzeitskleid finden wird. Die Trauung findet in einer kleinen Kapelle am Wolfgangsee statt und ich bin ganz gerührt von meinem wunderbaren Happy End.

Heute ist Mittwoch und mein Flieger geht übernächsten Samstag. Wenn ich heute mit meinem Roman fertig werde, habe ich noch eineinhalb Wochen Zeit für mich. Ich freu mich schon auf meine Lieblingsbodega in Teguise – und einen Abend möchte ich mich auch noch einmal ins Touristengewühl im Süden werfen.

Ich brühe mir einen kanarischen Kaffee auf und tippe die letzten Sätze in meinen Computer. Bingo. Noch speichern und dann gleich ab per Mail an Frau Wiegand. Korrekturlesen brauche ich selbst nicht und die nochmalige Überarbeitung kommt in vier bis fünf Wochen ...

Nachdem die Mail herausgeschickt ist, kriege ich ein ungutes Gefühl. Ob das nicht viel zu verfrüht war?! Ich habe ja eigentlich noch knapp zwei Wochen Zeit bis zum Abgabetermin. Nicht, dass ich postwendend die Korrektur zurückbekomme oder, noch schlimmer, dass ich zurückbeordert werde! Die Finca habe ich ja schließlich nicht zu meinem Privatvergnügen bekommen! Mir grummelt es vor Schreck im Magen. Jetzt kann ich nur noch beten.

Aber zehn Minuten später kommt ein kurzes und freudiges Dankeschön von Frau Wiegand: *Na dann viel Spaß noch die restlichen Tage und gute Erholung!* Uff. Das hätte auch schiefgehen können ...

Ich fahre auf einen kleinen Imbiss nach Órzola. Meine Staffelei habe ich nicht mitgenommen, irgendwie ist mir die Lust zum Malen vergangen. Egal, wie gut der Fisch hier auch ist, ich bestelle wieder meine Garnelen in Knoblauchöl und die *Papas arrugadas*, meine heiß geliebten kanarischen Kartoffeln.
Ich schaue träumend auf's aufgewühlte Meer. Hier oben ganz an der Nordspitze geht immer ein starker Wind und entsprechend wild ist das Meer. Die festgezurrten Fischerboote schaukeln wie bunte Nussschalen auf und nieder. Ich merke, wie sehr ich es genieße, mit meiner Arbeit fertig geworden zu sein und jetzt einfach abschalten zu können. Es ist wunderbar hier. Ich bin so verliebt in diese Vulkaninsel, die auch ziemlich brutal sein kann mit ihrer Feuerenergie. Brigitte hat recht. Hier kocht einfach alles an die Oberfläche, was in Europa oder anderswo unter der Geschäftigkeit des Alltags versteckt oder verdrängt wird. Hier ist man genauso nackt wie die Insel und muss sich alles anschauen, ob man will oder nicht. Ich seufze laut. Am Nachbartisch dreht sich ein Pärchen um und lächelt.
Ob Brigitte etwas ahnt? Manchmal schaut sie mich an, als ob sie in meinem Herzen lesen könnte.
Das letzte Mal war ich vor vier Jahren auf Lanzarote. Und eigentlich hatte ich mir danach geschworen, niemals wieder zurückzukehren! Hier habe ich damals mein Herz begraben und seither nicht wieder richtig ausbuddeln können.
Der Kellner bringt mir die kleinen in Salzwasser gekochten Pellkartoffeln mit den drei Soßen.
Im Schatten zu sitzen mit Blick auf's Meer, eine leichte Brise um die Nase und dazu ein einfaches und leckeres Essen: Das kommt mir heute wie ein Stück vom Himmel vor. Es ist einfach wunderschön, wieder hier zu sein!

Am Nachmittag lege ich mich zu Hause an meinen Privatstrand und lasse mir die Sonne auf den nackten Bauch scheinen, immer ein Handtuch griffbereit, falls doch plötzlich Annette auftaucht, womöglich sogar mit Blondi im Schlepptau!

Annette kommt nicht, dafür klingelt gegen fünf das Telefon. Ich raffe mein Handtuch notdürftig um alle unbedeckten Teile und laufe ins Haus.
Pete ist dran und ich höre Antonio im Hintergrund reden.
Er und Robert sind anscheinend zur Schnapsverkostung eingeladen worden, jedenfalls will mir das sein angetrunkenes Nuschelenglisch vermitteln. Und er möchte wissen, ob ich nicht Lust hätte vorbeizuschauen.
Ich überlege nicht lange und sage zu.
Mein Buch ist fertig, mein Männerschicksal für den Rest meines Lebens besiegelt und ich habe Ferien. Und die kann ich nun eigentlich auch sorglos vertrinken. Bin sowieso im Training. Hauptsache, Oliver ist nicht dabei.

Pete haut mir zur Begrüßung jovial auf's Kreuz. Ich kippe vornüber, Robert in die Arme, der mich lachend drückt.
Na, die sind wohl beide nicht mehr ganz allein!
Antonio schiebt mir einen Küchenstuhl unter den Hintern und holt eine Flasche mit undefinierbarer dunkler Flüssigkeit.
Kaktuslikör, sagt er lächelnd. Dabei guckt sein einzeln stehender Eckzahn heraus wie bei Dracula, der gleich losschnappen will.
Das Zeug schmeckt tatsächlich, als wenn sich tausend Stacheln in meinen Schlund bohren würden!
Tanz mit mir den Matronenwalzer, kichere ich drei Schnäpse später und ziehe Pete vom Stuhl hoch.
What's up?
Dancing Queen, sage ich und presse Pete an mich.
Robert holt eine Gitarre aus der Ecke und fängt an zu spielen.
There is a House in New Orleans ...
Wie originell! Das kann sogar ich spielen und das, obwohl ich nur ein einziges Mal eine Gitarre in der Hand hatte, nämlich um genau diese Griffe gezeigt zu bekommen. Ich drehe mich mit Pete, der beide Hände auf meinem Hinterteil hat.
Consuela kommt herein und lacht. *Señora Zarah kapuht! Danke.*
Jawohl, ich baue gerade Scheiße mit betrunkenem zahnlosen

Musiker – aber bügeln tu ich nur Oliver!
Nach dem Tanz lege ich die Hände von Pete auf seinen eigenen Hintern zurück und setze mich zu Robert.
Du spielst super!
Er schaut mir wieder bis in die Eingeweide und nippelt an seinem leeren Glas.
Da is nix mehr drin, sage ich.
Ich weiß.
Soll ich? Ich kippe einen Kartoffelschnaps in sein Glas.
Robert schlingt den Arm mit dem Glas durch meinen.
Ich heiße Robert.
Weißisch doch, will ich gerade schlau bemerken, als er mich plötzlich schnappt und heftig küsst.
Pete singt derweil mit halb geschlossenen Augen irgendeine bekannte Melodie und Consuela klatscht rhythmisch in die Hände, während Robert mir seine Zunge im Takt hinter die Mandeln schiebt.
Ungefähr drei Sekunden wehre ich mich gegen den Bruderschaftsüberfall, aber dann schmelze ich dahin. Robert küsst fantastisch. Und so leidenschaftlich! Mir bleibt erst die Luft und dann die Spucke weg, aber Robert sorgt unaufgefordert ständig diskret für Nachschub. Er muss ein sehr sensibler Mann sein ...
Nach etwa zehn Minuten klopft uns jemand auf die Schultern und Robert holt seine Zunge zurück in die heimischen Gefilde. Schade eigentlich. Geoffrey ist gekommen. Er trinkt erst einmal drei Schnäpse auf ex, um aufzuholen.
Um acht bin ich so was von breit, dass ich auf dem Weg zur Toilette spontan beschließe, gleich weiter nach Hause durchzulaufen. In meiner Finca angekommen, mache ich mir einen superstarken Kaffee, ziehe mich bis auf die Unterwäsche aus und setze mich an den Strand. Der Sand ist noch warm und wärmt meine kalten Füße. Mein wunderschönes totgebügeltes Kleid hängt immer noch auf einem Bügel an der Terrassentür, wie eine Flagge, unter der ich einst hoffnungsvoll losfuhr und die mir kein Glück gebracht hat.

Denk an dein Zölibat, Zora!, schreie ich laut in den Wind. Das scheint wirklich nicht die dümmste Idee zu sein, vor allem, wenn einen sowieso keiner will, außer er ist im Delirium. Da kriegt mein Mauerblumendasein doch wenigstens einen Hauch von Heiligenschein! Außerdem habe ich ja nun auch einen Vertrag mit mir. Also, was soll's!
Ich hole mir eine kuschelige Decke von drinnen und rolle mich ein. Ich wollte sowieso mal eine Nacht am Strand verbringen, warum also nicht heute! Die halbe Flasche Rotwein von neulich habe ich vorsichtshalber auch mitgebracht.
Annette ist noch mit Blondi unterwegs ... oder längst in seinem Bett. *Mach dir keine Sorgen und warte nicht auf mich. Bis morgen!*, steht auf einem Zettel in der Küche. Sie muss also kurz hier gewesen sein am Nachmittag. Sicher wird es bei ihr spät oder sie kommt heute Nacht gar nicht mehr, also brauche ich mir wegen meines fleischfarbenen BHs und des ebenso hässlichen wie großen Miederslips keinen Kopf zu machen. Schlankstütz am Strand, eingerollt in eine Sofadecke. Das ist die ultimative Gegenbewegung zur Bikinifraktion. Eine defensive Kampfansage, eine stille Unterwanderung sozusagen. Egal, ob nun mit oder ohne Spitzenkante, das Zeug ist wirklich nur für drunter zu gebrauchen. Für ganz drunter! Oben drunter wäre es zwar schöner, aber frau kann eben nicht alles haben, vor allem, wenn man definitiv von allem zu viel hat, was verstützt und verschlankt werden muss, außer von Mr. Darcy, das ist das Einzige, wovon ich wirklich zu wenig habe!
Ich pichele den Rotwein leer. Hocke wie Muhme Merl im Sand. Ich weiß zwar nicht, wer Muhme Merl ist, aber so muss sie im Sand gehockt haben, wenn sie überhaupt Sand hatte.
Endlich wieder allein. So lieb, wie ich Annette habe, aber dieser Urlaub gehört eigentlich mir alleine. Ich lege mich in den Sand und schaue in den Sternenhimmel.
Ist das schön! Warum schlafe ich eigentlich nie draußen!
Vielleicht weil es sich so schlecht macht auf dem Plattenfußweg vor meinem Haus in rentnerbeigem Schlankstütz und mit einer getigerten Muhme-Merl-Decke.

Wenige Minuten später träume ich von einem Garten mit duftenden Orchideen und saftigen Melonen. Ich höre Vögel zwitschern und in der Ferne etwas summen. Ich träume von einem wunderschönen Adam, der mir einen saftigen Apfel anbietet. Mein Adam hat natürlich Olivers tiefgrüne Augen und seine dunklen wild wehenden Haare und er zwinkert mir zu, während ich in den Apfel beiße. Der Apfel summt lauter.

Ich schrecke auf! Es ist bereits stockdunkel und das ruhige Meer glänzt im Schein des fast vollen Mondes wie Quecksilber. Ein Boot biegt um die zerklüfteten Felsen, die meine kleine Bucht vom Dorf trennen, und hält auf meinen Strand zu! Mir gefriert das Blut in den Adern. Je näher das Boot kommt, desto deutlicher höre ich Männerstimmen! Um ins Haus zu flüchten, ist es bereits zu spät. Der Mond scheint so hell auf die Terrasse, man würde mich auf jeden Fall sehen! Und ich weiß nicht, wie die Terrassentür abzuschließen geht.

Panik steigt in mir hoch. Das Boot ist schon ziemlich nahe und ich kann zwei Männer erkennen. Mir bleibt nur noch eine Möglichkeit, mich unauffällig hinter den großen Felsbrocken zu rollen, vor dem ich liege. Vielleicht haben sie mich ja noch nicht entdeckt!

Mein Herz schlägt bis zum Hals, als ich mich seitwärts hinter den Stein hechte. Ich schlage mir den Kopf an und verliere die Decke. Zeit zum Jammern habe ich nicht und so kann ich nur zitternd den Engeln beim Singen zuhören. Gerade, als ich vorsichtig mit dem Fuß nach der Decke angle und sie zu mir heranziehen will, springen die Männer aus dem Boot. Sie ziehen das Boot ein Stück auf den Strand und lachen. Danach machen sie sich an etwas Schwerem in Inneren des Bootes zu schaffen und hieven es auf den Sand. Mörder! Dealer! Einbrecher! Vergewaltiger! Piraten! Ich kann gar nicht so schnell überlegen, was mir gleich alles Schreckliches bevorsteht, wie ich vor Angst und Panik zittere. *Pete! Pete!* Sie lachen und schlagen der Leiche ins Gesicht und ziehen an ihm. Dabei fällt einer der Männer einfach nach hinten um. Der andere richtet sich auf und lacht noch lauter – Robert! Der am Boden rappelt sich wieder auf und holt eine Flasche aus der Jacke. *Cheers!*

Es ist Geoffrey, der da den Rest von Antonios Schnaps in sich hineinlaufen lässt. Und die Leiche wird wohl Pete sein.
Langsam beruhigt sich mein Puls wieder. Trotzdem kann ich der betrunkenen Meute nicht im Schlankstütz unter die Augen treten!
Robert fällt auf die Knie in den Sand und hält die Hände wie einen Trichter vor den Mund. *Zoooraaa!*, ruft er leise.
Zoooraaa, komm ra-haus! Wir wollen mit dir feiern!
Pete liegt immer noch bewegungslos im Sand.
Sleeping, lallt Geoffrey, *all the girls are sleeping aaall the time.*
Er guckt belämmert in den Hals der leeren Flasche.
Fläshenpoust!
Geoffrey hält Robert die leere Flasche hin.
Der kichert und steckt den Finger in den Flaschenhals.
Zoooraaa! Komm ra-haus! Ich will dich küssen! Du geiles Weibsstück ... Ich liebe dich!
Langsam wird mir kalt im leichenblassen Liebestöterset. Ich versuche, die Decke heranzuziehen.
Robert kniet etwa zwei Meter entfernt im Sand und flüstert weitere frivole Liebesschwüre durch seinen Handtrichter in Richtung Haus. Geoffrey schnarcht und Pete scheint seit Stunden tot zu sein. Gerade als ich die Decke am Zipfel habe und zu mir ziehen will, dreht Robert den Kopf und entdeckt mich.
Zoooraaa!, ruft er durch den Handtrichter, nur jetzt in meine Richtung. *Ich will dich heiraten, Zora! Auuuf der Stelle! Du schnuckeliges Pomeranzenmiststück! Du Honigkuchentörtchen, du wildes ...*
Pssst, mache ich und zeige auf die beiden Alkoholleichen.
Darf ich vorstellen, hick, das ist Pete und das ist Geoff ... und ich bin dein Mann, dein wunderbarer Mann, der dich jetzt zum Weibe nimmt: Ja, ich will! Robert kippt einfach seitlich um und bleibt bewegungslos liegen.
Ich warte noch eine Minute, dann krieche ich hinter dem Stein hervor und rüttle der Reihe nach an den dreien. Keinerlei Reaktion mehr.

Shit, denke ich, *die erfrieren vielleicht*. Mein Hirn schwimmt immer noch in einer großen Lache Kaktuslikör. Was mache ich nur? Ich habe plötzlich den besten Einfall meines Lebens: Ich vergrabe alle drei im warmen Sand, sodass nur noch die Köpfe herausschauen! Dann gehe ich zufrieden ins Bett.

Gegen Morgen werde ich von einem schrillen Schrei geweckt und springe noch halb betäubt ans Fenster. Auf der im Morgenlicht glänzenden Terrasse steht eine zutiefst erschrockene Consuela, die sich den Mund zuhält und auf den Strand starrt.
Dort schleicht gerade Blondi grinsend mit einem Fotoapparat im Anschlag herum und knipst wie wild. Aus dem Sand schauen drei schnarchende Köpfe – und drei nackte Schniedel.
Auf der Terrasse hat Annette einen wunderschönen Frühstückstisch eingedeckt, insgesamt für sieben Personen. Auf drei Tellern liegen Polaroidfotos. Ich halte mir immer noch den Bauch vor Lachen. Inzwischen habe ich auch eine frische Garnitur Schlankstütz an, allerdings auch ein Shirt und eine weiße Leinenhose darüber. Blondi bringt frische Brötchen aus dem kleinen Laden im Dorf.
Wo sind denn unsere drei Helden?
Die duschen noch.
Consuela kommt mit frischem duftenden Kaffee und schüttelt immer noch den Kopf. *Wohnung schmuuutzig*, sie stellt die Kanne auf den Tisch und will hinein zum Putzen.
Nein Consuela, komm, frühstücke mit uns! Annette hält sie am Ärmel fest. Blondi und ich bitten sie auch noch je viermal, dann lässt sie sich endlich auf einem Stuhl nieder.
Robert kommt als Erster vom Duschen.
Pete liegt oben auf dem Sofa, ist leider nicht wach zu kriegen, entschuldigt er sich sichtlich geniert und legt sofort sein Foto unter den Teller.
Wir feixen ihn alle an. Blondi bekommt einen bösen Blick von Robert: *Das hätte ja wohl nicht sein müssen, oder?*
Warum? Blondi schneidet sich grinsend ein Brötchen auf. *Gutes Motiv!*

Na ja, ich meine ... irgendwie musst du ..., musst du uns ja freigelegt haben. Ist doch pervers, deine Fummelei, oder?
Annette kippt fast vom Stuhl vor Lachen. *Mach dir keine Sorgen, Robert, Heinz-Dieter hat euch nicht angefasst!*
Ich spucke beinahe mein Schinkenbrötchen über den Tisch und krieg mich nicht mehr ein. Robert wird knallrot. So rot wie mein zerbügeltes Kleid, das immer noch traurig am Türrahmen baumelt. Dann muss auch er lachen und hält sich dabei die Hände vor's Gesicht. Geoffrey erscheint frisch geduscht und in einem pinkfarbenen Glitzershirt von Annette. Jetzt muss auch Consuela kichern. Wir kreischen und wiehern, bis uns alles wehtut.
Geoffrey schaut sich lange das Foto an und setzt sich dann zu uns. *So I am very satisfied,* sagt er und schaut dabei grinsend auf Roberts Hose.
Nach dem Frühstück gehen Geoffrey, Annette und Blondi baden. Irgendwie stört mich Annettes grüner Bikini heute überhaupt nicht.
Consuela räumt den Tisch ab und weigert sich, meine Hilfe anzunehmen. Also bin ich mit Robert allein. Er ist immer noch etwas verklemmt heute Morgen.
War lustig gestern, versuche ich, ein Gespräch anzufangen. *Wessen Idee war das eigentlich mit dem Boot? Ihr habt mir einen ganz schönen Schrecken eingejagt!*
Ja, tut mir leid. Ist mir echt peinlich, glaube mir.
Robert windet sich ungeschickt. *Eigentlich war es ... meine Idee.*
Nun, ich muss sagen, ein blöder Einfall.
Ich genieße meine derzeitige Position. Schließlich hat er mich auch schon ganz schön abgefertigt.
Robert sagt nichts und schaut aufs Meer.
Na ja, so schlimm war's auch nicht, lenke ich ein. Mit Zuckerbrot und Peitsche komme ich vielleicht weiter. *Was wolltet ihr denn eigentlich nachts an einem Privatstrand?*
Dein Privatstrand. Nicht irgendein Privatstrand!
Wortklauberei!
Ich wollte dich eigentlich zu einem kleinen Ausflug einladen.

Du? Mich? Jetzt hat er mich doch erwischt.
Wieso denn nicht?
Ja wieso eigentlich! Ich vermute trotzdem, dass er von seinem nächtlichen Heiratsantrag nichts mehr weiß.
Robert schaut mich an. *Ich dachte, ich lade dich mal zum Essen ein – so als Wiedergutmachung für mein ungebührliches Verhalten.*
Meinst du deine Zurückweisungen oder deine sexuellen Übergriffe? Ich muss grinsen.
Die Knutscherei meine ich eigentlich. Robert lächelt mich an. *Und? Hast du Lust?*
Prima, er bereut das Falsche. *Kommt darauf an, wohin du mich entführst!*
Ich dachte ins LagOmar.
Jaaa!, schreie ich begeistert und räuspere mich sofort. *Ja, gerne, meine ich.*
Geoffrey kommt an den Tisch und redet mit Robert. *Du, wir müssen langsam los. Wir haben noch einen Termin in Arrecife.*
Heinz-Dieter wird uns heimfahren. Ich hole dich Samstagabend gegen sechs ab?
Morgen? Von mir aus gerne. Was macht ihr eigentlich mit Pete?
Den nehmen wir natürlich mit.
Die nächsten zwanzig Minuten verbringen Annette und ich mit Kicheranfällen, während Blondi, Robert und Geoffrey versuchen, den immer noch halb im Schnapskoma liegenden Pete in den Jeep zu verfrachten. Zuletzt steckt ihm Consuela noch das Polaroid in die Brusttasche, was bei uns allen erneut eine Lachsalve auslöst.
Als die Männer endlich weg sind, nimmt mich Annette bei der Hand und führt mich auf die Terrasse.
Komm setz dich, ich möchte mit dir reden.
Wir lassen uns in die zwei Korbstühle unter der Palme fallen.
Heini und ich …
Heini?!
Jaaa, Mensch, jetzt lach doch nicht!
Heini! Ich kichere wie blöd.
Ich nehme an, du redest von Zuckerstängchen, oder?

Annette zieht ein säuerliches Gesicht. *Jedenfalls sind wir schwer verliebt.*
Was nicht zu übersehen ist.
Na ja, jedenfalls wollen wir paar Tage nach Teneriffa.
Annette schaut mich bittend an. *Sei nicht böse, wenn ich dich so plötzlich allein lasse, ja?*
Ich und böse! Wenn sie wüsste! Ich bekomme gerade eine Woche Urlaub zurückgeschenkt! Ich schicke ein aufrichtiges Dankeschön nach ganz oben.
Du, kein Problem. Ich denke, wir sollten einfach nächstes Jahr mal ein paar Tage zusammen verreisen. Du brauchst wirklich kein schlechtes Gewissen zu haben, ich werde die Ruhe genießen!
Annette scheint erleichtert. *Ich fliege dann auch von Teneriffa aus nach Deutschland zurück.*
Und Blondi? Ähhh, Heinz-Dieter?
Der kommt mit, hat einige geschäftliche Termine in München und Berlin.
Na, da haben sich wohl zwei gefunden!
Ich grinse. *Ich freu mich wirklich total für dich! Wann fliegt ihr?*
Heute Nachmittag. Annette steht auf und umarmt mich lange.
Ich geh dann jetzt mal packen.
Okay.
Ich bleibe allein auf der Terrasse zurück und schaue auf's strahlend blaue Meer. Kein Wölkchen am Himmel und nur eine leichte Brise.
Um halb zwei steht Blondi mit dem Jeep vor der Tür.
Hi ihr beiden. Na? Alles in Butter?
Ich nicke. *Wie kommt ihr eigentlich zum Flughafen?*
Oliver fährt uns. Auf dem Rückweg holen wir ihn ab. Er nimmt dann den Jeep auch wieder mit zurück.
Ich nicke wieder.
Blondi schnappt mich und drückt mich an sich. *He, Inselkaktus. Nicht weinen!*
Ich doch nicht!, versuche ich meine Abschiedstränen zu unterdrücken.

Wir sehen uns doch übernächste Woche in Leipzig.
Ja. Ich winde mich aus seiner Umklammerung.
Ich möchte dir noch etwas sagen. Blondi hält mich fest. *Nimm mal all deinen Mut zusammen und geh zu Olli, hörst du?*
Ich? Warum denn?
Mach's einfach!
Blondi gibt mir einen Kuss auf die Wange und verschwindet im Haus. Nach einer Viertelstunde sind alle Koffer und Siebensachen von Annette im Auto verstaut.
Wir drücken uns heftig und schniefen ein bisschen vor uns hin. Dann düsen die beiden in einer Staubwolke ab und ich bleibe allein zurück.

Liebestöter

Mein heiß ersehntes Eremitendasein beginnt zunächst mit einem Loch, in das ich falle. Es ist schon etwas anderes, zielgerichtet in ein entlegenes Domizil zu reisen und aus dem Trubel auszusteigen, als von Freunden, an die man sich gewöhnt hat, verlassen zu werden und allein zurückzubleiben. Mir hatte wohl die Woche mit Annette mehr gefallen, als ich dachte. Auch Blondi wird mir fehlen – komischerweise am meisten.

Ich glaube, das wird heute noch nichts mit meinem Klosterleben. Ich muss erst den Übergang wieder hinbekommen und langsam auf Einzelzelle runterschalten.

Also setze ich mich spontan ins Auto und fahre los. An der ersten Kreuzung muss ich mich entscheiden und wähle den Norden der Insel, wie meistens. Als ich die Straße in Richtung Teguise fahre, weiß ich, dass ich in Jochens Bodega will. Dort gibt es die besten Weine der Insel und köstliche Tapas. Jochen ist ein weit über Spanien hinaus geschätzter Weinsammler. Man sitzt im schattigen Innenhof seines mindestens dreihundert Jahre alten Anwesens an hübschen Tischen mit blauen und grünen Mosaiken, unter blühender Bougainvillea und wallenden Hibiskussträuchern.

Ich finde ja sowieso, dass man auf Lanzarote die Blütenpracht ganz anders wahrnimmt als zu Hause, wo Blumen und Bäume zum Alltag gehören. Hier springt dir jeder einzelne Strauch ganz anders ins Auge und hebt sich wie ein üppiges Naturschauspiel vom kargen Gestein und den weißen Häusern ab.

Um diese Zeit ist die Bodega so gut wie leer. Als ich den Hof betrete, sehe ich Brigitte, die mit Jochen an einem kleinen Ecktisch einen Plausch hält. Was für ein Zufall!

Brigitte freut sich sichtlich, mich zu sehen. Jochen erkennt mich zwar nicht wieder, was kein Wunder ist bei all den vielen Touristen, die Jahr und Tag bei ihm zu Gast sind, freut sich aber nicht minder. Ich bekomme sofort einen Teller mit herrlichen Tapas serviert und muss natürlich einen Rotwein kosten. Der Wein duftet intensiv nach Johannisbeeren. Ich fühle mich ein bisschen un-

wohl im Angesicht von Jochens Großzügigkeit und habe Angst, den sicher furchtbar teuren und alten Wein nicht richtig würdigen zu können. Als ich das Glas zum Trinken ansetze, bekomme ich auch prompt ein lauthalses *Donnerwetter!* vom bis ins Mark erschütterten Weinguru zu hören, der mir das Glas aus der Hand reißt und erst einmal zehn Minuten erklärt, wie man so ein feines Schlückchen trinken muss. Ich fühle mich wie ein dummes Schulmädchen.
Jochen verschwindet grummelnd in seiner Küche. Ich glaube, ich habe ihn beleidigt.
Brigitte will aufbrechen und setzt ihre Sonnenbrille auf. *Möchtest du nicht mitkommen zu mir?*
Einen Moment lang unentschlossen zögere ich mit der Antwort.
Na, komm schon, wir sind beide allein und heut ist der Tag der Offenbarung.
Was für eine Offenbarung denn?
Mayakalender. Jeder Tag hatte bei den Mayas eine andere Qualität.
Brigitte schaut hinter dunklen Brillengläsern auf mich. Ich kann ihren durchdringenden Blick nur ahnen.
Ich zucke mit den Schultern. *Warum eigentlich nicht*! Trotzdem habe ich ein komisches Gefühl dabei, doch nein sagen kann ich seltsamerweise nicht.
Und so fahre ich ihr hinterher in die Berge vor Haria.

Brigitte holt einen Krug Wasser und zwei Gläser aus der Küche.
Hat dir schon einmal jemand in die Karten geschaut?
Mein mulmiges Gefühl forciert sich gerade.
Tarotkarten oder so? Nein, wie kommst du darauf?
Ich habe einfach das Gefühl, dass du emotional ein bisschen blockiert bist und es selbst nicht lösen kannst. Ich würde dir gerne dabei helfen! Ich denke, du stehst dir selbst im Weg, was Männer betrifft.
Brigitte gießt uns Wasser ein.
Ein bisschen? Mein ganzes Leben ist eine einzige Blockade!, entrüste ich mich. *Ich will aber eigentlich gar nicht wissen, was meine Zukunft bringt.*

Brigitte holt einen kleinen Stapel abgegriffener Karten aus einer Holzdose und mischt. *Ich sage dir nichts über deine Zukunft. Ich benutze die Karten nur als Zugang zu deiner Seele. Meist sehe ich sofort, was dich blockiert, durch welche Konditionierungen hindurch du lebst und welche Erfahrungen und Menschen du deshalb anziehst.*

Aha. Ich verstehe kein Wort.

Ist es nicht eher so, dass man aufgrund seiner Erfahrungen bestimmte Gefühle und Reaktionsmuster entwickelt? Wenn dir jemand wehgetan hat, wirst du eben vorsichtiger, dachte ich zumindest bislang.

Nein, es ist umgekehrt. Brigitte legt die Karten auf dem Tisch aus. *Du bist kein unbeschriebenes Blatt, wenn du auf die Welt kommst. Egal, ob du nun an Reinkarnation und Karma glaubst oder es ganz nüchtern als ererbte Anlagen deiner Vorfahren siehst, du bestehst aus einer Fülle erworbener Identitäten, die wie ein Magnet funktionieren. Damit ziehst du Menschen und Situationen in dein Leben, die dein Denken und Fühlen widerspiegeln. Und jede neue Erfahrung verhärtet deine Muster, so lange, bis du das Licht der Erkenntnis darauf bringst, bis du die Verantwortung für deine Gefühle bei dir belässt und dich nicht länger als Opfer der Umstände oder bestimmter Menschen siehst.*

Ich bin etwas verwirrt. *Das verstehe ich nicht richtig.*

Brigitte übergeht meine Frage, während sie in die Karten schaut. *Also, was ist passiert vor etwa vier oder fünf Jahren? Hier auf der Insel. Du hast einen heftigen Schock erlitten in Bezug auf deine Gefühle, auf eine sehr große Liebe.*

Mir zieht es das Blut in die Füße. Woher weiß sie ...

Ich sehe, dass du das Trauma mit der Zeit zwar mental, aber nie emotional verarbeitet hast. Dein Kartenbild fühlt sich an wie eine eingefrorene Momentaufnahme, als wäre von einer Sekunde zur anderen dein Leben stehen geblieben. Danach ist das Leben zwar langsam wieder zum Laufen gekommen und du hast es auch mit deinen Automatismen bewältigen können, aber ein Teil von dir, ein ziemlich großer Teil deiner Seele, ist zurückgeblieben und wartet immer noch darauf, wieder aufgetaut zu werden.

Ich stehe auf und laufe nervös hin und her. Brigittes Worte wühlen mich auf. Ich habe Herzklopfen und mein Magen zieht sich zusammen. Alles steht auf einmal wieder vor mir, diese Bilder und Gefühle, von denen ich dachte, ich hätte sie verarbeitet und vergessen. Auch ein Gesicht erscheint vor meinem inneren Auge: das Gesicht von Jens.

Mir geht es schlecht, mir ist sogar richtig schlecht.

Erzähl mir, was passiert ist. Brigitte drückt mich sanft in einen bequemen Sessel im Schatten.

Nun, das ist schnell erzählt.

Ich versuche eine kurze Zusammenfassung zu finden.

Ich habe Jens übers Internet kennengelernt. Er schrieb mich an und schickte ein Foto, welches mein Herz zum Klopfen brachte. Wir waren innerhalb von zwei oder drei Mails beide ziemlich aufgewühlt, wollten uns sehen. Irgendwie gab es bereits nach wenigen Sätzen nichts mehr zu sagen. Alles war so klar und leicht und irgendwie in ... totalem Gleichklang. Und wir waren innerhalb kurzer Zeit ziemlich heiß aufeinander.

Brigitte lächelt.

Wir haben uns jedenfalls nach einer knappen Woche getroffen.

Es war Liebe auf den ersten Blick bei mir. Dasselbe nahm ich auch bei ihm wahr, dachte ich zumindest. Wir haben einen Abend und auch gleich die Nacht miteinander verbracht.

Mein Mund ist trocken und ich muss erst einmal etwas trinken.

Wie war der Sex mit ihm?

Göttlich. Das Größte, was ich je erlebt habe. Von Anfang an ein Vertrauen und Fallenlassen ... und wortlose Übereinstimmung in allen ... Lagen.

Ich muss grinsen. *Wir waren so leidenschaftlich und dabei so laut. Wir hatten Angst, aus dem Hotel zu fliegen.*

Und wie ging's dann weiter?

Wir fuhren am nächsten Tag nach Hause, jeder zu sich natürlich. Ab dann telefonierten wir und simsten.

Zwei Wochen später verbrachte er das Wochenende bei uns. Auch meine Mädels lagen ihm zu Füßen. Ich war im siebten Himmel und glaubte mich am Ziel aller Träume.

Die Woche darauf hatte ich einen dreiwöchigen Urlaub gebucht. Wohin, kannst du dir ja sicher denken.
Brigitte lächelte. *Na sicher hierher, oder?*
Ja. Jens kam extra einen Tag vorher, brachte mich nach Frankfurt zum Flughafen. Dort sagte er mir, er würde nachkommen. Ich dachte in dem Moment, man könne vor Glück platzen!
Brigitte nickt und schaut immer wieder einmal schweigend in die Karten.
Die ersten beiden Wochen hier vergingen wie im Schneckentempo. Ich schaute ungefähr alle zwei Minuten auf mein Handy. Und dann endlich, in der dritten Woche, kam er für die letzten fünf Tage nach.
Brigitte schaut mich aufmerksam an.
Von da an schwebte ich. Es war, als hätte sich ein Teil meiner selbst aufgelöst. Ich war in einem ununterbrochenen Zustand von Glückseligkeit, nicht laut oder schrill oder euphorisch, ein Schweben im Himmel, alles, aber auch wirklich alles war in Gleichklang, in Harmonie und Liebe. Ich kann es nicht beschreiben. Wir lachten den ganzen Tag, hatten viel Spaß, es war ein harmonisches Ganzes. Und nachts erlebte ich einen Zustand von Dauerekstase. Unbeschreiblich.
Ich muss eine Pause machen und schaue in die Ferne.

Geht's dir gut? Brigitte schnappt meine Füße und fängt an, sie zu massieren und zu kneten. Eine Stelle schmerzt heftig.
Ich nicke.
Am dritten Abend waren wir in Costa Teguise. Wir hatten Lust, uns ins Nachtleben zu stürzen. Wir saßen in einem Lokal auf der Tourimeile und tranken etwas. Wir haben uns unterhalten, gelacht und die Leute beobachtet. Weißt du, wie das ist, wenn der eine etwas denkt und der andere es im selben Moment ausspricht? Wir haben uns manchen verbalen Schlagabtausch geliefert, der an Witz und Ironie kaum zu toppen war.
Brigitte lacht auch. *Kann ich mir vorstellen!*
Wir verbrachten den lustigsten Abend, den du dir nur vorstellen kannst, und danach die heißeste Nacht. Wir waren so wild aufeinander, haben uns bis in die tiefsten Tiefen der Leidenschaft begehrt.

Ich seufze.

Am nächsten Tag fuhren wir auf den Markt nach Haria. Während wir an einem schattigen Platz vor einem kleinen Café saßen, bekam Jens einen Anruf und ging mit seinem Handy um die Ecke.

Nach etlichen Minuten kam er zurück und war völlig verändert, schaute mich nicht mehr an, redete kaum noch. Er fragte mich, ob er meinen Mietwagen haben könne, er brauche mal Ruhe und wolle einfach ein paar Stunden alleine sein. Ich dachte mir zunächst nichts, im Gegenteil, ich hatte sogar Verständnis und wartete im Appartement auf seine Rückkehr. Gegen Abend schrieb ich ihm eine SMS, weil er immer noch nicht zurück war und ich mir auch Sorgen machte, dass etwas passiert sei. Ich erhielt daraufhin eine Antwort, auch per SMS: Er hätte sich geirrt und setze hiermit unserer Liaison ein Ende.

Meine Stimme wird heiser. Ich muss erst einmal ein großes Glas Wasser trinken.

Brigitte fordert mich auf, dass wir hineingehen, was mir ganz recht ist, denn drinnen ist es kühl und angenehm.

Leg dich mal aufs Bett, sagt sie und ich folge widerstandslos.

Erzähl ruhig weiter.

Brigitte fängt an zu summen und kreist mit ihren Händen über meinem Bauch und meinem Herzen. Ihr leiser Gesang erinnert mich irgendwie an Indianer.

Na ja, was soll ich noch sagen. Ich kann dieses Gefühl heute unmöglich mehr beschreiben. Es war wie ein Eingefrieren vom Kopf über den Rumpf bis in die Füße, als wenn dir jemand die Fußsohlen öffnet und deine gesamte Energie auslaufen lässt. Mein Kopf war blutleer, ich war verzweifelt und fiel in ein Loch, erreichte aber keinen Boden.

Ich betrank mich verzweifelt, was mir aber nicht im Geringsten half – zumal mir Alkohol nicht besonders schmeckt.

Am nächsten Morgen kam Jens zurück und sprach von Stund an nicht mehr mit mir, drei Tage lang – es war die Hölle. Jeder verzweifelte Versuch, mit ihm zu reden, wurde rigoros von ihm abgewehrt. Ging ich zum Strand, blieb er im Zimmer. Kam ich zurück, ging er

zum Strand. Unsere Konversation beschränkte sich auf solche Sachen wie: Nimm du den Schlüssel mit.
Er schlief auf dem Sofa, ging mir aus dem Weg. Seither weiß ich, was es bedeutet, lebendig in der Hölle zu brennen.
Brigitte hat eine Hand auf meinem Kopf und die andere eine Handbreit unter dem Nabel. Mein Puls beschleunigt sich langsam und ich spüre wieder dasselbe Gefühl wie damals: diese furchtbare Versteinerung in mir, die Verzweiflung und die Ohnmacht.
Wie kamt ihr nach Hause?
Nun, am Tag der Abreise fuhren wir schweigend zum Flughafen, Jens setzte sich ein paar Bänke weiter und schlief, bis unser Flug aufgerufen wurde. Im Flugzeug dasselbe. Er saß auf der anderen Seite des Gangs und wir redeten kein Wort. Nach der Landung brachte er mich noch mit einem Mietwagen nach Hause. Ich muss nicht betonen, wie schnell er fuhr. Zu Hause rannte er förmlich die Treppen hinauf, stellte meinen Koffer im Flur ab, umarmte mich kurz und verabschiedete sich. Mein letztes verzweifeltes „Warum?" wurde mit einem lauten und messerscharfen „Keine Vorwürfe!" quittiert, dann rannte er hinunter und fuhr weg.
Brigitte drückt mir in den Bauch und eine Welle von Schmerz und Verzweiflung überrollt mich.
Wie ging es danach weiter?
Gar nicht, er hat sich nie wieder gemeldet, stöhne ich auf.
Hast du ihm geschrieben?
Ja, Hunderte Male, wie ein Stalker, schäme ich mich. *Ich dachte, ich sterbe ohne Antwort und Erklärung. Es war ein Gefühl, als gäbe es kein Ende in dem Ende. Ich habe monatelang gewartet, dass er sich meldet und sagt, dass er sich geirrt habe und mich sehen will oder einfach Angst hatte oder irgendwas.*
Und er?
Keine Reaktion. Im Oktober dann endlich eine Mail, ich solle ihn in Ruhe lassen, er hätte mich nie geliebt und ich hätte mir alles nur eingebildet.
Hol jetzt tief Luft, sagt Brigitte und drückt mir auf den Solarplexus. Im selben Moment rollt ein Sog durch meinen ganzen Körper wie eine Welle, die von den Füßen aufsteigt. Ich zittere, als wäre ich

an einen Trafo angeschlossen, als ob eine gewaltige Kraft, die ich nicht steuern kann, Besitz von mir ergriffen hätte.

Lass los, ruft Brigitte, *hör auf, dich zu wehren!*

Ich bekomme gewaltige Todesangst und halte die Luft vor Schreck an. Dann rollt die Welle schon über meinen Bauch und erfasst meinen Kopf. Mein Mund öffnet sich und ein gewaltiger Schrei dringt aus der Tiefe des Universums durch meine Körper nach oben.

Der Schrei wird lauter und kraftvoller und kommt irgendwo aus meinem Körper, aber ich schreie nicht. Es schreit mich. Es schreit aus jeder meiner Zellen, ich weiß nicht einmal, ob hörbar oder still. Ich lasse Raum und Zeit los und gebe mich hin, bin in diesem Moment total einverstanden mit dem, was mit mir passiert – auch mit dem Tod.

Maskulin und singulin

Brigitte streichelt leise meinen Arm.
Wie geht es dir?
Ich liege immer noch auf dem Bett, zugedeckt und eingemummelt bis zum Kinn.
Ich weiß nicht, erwidere ich. *Es ist so friedlich und still, auch in mir.*
Brigitte nickt wissend. *Ruh dich einfach aus, von mir aus schlafe auch weiter, du kannst heute Nacht ruhig hierbleiben.*
Sie stellt mir einen Krug mit Wasser ans Bett und geht auf Zehenspitzen hinaus.
Vor dem Fenster höre ich sie flüstern. Ich nehme auch die Stimme eines Mannes wahr: Oliver?!
Ich bemühe mich, die beiden zu verstehen, leider sprechen sie viel zu leise. Das finde ich ausgesprochen blöd.
Ein Versuch, mich auf die Seite zu drehen, scheitert an der Unfähigkeit meines Körpers, meinem Willen zu folgen. Ich liege, wo ich liege, völlig erschöpft und leer. Aber es fühlt sich nicht schlecht an.

Ich werde wieder wach. Diesmal ist es bereits dunkel in meinem Zimmer. Draußen sehe ich Kerzenschein, höre aber nichts. Ich habe keinen Plan, wie spät es eigentlich ist. Das Aufstehen dauert geschätzte fünfzehn Minuten. So lange braucht mein Körper, um vom Liegen ins Sitzen und vom Sitzen zum Stehen zu kommen. Mir ist schwindelig und ich taste mich an der Wand entlang nach draußen. Niemand ist da.
Aus der Küche dringen Geklapper und Wortfetzen. Ich hülle mich in die Decke ein, die ich hinter mir herschleife und setze mich in den bequemsten Sessel.
Brigitte erscheint mit einem Tablett in der Küchentür.
Zora ist wach, ruft sie in die Küche, bevor sie zum Tisch kommt und das Tablett abstellt. *Hast du Hunger?* Sie lächelt.
Ich glaube schon. Danke. Zumindest knurrt mein Magen.
Wie spät ist es? Zehn Uhr.

Aus der Küche kommt Oliver mit einer Karaffe Wein und Gläsern. Er stellt alles auf den Tisch und umarmt mich dann zur Begrüßung. Ich rieche seine Haut und sein Haar. Er hat kein Rasierwasser aufgelegt, was das überdecken könnte. Einen Augenblick lang bin ich wie betäubt von seinem Geruch.
Wie geht es dir jetzt? Er streicht mir zärtlich übers Haar.
Ich rappel mich etwas hoch, um mich wieder einzukriegen. Irgendwie scheine ich etwas verpasst zu haben! Was ist denn mit dem los? Brigitte hat ihm sicherlich meine Story erzählt und nun hat er einfach Mitleid mit mir – brüderliches Mitgefühl.
Du, ich hab einfach total Mitgefühl mit deinem Karma, sagt die Dritte-Welt-Laden-Tusse immer, wenn ich mir im Winter hustend meinen Yogitee hole, völlig verschnupft und in drei dicke Schals eingewickelt.
Wenn die mein restliches Karma kennen würde, tät sie sich vor Rührung von einem dröppelnden Rosenquarztischbrunnen stürzen!
Brigitte legt mir Brot und gefüllte Tomaten auf den Teller.
Wir kauen und schweigen ein bisschen. Mich fröstelt. Oliver schaut immer mal wieder zu mir – und ich halte seinen Blick aus. Ich halte es einfach aus, ohne in irgendeine blöde Maske gehen zu müssen.
Brigitte packt ihre Tarotkarten wieder in das Holzkästchen.
Lass mal wirken, sagt sie. *Da wird noch einiges bewusst werden in den nächsten Tagen. Kann sogar sein, dass du noch in die eine oder andere Situation kommst, die scheinbar wieder das alte Muster bedient. Sei also wachsam! Diese energetischen Zellerinnerungen brauchen eine Weile, bis sie ihre Macht über dich verlieren!*
Kannst du mir nicht noch etwas dazu sagen?, bitte ich.
Ist ein altes Familienmuster, das dir dein Jens widergespiegelt hat. Du hast ihn dir quasi beim Universum bestellt, um dir wieder einmal eine Packung voll Ablehnung abzuholen. Hat mit Selbstwert zu tun und dem Gefühl der Ohnmacht, wenn man nicht weiß, warum man abgewiesen wird. Mental hattest du das verarbeitet und ihn auch gefühlsmäßig längst losgelassen. Allerdings hast du ihm

nicht für sein Handeln vergeben – und dir auch nicht. Das war der Schock.
Und jetzt? Ich bin mir nicht ganz sicher, was Brigitte meint.
Na, fühl mal hin.
Hm, irgendwie neutral, als wenn es mich nichts mehr angeht, wie er sich mir gegenüber verhalten hat. Ich höre mich reden und wundere mich ein bisschen, wieso ich vor Oliver meine intimsten Verletzungen ausbreiten kann, ohne dass etwas Beschämendes dabei wäre.
Gut. Hat ja auch nichts mit deinem wahren Sein zu tun. Bislang hast du dich immer schlecht gefühlt und schuldig an der Zurückweisung durch gewisse Menschen. Das ist der Schmerzkörper, die gesammelten abgelehnten Gefühle, die auf der Schuldidee des Egos basieren. Aber es hat nichts mit deiner wahren Wertigkeit zu tun, mit dem, was du wirklich bist. Nur damit, dass du nur allzu gerne bereit bist, dich wertlos und schlecht zu fühlen. Das zieht Menschen in dein Leben, die dich dann auch scheinbar so behandeln. Dabei meinen sie dich meist gar nicht, sondern haben ihre eigenen Konflikte und Unfähigkeiten, sich zu öffnen. Die meisten Menschen können zwar lieben, aber keine Liebe annehmen. Sie denken aber, es wäre umgekehrt! Sie ziehen Menschen in ihr Leben, die sich scheinbar nicht lieben lassen wollen, dabei sind sie selbst diejenigen, die sich nicht wert fühlen, wirklich geliebt zu werden.
Somit behältst du also recht. Wir alle behalten immer recht mit dem, was wir über uns und unser Leben glauben.
Ich stutze. *Aber Jens hat mich doch wirklich abgelehnt!*
Nein, er hat deine Gefühle abgelehnt! Warum auch immer. Du entscheidest aber, ob du nun deswegen glaubst, nicht liebenswert zu sein, oder ob du einfach akzeptieren kannst, dass er von dir nichts annehmen kann oder will. Du hast ihn angezogen, weil du nicht glaubst, wirklich wert zu sein, dass dich ein Mann liebt. Er war nur der Bote, der dir deinen unbewussten Glauben widerspiegelte.
Oliver lächelt. *Der Unterschied ist: Willst du dich schlecht fühlen, weil ein bestimmter Mensch aus seinem Lebensmuster heraus nicht in der Lage ist, dich zu lieben, oder hat es eigentlich gar nichts mit*

deinem Wert zu tun, wie er sich entscheidet? Doch du bastelst dir aus solchen Erfahrungen deinen Selbstwert. Je mehr Menschen dich schlecht behandeln, desto niedriger wird er und verbirgt sich dann hinter Schutzmechanismen und Masken.
Damit ziehst du aber wiederum noch mehr Erfahrungen von Ablehnung an. Du spielst etwas, was du nicht bist, damit bloß keiner deine Masken abreißt und deine Schatten erkennt. Umso mehr Menschen ziehst du wiederum an, die dich nicht schätzen, weil du dich selbst nicht schätzt und dich nur wenig liebenswert findest.
Ich zucke mit den Schultern. *Aber es tut weh, wenn man jemanden liebt und nicht zurückgeliebt wird.*
Nein, da gibt es einen kleinen, aber feinen Unterschied. Es tut weh, wenn man jemanden liebt und unbedingt von diesem Menschen zurückgeliebt werden möchte!
Aber ist das denn nicht normal?!
Oliver lächelt mich lange an.
Ja, weil wir alle nach Vervollständigung suchen, Yin und Yang, männlich und weiblich. Leider suchen wir es zu sehr im Außen, in einem anderen Menschen, anstatt in uns selbst. Nicht normal ist es, wenn du dich dadurch selbst verlierst, dich erniedrigst und abhängig machst – vor allem abhängig von der Beurteilung durch einen anderen Menschen. Aber leider ist das eben doch die Normalität.
Brigitte steht auf.
Schau Zora, es ist ein Kreislauf. Du wirst verletzt oder abgewiesen oder bildest es dir zumindest ein, vielleicht schon als Kind, und du erschaffst dir ein Bild über die Realität, deine Realität. Und die bringt dir genau die Menschen, die wiederum in dieses Bild passen. Und je geringer dein Selbstwert, umso größer dann die Hoffnung, dass jemand kommt und ihn dir zurückgibt. Jemand, den du für würdig hältst, weil er dir all das spiegelt und zu sein scheint, was du für vollkommen hältst.
Brigitte leert ihr Glas.
Aber das ist natürlich sehr, sehr vielschichtig. Und ich geh jetzt mal schlafen. Auch mich strengt so eine Session an. Oliver, du weißt ja, wo alles ist. Ich wünsche euch eine gute Nacht!

Warte! Ich bin verwirrt und das nicht nur, weil Brigitte uns jetzt alleine lässt und wir offensichtlich in einem Zimmer übernachten sollen!

Was war das, was mit mir geschah, während deiner Behandlung? Diese immense Kraft und Energie – hat sie sich aus diesem einen blockierten Trauma freigesetzt?

Brigitte schüttelt den Kopf und lacht.

Das war ein Rundumschlag über Raum und Zeit. So viel Potenzial hat auch dein Jens nicht gehabt, glaub mir.

Ich muss lachen. *Danke. Ich fühle mich irgendwie ... gelöst, weich und verletzlich, aber gut.*

Du hast jetzt ein Stück weit deine Unschuld zurück, Oliver grinst.

Ich trete ihn ans Schienbein.

Aua, sie wird schon frech!

Gute Nacht, ihr Lieben!

Gute Nacht, schlaf gut.

Ihr auch.

Brigitte geht in ihr Schlafzimmer. Ich genieße diesen wunderschönen unbedarften kindlichen Augenblick mit Oliver.

Hat es dich nicht verletzt, als dich deine Frau verließ?

Ups, ich beiße mir auf die Lippen.

Oliver stützt sich mit den Ellenbogen auf den Tisch und beugt sich weit vor. Seine dunklen Augen funkeln wie Glut und mir zieht der linke Eierstock.

Sehr, aber Brigitte hat mich schreien lassen, bis ich keinen Ton mehr herausbekommen habe.

Du nimmst mich nicht ernst!

Doch – und wie!

Oliver schaut mir weiter in die Augen und dann weicht das Grinsen urplötzlich aus seinem Gesicht. Es ist diese eine Sekunde, in der alle Masken abfallen, in der man den anderen durch die Augen in sich hineinlässt. Ein winziger Moment, in dem alle Gardinen und Schleier aufreißen und ein einziger Blick einen bis ins Mark trifft.

Siedendheiß fährt es mir durch alle Eingeweide und die gerade

noch vorhandene Unschuld zwischen uns ist weg. Diese eine Sekunde, in der der Verstand anhält, in der keine Maske vorhanden ist, keine Kontrolle greift. Wie gesagt, nur eine Sekunde. Ich senke nämlich sofort den Blick und schaue in mein Glas, weil ich Olivers Blicke nicht länger aushalte.
Er scheint es zu bemerken und lehnt sich zurück, sagt eine Weile gar nichts, und das ist noch schrecklicher. Aus diesem furchtbaren inneren Zwang heraus, die Situation in irgendeiner Weise beenden zu müssen, gehe ich in mein Lieblingsmuster: Rückzug! Saufen würde hier und jetzt sowieso nichts helfen!
Ich glaub, ich fahr dann mal heim.
Ich kann nicht glauben, dass ich das gesagt habe!
Ja, ist gut.
Oliver erhebt sich sofort und räumt die Teller auf das Tablett.
Ich könnte mich in den Hintern treten. Aber rückgängig kann ich es nicht mehr machen.
Ich schnappe mir das Brotkörbchen und die Karaffe und gehe schon mal voran in die Küche. Der Tisch steht gleich neben der Tür und so stelle ich die Sachen einfach dahin.
Als ich mich umdrehe, pralle ich frontal mit Oliver zusammen und sein Tablett stürzt zu Boden. Wir gehen gleichzeitig in die Knie, um die Salamischeiben und Tellerscherben einzusammeln.
Tschuldigung! Tut mir leid, wir müssen wieder lachen.
Wir sammeln Scherben und Salami ein, bis nichts mehr zum Sammeln da ist, und scharren noch eine Weile mit den Fingern sinnlos auf dem Boden herum. Als uns das bewusst wird, blicken wir uns an – unser Lachen friert uns auf den Lippen ein.
Ich schaue auf Olivers Mund. Volle Lippen, einen Spalt breit offen, ein plötzlich hörbares Atmen, eine sich spürbar hebende und senkende Brust – Zeitstillstand.
Und dann derselbe Wahnsinnsblick aus smaragdgrünen Augen, die in der Dunkelheit, nur vom Schein dreier Kerzen erhellt, wie Saphire funkeln.
Oliver steht langsam auf, reicht mir die Hand und zieht mich hoch. Noch in der Bewegung reißt er mich an sich – und küsst

mich leidenschaftlich! Ich versinke in einem Strudel aus sich überschlagenden Gefühlen, lebensbedrohlichem Herzrasen und wilden, fordernden Küssen. Meine Knie werden weich und ich sacke langsam zentimeterweise in mich zusammen. Oliver bemerkt das und hält kurz inne.
Komm, bittet er leise, nimmt meine Hand und führt mich vorsichtig über den dunklen Hof in Brigittes Gästezimmer, wo das Lotterbett noch zerwühlt ist von meiner nachmittäglichen schamanischen Austreibung.
Er reißt mich wieder an sich, sein Atem ist heiß und keuchend, seine Finger gleiten in den Ausschnitt meiner Bluse und ich spüre, dass ich jeden Augenblick ohnmächtig werde. Es kann sich nur noch um Sekunden handeln, ach was, Bruchteile von Sekunden! Also ist es vielleicht besser, mich freiwillig hinzulegen, bevor ich hart aufschlage ...
Ich sinke seufzend aufs Bett und Oliver zieht sein Hemd über den Kopf. Seine Muskeln spannen sich unter gebräunter Haut und seine nackten Arme gleiten langsam nach unten zu seiner Jeans. Er hat nicht diese Bodybuilderfigur, die ich nicht mag, kurz und gedrungen, den Hals breiter als das Hirn. Nein, ich erblicke einen langen schlanken, aber muskulösen Oberkörper mit ... deutlichem Haaransatz auf der Brust! Nicht viel, aber der Mensch freut sich! Na, Gott sei Dank! Einer, der sich sein Brusthaar wachsen lässt, wie die Natur ihn schuf! Der sich nicht dort rasiert, wo der Urvater im Himmel männliche Duftstoffe verteilen will, um uns Frauen zu betören!
Der liebe Gott scheint mir heute das ganze Sammelsurium an aufgespartem guten Karma auf einmal zu schicken. Bestimmt zur Belohnung für meinen tapferen Urschrei!
Oliver legt sich seitlich auf mich und küsst zärtlich meine Stirn, meine Wangen, meinen Mund. Sein Haar fällt mir ins Gesicht und ich fange an zu hecheln. Wunderbar! Ein Traum! Lange seidige Männerhaare in meinem Gesicht! Ohne Gel!
Ich fahre mit beiden Händen in die wilde Frisur und ziehe ihn heftig an mich. Oliver stöhnt leise auf und hechtet sich auf mich.

Ich versuche, ihm hinterrücks in die Jeans zu fassen, aber die sitzt hauteng. So kann ich vorerst nur erahnen, was sich da an knackigem Hinterteil unter meinen Händen zu bewegen beginnt.
Während ich noch mit der Steppung auf seinen Gesäßtaschen vorliebnehmen muss, hat Oliver bereits unbemerkt meine Bluse aufgeknöbbelt und arbeitet sich weiter vor. Scheiße! Ich habe Schlankstütz an! Na wenigstens nicht in hautfarben ...
Oliver nestelt keuchend und suchend am Elastikbustier herum. Leider hat Schlankstütz den Verschluss vergessen! Man muss die Teile über den Kopf ziehen. Ich schäme mich zu Tode. Was mach ich nur! Wenn ich jetzt die Bluse ausziehe, kommt die ganze Pracht meines immensen Schultergürtels einschließlich der Sumo-Oberarme zum Vorschein! Ich muss die Bluse unbedingt anbehalten! Koste es, was es wolle!
Ach, ich weiß, ich klappe das Teil einfach hoch. Daran, dass Olivers Atem sich augenblicklich noch mal um das Dreifache beschleunigt, merke ich, dass dies gar keine so schlechte Idee war. Sein Gesicht befindet sich derweil irgendwo zwischen oberem und unterem Schlankstützbereich und aus irgendeinem, für mich gerade nicht einsehbaren Grund rutscht mir plötzlich die Hose. Ich werde doch nicht abgenommen haben? Olli kniet zwischen meinen Füßen und zieht mit einem Ruck den Rest von Würde über meinen Hintern nach unten. Jetzt liege ich in voller Pracht von Gummimieder und Cellulitis vor ihm. Wenigstens klemmen meine Brüste einigermaßen geformt unter dem straff aufgerollten Oberteil. Oliver schaut mich mit wildem versengenden Blick an und fummelt seine Hose auf. Er hat nichts drunter. Gar nichts! Nur sich selbst. Mein lieber Schwan!
Ich stopf mir mit weit aufgerissenen Augen ein Kissen in den Mund – wegen meines Lustgebrülls, das im Angesicht von Olivers nackter Vollkommenheit schon einsetzt, bevor ich auch nur ansatzweise von ihm heimgesucht werde ... Ich hab ja sogar noch die Gummibuchse an. Aber nicht mehr lange. Zuckerstange fällt mir ei....jei...jeiiiiiiiiiin!! Ich quieke vor Ehrfurcht. Mein lieber Herr Gesangsverein!

Oliver küsst mich und scheint vierundzwanzig Hände mitgebracht zu haben. Muss Mann ja auch bei meiner Oberfläche!
Er haucht mir rhythmisch heiße Nettigkeiten ins Ohr. Ich versteh bloß nichts! Ich überlege, ob ich kurz nachfrage, aber ein *Was?* bringt ihn vielleicht doch aus dem Konzept.
Plötzlich ist Oliver weg. Ein unerwartetes Gefühl im Schritt wie ein elektrischer Stromschlag zeigt mir, dass er noch anwesend ist. Wie gerne würde ich mich noch gekonnt drapieren und vorteilhaft hinlegen, aber ich bin willenlos seinem Tun ausgeliefert. Ich versinke in einem Strudel der Ekstase und langsam stülpt sich mein Ich von innen nach außen. Kurz vor der Ohnmacht wohnt Oliver meiner Auflösung ins Nichts bei und wir heben gemeinsam ab ...

Ich komme wieder zu mir, als Oliver neben mir liegt und Haare aus meinem Mund streicht, zur Abwechslung meine eigenen.
Ich erschrecke kurz bei dem Gedanken, dass nun ein lässiges *Na, wie war ich?* den eben erlebten Urknall zunichte machen könnte, stattdessen kommt aber ein leises *Du bist so wunderschön* aus seinem Mund. Ich schließe die Augen und genieße den Augenblick, der allerdings nicht lange anhält.
Du bist verliebt, reißt mich mein Kopf laut und deutlich aus der Glückseligkeit. Ja, verdammter Mist! Ich bin hoffnungslos verliebt! Er wird sich gleich die Jeans über den Knackarsch ziehen und zufrieden in den Sonnenaufgang reiten! Peng! Angst beschleicht meinen Bauch, der eben noch lustvoll und gelöst erzitterte. Ich hasse diesen Mechanismus, der Macht über mich hat, obwohl er mir bewusst ist!
Oliver steht auf und geht nackt aus dem Zimmer. Ich schaue ihm hinterher und werde fast verrückt vor Verlangen nach diesem schönen Mann. Mit zwei Gläsern Rotwein kommt er kurz darauf zurück und lächelt mich an. Während er sich ungeniert in seiner vollen Männlichkeit präsentiert und sich nackt neben mich aufs Bett setzt, wurschtele ich schon wieder geniert die Decke um mich herum und ziehe die zusammengeschnurbste Schlankstützrolle über meinen Busen.

Ich habe Durst und kippe das Glas auf ex herunter.

Olli lacht. *Was machen wir morgen?*

Ich verschlucke mich am letzten Schluck und bin fassungslos!

Wir? Zusammen? Du ... und ... ich? Morgen??!

Ja, ich würde dich gerne mit nach Haria nehmen und dir mal mein Haus zeigen, später können wir vielleicht nach Arrieta baden gehen? Was meinst du?

Baden! Oliver und ich am Strand! Ich fast nackt zwischen all den Strandschönheiten nur mit einem Badeanzug bekleidet, der gemeinerweise die einigermaßen netten Teile an mir verhüllt und die üblen freilegt. Warum gibt's keine Badeanzüge für Schenkel, Arme und Bauch, die den Busen und den Po aussparen, da hätte ich was zu bieten! Ich bin verunsichert. Wieso tut Oliver das? Hat er Mitleid? Wegen meines vorgeburtlichen Traumas? Und was wird mit Robert? Morgen geh ich mit Robert ins LagOmar! Der hat schon reserviert! Da kann ich unmöglich absagen ...

Du, ich kann nicht. Ich bin etwas durcheinander, muss auch noch die Session verarbeiten. Ich brauche Zeit.

Oliver küsst mein Ohr. *Also ich finde, wir passen ziemlich gut zusammen, auf jeden Fall unter einer lila Decke mit einem grinsenden Buddha.*

Pink. Die Decke ist pink! Da haben wir's! Männer sind farbenblind. Und wollen keine Hochzeit! Nur Pimpern!

Ach, ich weiß nicht! Du, du ..., du bist einfach ... so total maskulin und ich nur ... singulin. Ein Glas Rotwein und ich hab schon wieder Sprachfasching!

Oliver schaut mich kurz an und schmeißt sich dann lachend auf den Rücken.

Ich ..., ich bin keine Frau zum Baden! Ach, ich weiß nicht, was ich will, sicher nicht das, was du willst.

Oliver zieht mich an sich und trifft mich wieder kochendheiß bis in die Eingeweide mit seinem Blick. *Was weißt du schon, was ich will, Zora,* sagt er plötzlich ganz ernst.

Sag's mir, flüstere ich und hab den nächsten Eisprung. Ungefähr den fünften heute.

Olivers Lippen öffnen sich und er schaut mir auf den Mund. Sein Atem wird wieder schwer und stoßartig. Er streicht sich das noch nasse Haar aus der Stirn und zieht die Decke von meinem Körper. Sein Blick wandert langsam von meinen Lippen zu meinen Augen und das archaische Verlangen in seinem Blick zerstört alle Barrieren meines Willens. Ein solcher Blick von ihm reicht fast schon wieder für meine nächste Ohnmacht!
Oliver küsst mich innig und dreht mich dann plötzlich mit einem Ruck auf den Bauch. Bis zum Morgengrauen erfahre ich mehr als ausführlich, was Cowboyqualitäten wirklich bedeuten.

Sodom und Rioja

Den Samstag verpenne ich fast. Es ist Nachmittag, als ich endlich zu mir komme. Ich war noch vor einem gemeinsamen Frühstück mit Brigitte heimgefahren, vielleicht auch ein bisschen geflüchtet. Ich war so müde und erschöpft, nicht nur vom Sex. Der Tag hatte es einfach in sich gehabt.

Oliver hat zwar noch eine Stunde neben mir geschlafen, aber ich konnte das nicht. Ich habe ihm einfach nur beim Schlafen zugesehen. Habe mich nicht sattsehen können an seinem ebenmäßigen Antlitz, seinem nur halb bedeckten Körper, habe ihm vorsichtig immer wieder übers Haar gestrichen, seinem Atem gelauscht.

Gerade, als ich unter die Dusche will, klingelt das Telefon. Oliver ist dran.

Hallo Zora, wie geht's dir?

Nun ja, außer dass ich herumlaufe, als wenn ich über einem Brot gebügelt worden wäre, geht's mir gut.

Oliver grinst, das spüre ich durch's Telefon.

Ich würde dich gerne sehen heute – aber das geht leider nicht.

Na, da haben wir's! Ich wusste es. Er hat es sich überlegt.

Heinz-Dieter hat angerufen, ich muss einem wichtigen Kunden ein paar Häuser zeigen. Die Häuser sind leider über die ganze Insel verstreut und es wird sicher den ganzen Tag in Anspruch nehmen.

Ich merke, dass es mir schon etwas ausmacht, dass er absagt. Ich kriege wieder Panik und dieses flaue Gefühl im Magen. Ob das Ausflüchte sind? Es wäre ja nicht das Ungewöhnlichste und auch nicht das erste Mal, von einem Mann auf diese Art versetzt zu werden, wenn der sich hormonell wieder eingekriegt bzw. sein Pulver verschossen hat.

Gib mir deine Nummer, ich ruf dich an.

Ja, genau.

Andererseits erspare ich mir den peinlichen Badeauftritt und muss Robert nicht absagen.

Na ja, dann ein anderes Mal. Ich bin ja noch eine Woche hier.

So, diese wichtige Botschaft habe ich ihm nun auch untergeschoben.

Wie wär's mit morgen? Falls ich es so lange ohne dich aushalte. Ich hab dich vermisst heute früh, als ich wach wurde.

Ja, ich kann mir auch denken, warum. Warum hat meine Antwort wieder so einen leicht vorwurfsvollen Unterton? Kann frau denn niemals nur einfach genießen und zulassen, was ist, ohne sofort weitere Erwartungen in der Bettelschale zu haben?

Oliver lacht. *Ja, das auch. Aber ich hätte einfach gerne noch mit dir gefrühstückt.*

Wir schweigen eine kleine Ewigkeit. Ich möchte etwas sagen, mir fällt aber nichts ein.

Lass uns morgen telefonieren, schlage ich dann vor.

Okay! Hab einen schönen Tag heute. Ich freu mich auf morgen!

Ja, dir auch. Gute Geschäfte! Und grüße Hei-Di, wenn du ihn sprichst.

Oliver lacht. *Mach ich!*

Ich muss mich erst einmal setzen. Mit einem Latte Macchiato mache ich es mir auf der Terrasse bequem.

Mein Handy summt.

Eine Kurzdepesche von Annette: *Na? Wie geht's dir? Hast du dich schon für einen der Herren entschieden? Ich bin mit meiner Zuckerstange im 7. Himmel! Teneriffa ist Klasse und Schatzi ist der Hammer! Melde dich mal! Wir wollen wissen, ob Olli dich endlich weichgekriegt hat! Deine Nettel.*

Ich schlürfe meinen Milchschaum und langsam sackt Annettes SMS. Wieso „weichgekriegt"?! Das klingt ja wie ... Läuft da etwa was? Haben Annette oder Blondi ihre Finger im Spiel? Oder beide?!

Ich fühle mich auf einmal gar nicht mehr so gut. Sofort schicke ich Annette meine Anfrage zurück, bekomme aber keine Antwort. Sicher hat Annette das Handy aus.

Ich springe auf und laufe unruhig herum. Was ist hier denn los? Haben die mich verkuppelt? Hat Olli vielleicht der armen Zora einen Gefallen erweisen sollen? Damit mich auch mal wieder jemand vögelt? Ich reiße mir das Shirt vom Leib und renne ins Meer. Wütend kraule ich gegen den Wellengang an und schlucke

ein ums andere Mal Salzwasser. Nach wenigen Minuten bin ich total erschöpft und krieche an den Strand. Nackig liege ich im nassen Sand und heule. Ich weiß nur nicht, ob vor Angst, vor Wut oder vor Enttäuschung.
Nach einer Stunde habe ich die Nase voll von diesem Drama und gehe mich aufbrezeln. Ich werde den heutigen Abend mit Robert genießen! Mein Magengrummeln werde ich im LagOmar mit edelsten Speisen und Getränken vertreiben und ansonsten – ach, ich weiß auch nicht – wie immer im Gefühlschaos hocken wahrscheinlich.

Robert holt mich Punkt sechs in einem Cabrio ab. Super, das Haaremachen war also schon mal umsonst. Robert ist ausgesprochen gut gelaunt und freundlich zu mir. Höflich sowieso! Galant springt er aus dem knallroten Oldtimer und hält mir die Tür auf. Robert hat einen weißen Leinenanzug an und ein weißes Shirt. Super sieht er aus, elegant, aber trotzdem lässig. Natürlich nicht ganz so gut wie Oliver ...
Ich habe mich in Annettes Geschenk geschmissen. Erstens fühle ich mich in diesem Kleid superschön, zweitens kennt es Robert noch nicht und drittens ist das LagOmar ja nicht irgendeine Bodega oder Tapasbar.
Das LagOmar in Nazaret ist einfach eine Attraktion. Es ist ein Anwesen, das César Manrique in den frühen Siebzigerjahren für den Schauspieler Omar Sharif erschuf. Dieser soll es kurz darauf in einem Bridgespiel während Dreharbeiten auf der Insel wieder verloren haben. Gewohnt hat er angeblich nie in seinem Haus.
In dieser verwinkelten Villa, die hängend an den Klippen des Steinbruchs in Nazaret gebaut wurde, lebt heute ein Architekt. Nach und nach baute der Deutsche die mit Höhlen durchzogene Felswand aus. Das Restaurant LagOmar im Zentrum ist preisgekrönt für seine köstliche mediterrane Küche. Zwischen den Menügängen mag ich besonders gerne kleine Spaziergänge durch die weitläufigen Anlagen mit den faszinierenden Felsengärten und romantischen Höhlen, durch weiße Tunnel und ganz

unterschiedliche Ebenen, die sich um einen künstlichen Kratersee gruppieren. Das heute frei zu besichtigende Gelände mit der grandiosen Aussicht besteht aus dem Casa Omar Sharif, dem Restaurant und einer Jazzbar. Alle Gebäude, Wege und Mäuerchen leuchten schneeweiß vor der dunklen Kulisse des Berges. Man wird immer wieder von fantastischen Ausblicken und romantischen, blühenden Ecken überrascht. Hier habe ich schon zweimal meinen Geburtstag gefeiert und bei jedem Besuch die köstlichsten Sachen geschlemmt.
Robert rückt mir einen Stuhl an dem für uns reservierten Tisch zurecht.
Er ist bekannt im LagOmar, da er hier manchmal mit Pete und Geoffrey in der Jazzbar spielt, und wir werden dementsprechend begrüßt.
Robert setzt sich gegenüber und nimmt meine Hand.
Zora, sagt er andächtig, *ich möchte dich noch einmal um Vergebung bitten. Ich habe mich dir gegenüber wirklich unverzeihlich dumm benommen. Erst meine zurechtweisende Art, dann die ...* Räuspern ... *Übergriffe. Ich könnte gut verstehen, wenn du mich für einen kompletten Idioten hältst.*
Vollidioten, bestätige ich
Robert wird rot und zieht seine Hand zurück.
Nein, war nur ein Scherz, beschwichtige ich ihn, freue mich aber insgeheim, ihn kalt erwischt zu haben. *So schlimm war's nun auch nicht, eher amüsant.*
Robert bestellt einen 94er-Reserva von Manuel Quintano, was mir wieder einmal überhaupt nichts sagt, außer dass es ein Rioja ist, und erobert mein Herz dann endgültig mit Salm in Papillote und anschließender Ente Magret mit Apfel in Karamellkruste.
Während des Essens schmelze ich dahin: das Ambiente, der Wein, das Essen und nicht zuletzt Roberts züchtige, aber ziemlich eindeutige Blicke.
Liebe Gesetzeshüter! Bitte legalisiert auf der Stelle die Vielmännerei, ich habe gerade einen Lauf!
Ich reite seit gestern auf einer Woge von kulinarischen und

fleischlichen Gelüsten und hoffe, dass die Welle mich noch eine Weile trägt! Fett soll ja angeblich schwimmen.
Robert beobachtet mich und spürt scheinbar genau, wie er mich kriegt, denn er bestellt mir noch einen traumhaften Nachtisch, eine Sinfonie für Augen und Gaumen. Ich kann mich vor Stöhnen und Grunzen kaum beherrschen, auch wenn sich die anderen Leute an den Tischen amüsieren. In Gedanken bedaure ich gerade zutiefst Annette, die jetzt irgendwo mit Blondi an einem Salatblatt knabbern wird und im Kopf die Kalorien vom Kräuterdressing überschlägt.
Dass sie dann später *mich* am Strand bedauert, steht gerade auf einem anderen Blatt.
Robert bestellt eine zweite Flasche Wein und wechselt den Platz auf meine Seite. Wetten, dass er mich gleich küsst?
Liebe Zora, wie wär's denn mit einem Bruderschaftskuss?
Bingo! Männer sind so leicht zu durchschauen.
Aber wir haben doch schon ...
Ich meine etwas stilvoller, er grinst.
Ich trinke meinen Rioja und lehne lasziv meinen Kopf zurück. Robert haucht mir einen Kuss auf die Wange und setzt sich wieder gegenüber. *Was meinst du, hättest du noch Lust auf ein bisschen Nachtleben in Costa Teguise?*
Ähhh, ja ..., sicher. Ich bin verwirrt! Habe ich mir seinen Blick vielleicht nur eingebildet? Na, mal abwarten.
Robert hat nicht halb so viel getrunken wie ich und steuert das Cabrio zielgerichtet durch die Abenddämmerung. Sein Haar ist windresistenter als meins, aber nicht, weil er so viel Affenfett darin hat wie jene Betonfrisur mit den Gellocken, sondern weil er es sehr kurz trägt.
Costa Teguise ist eine künstlich angelegte Urlauberstadt an der Ostküste, alle Straßen sind hübsch abgezirkelt und auch bei Nacht taghell. Auf der Hauptflaniermeile finden sich Bars, Cafés und Spielhöllen sowie Souvenirläden.
Robert parkt den Wagen in einer Straße, die ich alleine schon mal nicht wiederfinden würde. Irgendwie sieht alles gleich aus hier.

Trotzdem wirkt der Ort sauber und gesittet, keine Ballermanngelage, keine Spaßunterhalter mit Dönersongs oder Tittenliedern. Man amüsiert sich ruhig, gepflegt und zivilisiert.
Die Leute schauen nach uns. Ich, in bodenlanger rotgoldener Starrobe und Robert im sommerabendlichen Weiß eines Jachtbesitzers.
Robert hat den Arm um mich gelegt und ich bin verunsichert, was er nun eigentlich will. Ich weiß ja nicht mal mehr, was ich will! Also eigentlich will ich ja Oliver, aber der scheint ein Auftragsmörder in Liebesdingen zu sein. Oliver weiß ja, dass ich bald wieder heim muss. Also wird er es nie und nimmer ernst meinen. Was bilde ich mir auch ein: die Drohne und das Biest – ein schönes Biest. *Und ich die Drohne*, denke ich laut.
Was bist du?, lacht Robert.
Ach nichts …
Robert drückt den Arm fester um mich und zwinkert mir zu.
Na ja, für einen Verkaufsschlager halte ich mich nicht gerade, eher so etwas wie Werksverkauf.
Robert lacht laut auf und quetscht mich zwischen seinen Armen ein. Er schaut mich an und küsst mir die Stirn. Sein Blick geht mir nicht so unter die Haut wie der von Oliver, aber nett finde ich seine Geste allemal.
Bevor ich mich also wieder kopflos in Oliver verrenne, werde ich ihn lieber mit Robert aus meinem Herzen vertreiben – oder wenigstens vorsichtshalber in die hinterste Ecke drängeln!
Robert ist dafür nicht gerade die schlechteste Wahl! Wie ein Langeweiler wirkt er jedenfalls nicht auf mich! Da hatte ich schon andere Luschen, die es nicht mal bis zum Vorlöten geschafft haben.
Wir schlendern durch's abendliche Gewühl der Bummelmeile.
In einem der vielen Straßencafés trinken wir ein Radler. Es ist immer noch ziemlich warm und unser Durst wurde vom 94er-Grand-Reserva im LagOmar nicht nachhaltig gelöscht.
Ich fliege morgen wieder nach Deutschland, sagt Robert.
Das ist aber schade! – Gerade jetzt, da es mit ihm spannend wird.
Ja. Ich komme aber nächsten Sonntag zurück.

Tja, da bin ich schon weg, ich fliege am Samstag.
Hm. Robert trinkt sein Glas aus. *Kommst du wieder?*
Dieses Jahr sicher nicht mehr. Ich darf gar nicht dran denken! Und das nicht nur wegen Robert.
Wir schweigen eine Weile und schauen dem Treiben der Menschen zu. Die Musik ist ziemlich laut hier, auch ein Elefant und eine Mickymaus, die kleine Kinder hin- und herschütteln, wenn man einen Euro hineinwirft, geben geräuschmäßig ihr Übriges hinzu. Links von uns steht ein großer Fotoautomat mit einem Vorhang, in dem immer mal wieder Kinder oder Pärchen verschwinden.
Ich habe plötzlich eine Idee: *Wollen wir? So zur Erinnerung?*
Ist nicht dein Ernst!
Na klar! Ich ziehe Robert aus dem Sessel. *Komm schon!*
Die Kabine ist eng, wir kriegen kaum den Vorhang zu und müssen lachen.
Wie die Backfische, sagt Robert. *Aber wenn schon, dann ein Knutschbild.*
Robert drückt einen Knopf und wählt die Sprache.
Spanisch oder Englisch?
Deutsch natürlich!
Eine Computerstimme ertönt und lässt uns die Wahl zwischen Rubens, Rembrandt und zwei weiteren Malern.
Hä? Was 'n das?
Keine Ahnung, Robert lacht, *wen hättest du denn gerne?*
Rubens natürlich!
Robert wählt das entsprechende Menü. Wir werden im allerschlimmsten abgehackten und kaum verständlichen Deutsch aufgefordert, unsere Position vor der Kamera einzunehmen.
Wo ist denn hier eine Kamera? Ich kann jetzt vor Lachen schon nicht mehr.
Robert zeigt auf ein Fenster in Bauchhöhe. *Da unten!*
Ich glaub, das ist nur für Kinder!, grinst er.
Ach, komm schon!
Kichernd versuchen wir, so weit nach unten zu rutschen, dass unsere Köpfe in Kamerahöhe sind.

Au! Shit! Robert stößt sich die Knie in der engen Box. Ich versuche unterdessen, mich wiehernd durch seinen rechten Arm und das rechte Bein zu winden. *Aaa! Mist!* Robert streckt sein linkes Bein an der Wand nach oben und mir läuft der Schweiß. Es ist nicht nur eng, sondern auch noch stickig und laut, denn draußen dröhnt *No tengo dinero.*
Du sitzt auf meiner Hand! Wir kriegen kaum noch Luft vor Lachen und mir verschwimmt die Schminke in den Augen.
Eine Ansage ertönt, dass wir noch fünf Sekunden Zeit haben bis zum Auslöser.
Auuu! Meine Haare klemmen in deinem Knopf! Mist! Warte! Aaaauuuuuu!
Blitz!
Bitte nehmen Sie eine weitere Position ein!
Komm, dreh dich mal! Robert versucht, mit seinem Kopf an meinen zu kommen!
Warte, Moment!
Blitz!
Das wird ein sehr schönes Bild von meinem linken Knie!
Robert schnappt nach Luft.
Bitte noch einmal lächeln!
Robert kichert in meinem Dekolleté, den Hintern an der gegenüberliegenden Wand und die Füße an der Decke, während ich quer unter ihm liege, ein Bein schräg unter der Kamera, das andere irgendwo draußen vorm Vorhang.
Blitz!
Gehen Sie nun nach draußen und warten Sie auf Ihre Bilder. Wir hoffen, es hat Ihnen gefallen!
Nachdem wir uns einigermaßen beruhigt haben, entknoten wir uns und ziehen den Vorhang auf.
Draußen steht eine Traube von etwa fünfzehn Leuten, die uns klatschend und johlend begrüßen.
Ich bin irritiert.
Guck mal! Robert zeigt grinsend auf einen Monitor an der Außenwand der Kabine, auf dem man mitverfolgen kann, was im Inne-

ren passiert. Ich kriege einen knallroten Kopf und die Leute lachen noch lauter. Ein Mann fasst Robert am Ärmel und zeigt ihm einen Knopf im Inneren der Kabine – mit dem man die Kamera hoch- und runterfahren kann! Es ist megapeinlich!
Nach fünf Minuten halten wir drei Bilder in der Hand, eins könnte mein Knie sein, auf dem zweiten ist Roberts Hinterkopf zu sehen und auf dem dritten Foto sieht man ein Auge, einen halben Mund und eine riesige Hand.
Ich habe selten für fünf Euro so viel Spaß gehabt, Robert wischt sich die Tränen weg.
Er legt beide Arme um meine Hüfte und zieht mich lachend zu sich heran. Plötzlich wird er ernst und schaut mir tief in die Augen. Millimeterweise nähert er sich meinen Lippen und ...
Na, so ein Zufall! Hallo, ihr beiden!
Hinter uns stehen Brigitte – und Oliver!
Hi ..., meine Stimme zittert, als ich mich aus Roberts Umklammerung winde.
Ach hallo, was treibt euch Einsiedler denn ins Klein-Las-Vegas!
Robert klingt immer noch ziemlich ausgelassen.
Wir waren eine Kleinigkeit beim Italiener essen, man kommt ja so selten hierher ... Aber man kriegt eben auch nur in den Urlauberorten Pizza, antwortet Brigitte und wirft mir lächelnd ihren durchbohrendsten Blick zu.
Oliver hat bis jetzt noch nichts gesagt. Er schaut, ohne die Miene zu verziehen, einfach nur durch uns hindurch.
Es ist nicht so, wie es aussieht!, könnte ich jetzt sagen, erspare mir aber diese Phrase.
Ich kann Olivers Blick überhaupt nicht deuten. Ist er nun enttäuscht, verärgert oder bin ich ihm egal?
Mir fällt wieder Annettes SMS ein. Ich tippe auf egal.
Na ja, wir müssen dann ... Brigitte gibt Robert und mir die Hand.
Ich wünsch euch noch viel Spaß!, sagt Oliver mit einem Hauch von Unterton, ohne mich anzuschauen.
Brigitte winkt noch kurz, dann verschwinden sie zwischen den flanierenden Urlaubern.

Mir ist schlecht. Ich bin wütend, ärgere mich über mich selbst. Ich bin auf jeden Fall ein Dummkopf, so oder so. Entweder, weil ich mir gerade die Liebe meines Lebens vergrault habe oder weil er mich sowieso nicht will und ich es nicht merke und den Abend mit Robert nicht vollends genießen kann.
Da hilft nur Rioja.
Robert scheint nichts bemerkt zu haben.
Haben wir noch Wein im Auto?
Robert nickt.
Er hatte noch drei Flaschen aus dem LagOmar mitgenommen.
Was denkst du, trinken wir den bei mir in der Finca? Ich bin wild entschlossen, Nägel mit Köpfen zu machen. Nun ist sowieso schon alles egal. Und der schlechteste Nagel ist Robert wahrlich nicht. Also lass ich es mal aufs Nageln ankommen.
Robert nickt. *Dann lass uns gleich fahren, ich glaube, wir können den Abend hier sowieso nicht mehr toppen.*

Der Name der Soße

Ich erwache gegen elf, weil jemand meinen Namen ruft. Oder hab ich das nur geträumt?

Zora?

Da! Ich höre es schon wieder! Mein Kopf brummt und die Zunge klebt am trockenen Gaumen. O weh. Das war eindeutig schon wieder zu viel Wein! Ich werde hier noch von Pluto in den Alkoholismus getrieben! Ich rekele mich und nehme den Arm von mir herunter, der mich umschlungen hält. Was für ein Arm???!!!

Ich drehe mich um und reibe mir die Augen. Robert! In meinem Bett! Und mit nacktem Oberkörper!

Vorsichtig hebe ich die Decke an – und auch mit nacktem Unterkörper! Und ich seh seinen Schniepel! Den kenn ich zwar schon von den Dünenausgrabungen, aber in meinem Bett und ohne jegliche Erinnerung wirkt diese Frischfleischparade doch ziemlich bedrohlich!

Potztausend! Wieso stecke ich in einer Boxershorts mit Giraffen darauf? Und wo ist mein schwarzer Body?

Zora?

Das Rufen kommt nicht aus Roberts Mund, der schläft tief und fest und rollt sich auf die andere Seite, als ich seinen Arm hinüberlege.

Zora, bist du oben?

Moment!!!, schreie ich zurück.

Scheibenkleister! O l i v e r!

Ich werfe mir meinen Morgenmantel über und renne hinunter, immer zwei Stufen auf einmal nehmend. Mein Herz rast und mein Atem geht schwer, allerdings weniger von der Treppe. Oliver steht in der Küche mit einem Strauß Hibiskusblüten. Ich bin völlig durch den Wind. Mir ist in diesem Moment sogar egal, wie ich aussehe. Kurzer Blick in den Spiegel über der Spüle – mir ist doch nicht egal, wie ich aussehe! Die Schminke vom gestrigen Abend ist total verschmiert, meine Haare sind so verfitzt wie meine Gedanken bezüglich dessen, was ich gerade in meinem Bett entdeckt

habe, und der puschelige rosa Morgenmantel vervollständigt das grandiose Schlampenoutfit. Wäre der Mantel grün, würde ich mich freiwillig zum Waldsterben anmelden!
Oliver lacht, als er mich sieht und nimmt mich in den Arm. Bestimmt müffele ich auch, was mir noch unangenehmer ist.
Hier, für dich, als kleine Morgengabe ... oder Mittag? Er überreicht mir die Blütenzweige. *Übrigens stand die Tür sperrangelweit offen.*
Lieber Gott, bitte, bitte mach, dass Robert einen festen Schlaf hat!
Ich wollte dich für heute einladen. Du gehst ja nicht ans Telefon, hab's schon dreimal probiert heute Morgen.
Einladen? Wozu denn? Ich rieche an den Blüten. *Hmmm, danke!*
Oliver lässt die blendend weißen Zähne blitzen. *Mit mir den Tag zu verbringen! Weißt du nicht mehr?*
Shit, die Verabredung! Haus gucken und Stranddesaster.
Heute Nachmittag hab ich vielleicht Zeit ...
Heute Nachmittag? Robert grinst. *Jetzt! Geh duschen und mach dich hübsch, ich warte hier ... Und dann fahren wir erst einmal schön frühstücken.*
Aber, aber, das geht nicht! Ich muss noch ... Korrekturen schreiben und so ... dringend!
Ach komm, Zora. Oliver nimmt mich wieder in den Arm. *Lass das doch heute liegen.*
Ich kann ihm nicht in die Augen schauen. Ich hauche vorsichtig gegen seine Schulter. Puhhh! Mundgully hab ich also auch noch, und das nicht zu knapp!
Oliver will zu einem Kuss ansetzen und ich dreh verschämt den Kopf weg.
Bildzeitung. Meldung des morgigen Tages: Weil er bis zur Hüfte in einem Mundgully feststeckte, musste auf den Kanaren ein Mann von der Feuerwehr gerettet werden. Der sexgeile 42-Jährige konnte jedoch nicht erklären, wie er in diese missliche Lage gelangt war. Zuvor hatte der Mann erfolglos versucht, sich selbst zu befreien – mithilfe einer Zahnbürste ...
Olli, ich kann jetzt nicht! Bitte versteh das, winde ich mich aus der Umklammerung.

Oliver schweigt kurz. *Ich gebe zu, gestern Abend … Ich war irritiert … wegen Robert. Ich war mal wieder nicht besonders freundlich zu dir. Dann hab ich drüber nachgedacht …*
Bitte, bitte erzähl mir das doch später! Ich trample nervös hin und her. Pinkeln muss ich auch – und wie!
… Und ich dachte, dass mein Verhalten sicher nicht angebracht war, nach unserer wunderbaren Nacht. Also ich muss unbedingt wieder lernen, Vertrauen zu …
Zora! Wo bist du! Ist schon Kaffee fertig? Robert, nur mit einem Handtuch um die Hüften, springt die knarrende Treppe herunter. Ich erstarre zu einer Salzsäule.
Hi Oliver, altes Haus! Was machst du denn zu so früher Stunde hier! Robert grinst und gibt mir einen Klaps auf den Po.
Oliver verstummt, schaut einen Moment wie ein Geisteskranker immer abwechselnd zu Robert und zu mir.
Nach ungefähr einer Minute fängt sein Gehirn wieder an zu arbeiten. Er räuspert sich. *Ach, so ist das … Manche Männer sind einfach Deppen. Ich bin aber offensichtlich ein Volldepp! Na, dann einen schönen Tag noch!*
Bevor ich den Mund aufmachen kann, ist er schon hinaus.
Was 'n mit dem los!, lacht Robert und sucht nach Kaffee.
Ich habe immer noch kein Blut im Kopf und bin weit entfernt von einem klaren Gedanken.
Ich hab vorgestern mit Oliver geschlafen.
Robert schaut mich verdutzt an. *Echt?*
Und mit dir nun auch. Schnief, seufz, schluck.
Mit mir? Robert lacht laut auf. *Du meinst, du hast neben mir geschlafen … oder ich neben dir – wie man's eben nimmt.*
Wieso? Haben wir denn … nicht?
Nein, wir haben nicht.
Aber deine Boxershorts … und du warst ganz nackt! Ich fange vor lauter Verwirrung an zu heulen.
Robert kommt mit zwei großen Pötten Kaffee. *Komm, wir gehen auf die Terrasse. Ich wollte sowieso mit dir reden.*
Ich schlurfe hinterher wie eine abgehalfterte Animierdame.

Also, beginnt Robert förmlich, *wir haben gestern noch den Wein getrunken, erinnerst du dich?*
Ich nicke.
Du ungefähr zweieinhalb Flaschen und ich zwei Gläser.
Kein Wunder, dass ich so stinke.
Danach wolltest du unbedingt Flaschendrehen spielen.
Ich wollte was?, rufe ich entsetzt.
Robert verschluckt sich am heißen Kaffee. *Ich habe dir dann die Flaschen abgenommen, aber du hast dich trotzdem ausgezogen.*
Oh Gott!
Robert rührt grinsend Milch und Zucker in die Tasse.
Und dann wolltest du, dass ich mit dir schlafe.
Nein!!!
Doch. Er macht eine fiese Pause. *Es ist aber nichts passiert.*
Oh Gott, wie peinlich bin ich denn! Ich schlage die Hände vor's Gesicht.
Robert nimmt eine Hand runter und hält sie in seiner.
Ich habe dich dann in dein Bett gebracht und du hast einen Moralischen bekommen. Einen ziemlichen Moralischen, wenn ich das mal so sagen darf.
Wird ja immer schlimmer! *Warum war ich so knatschig?*
Weil ich nicht mit dir schlafen wollte.
Und warum wolltest du nicht? Ich meine, du lädst mich ein, küsst mich und so weiter.
Robert küsst meine Hand. *Zora, ich mag dich.*
Aber dann ist doch alles bestens, oder?
Nein, genau das ist ja das Problem.
Robert gießt sich neuen Kaffee ein. *Ich habe eine Freundin in München, schon seit zwei Jahren.*
Na klasse. Falle ich wieder mal auf die dümmste aller Varianten herein! Wenn Beziehungen Soßen wären, dann sind Beziehungen zu verheirateten Männern Fertigsoßen. Außen schöne bunte Verpackung, überall stapelweise und spottbillig zu kriegen, leicht zu handhaben und nach dem Verzehr hinterlassen sie einen schlechten Nachgeschmack. Und dick machen sie auch!

Robert steht anscheinend nicht so dolle auf mich, aber als Sättigungsbeilage bin ich ihm wohl allemal noch gut genug!
Und warum erzählst du mir das nicht eher?
Hmmm, gab noch keinen Grund, oder? Oder hast du gleich das Aufgebot bestellt, als ich mit dir bei Antonio Bruderschaft getrunken habe? Das ist wieder dieser Ton, den ich nicht mag.
Er scheint sich auch noch witzig zu finden! *Ah ja, und dann lädst du mich ein, weil du diesen Übergriff ungebührlich fandest, und übernachtest als Wiedergutmachung nackt in meinem Bett!*
Bin empört!
Du hast mir Rotwein über meinen Anzug gekippt.
Äh? Und wie komme ich in deine Shorts???
Das sind nicht meine! Meine hängen mit Hose und T-Shirt über deiner Dusche, zum Trocknen. Das Einzige, wo du keinen Rotwein drübergegossen hast, ist meine Jacke. Die hatte ich nämlich im Auto gelassen.
Was eine Verschwendung von dem guten Rioja! Ich werde rot.
Woher hab ich dann aber d i e s e Shorts!
Du hast dir immer wieder deinen … Body ausgezogen und ich hab irgendwann im Dunkeln unter der Decke nach etwas gegriffen, von dem ich dachte, es wäre deine Unterwäsche, und dir einfach angezogen. Ich verführe generell keine betrunkenen Frauen.
Robert nippt an der Tasse. *Ich hab mich neben dich gelegt und dich getröstet – und irgendwann muss ich wohl eingeschlafen sein.*
Nackt!
Nein, in deinem rosa Morgenmantel. Er lacht. *Wollte nur kurz warten, bis die ausgewaschenen Sachen ein bisschen trockener sind. War aber wohl doch sehr müde.*
Ich stehe auf und schiebe den Stuhl heran.
Und was machen wir nun?
Nichts. Ich ziehe jetzt meine Sachen an und verschwinde. Muss sowieso packen. Du weißt ja, heute Nachmittag fliege ich.
Ich erstatte dir die Reinigung!
Quatsch.
Robert geht die Treppe nach oben und kommt kurz darauf an-

gezogen wieder herunter. Die Hose leuchtet rosa und ist völlig verdorben.
Ich begleite ihn zur Tür und schaue wohl ziemlich belämmert drein. Robert nimmt mich noch einmal in den Arm.
Zora. Er lächelt. *Mal ganz ehrlich. Ich war hin- und hergerissen. Ein wenig hatte ich mit dem Gedanken gespielt, dich zu verführen. Meine Beziehung läuft gerade nicht so gut, weißt du. Ich finde dich ziemlich attraktiv und begehrenswert, aber ich liebe meine Freundin, trotz der Schwierigkeiten. Mit reichlich Alkohol im Kopf vergisst Mann das gerne mal. Gestern war ich allerdings nüchtern und wollte dich wirklich nur ausführen, um mein Benehmen gutzumachen. Jedoch muss ich gestehen, dass es mich trotz aller guten Vorsätze immer gereizt hat, dich wenigstens zu küssen.*
Robert streicht mir eine Strähne aus dem Gesicht.
Na danke schön auch! Zum Knutschen reicht es, aber beim Rest kriegst du Skrupel!
Ich hasse es, wenn liierte Männer sich so verhalten! Eigentlich betrügen sie nicht nur zwei Frauen damit, sondern vor allem sich selbst!
Aber wenn du doch sowieso mit Oliver zusammen bist – dann ist doch alles klar, oder? Dann brauchen wir beide doch nicht schwach zu werden. Ich flieg nachher heim und schau, wie ich meine Krise bewältigt kriege, und du gehst zu Oliver und erklärst ihm einfach alles.
Könntest du nicht mit ihm sprechen?, bettele ich.
Ich? Robert steigt ins Auto und lacht. *Mach es lieber selbst! Wenn er dich wirklich mag, glaubt er dir.*
Was soll ich ihm denn sagen! Dass ich mich ausgezogen habe und mit dir schlafen wollte, du aber verzichtet hast, weil dich nackt in meinem Bett Skrupel überkommen haben?
Lass dir was einfallen! Ist doch nichts passiert! Unser Gewissen ist rein. Robert wirft die Tür zu und lächelt. *Wir hören bald mal voneinander, hoffe ich.*
Ich nicke.
Komm, gib mir noch einen Abschiedskuss. Ich hab dich nämlich wirklich gerne – so wie du bist.
Ich zeige ihm den Mittelfinger und gehe ins Haus.

Denk adipositiv!

Die Dusche macht mich zwar frisch und sauber, aber nicht rein. Sie wäscht mich nicht rein von meinem Schuldgefühl Oliver gegenüber und erst recht nicht von meinen Gedanken, so einen Mann gar nicht verdient zu haben – nicht mit meinem Verhalten! Der Spiegel im Bad tut sein Übriges dazu. – Und nicht mit dieser Figur! Inzwischen kann ich ja schon Passbilder bei Google Earth machen lassen! Entweder habe ich über Nacht wieder einmal dreißig Kilo zugenommen oder mein Selbstwert ist von gefühlten 31 Prozent auf ein Prozent gesunken.

Ich schlurkse angepisst in meinen Bärchenpantoffeln durch's Haus. Mein Magen tut weh – und das nicht nur vom Alkohol, der Kopf brummt – und auch das nicht nur vom Kater. Mir geht's einfach hundeelend – körperlich wie seelisch.

Um nicht direkt wieder in Heulkrämpfe auszubrechen, gehe ich eine Runde schwimmen.

Als ich anschließend mein Zimmer betrete, um mir frische Sachen zu holen, stutze ich. Das Bett ist unangetastet und es liegt sogar eine Hose darauf, die ich ursprünglich anziehen wollte, bevor Robert mich gestern abgeholt hat.

Komisch.

Am Mittag kommt Consuela zum Putzen. Nach einem kurzen Rundgang durchs Haus steht sie plötzlich mit einem großen Zettel in der Hand vor mir.

Auf dem Blatt sind zwei lustig gezeichnete Strichmännchen in einer Schachtel und ein großes Fragezeichen.

Consuela formt den Zeigefinger zur Lanze und sticht energisch das Papier an. *Señora An-nett? Señora Za-rah?*, fragt sie. Und dann sticht sie das zweite Männchen tot und tippt anschließend auf das Fragezeichen. Ich gehe automatisch in Deckung. Consuela bohrt nun ihre Lanze imaginär durch die Luft in die obere Etage, wobei sie die Stirn in Falten legt, dass es angsteinflößender nicht sein könnte.

Irgendetwas scheint sie mir sagen zu wollen.

Nach dem dritten erfolglosen Versuch, Strichmännchen zu erdolchen und Löcher in die Luft zu pieksen, zieht mich Consuela am Ärmel die Treppe hinauf.
Wir stehen in der Tür des Gästezimmers und plötzlich wird mir alles klar: Sex im Gästebett! Robert und ich haben im Gästebett geschlafen, was Consuela gerade erst nach Annettes Abreise frisch bezogen hatte, weswegen sie nun offensichtlich verärgert war. Ich mache ihr mit Handzeichen klar, dass *ich* in dem Bett geschlafen habe und dass es mir furchtbar leidtut.
Consuela schüttelt verständnislos den Kopf und lässt mich brummelnd stehen, um neue Bettwäsche zu holen. Jetzt wird mir auch klar, was das für eine Boxershort war, die ich heute Morgen anhatte: die von Blondi wahrscheinlich! Sicherlich hat er sie vergessen und Consuela hat sie hübsch auf Bruch gefaltet unter die Decke gelegt.
Ach Gott, die Putzprobleme von Consuela hätte ich jetzt gerne im Austausch gegen meine Männerprobleme!
Den Rest des Nachmittages verbringe ich damit, auf der Terrasse zu sitzen und auf das Klingeln des Telefons zu warten.
Ins Wasser traue ich mich nicht, um ja nicht Olivers Anruf zu verpassen. Allerdings hätte ich mir das sparen können.
Den Abend verbringe ich zur Abwechslung damit, selbst den Telefonhörer in die Hand zu nehmen und ... wieder aufzulegen beziehungsweise mit Annette zu simsen und ihr mein Leid zu klagen.
Ich bekomme von ihr fünf Depeschen mit schlauen Ratschlägen, aber nicht, ohne vorher in ungefähr fünfzehn Kurzmeldungen herbe Kritik an meinem Verhalten zu ernten. Na, danke schön auch! Ich hatte auf verständnisvollen Trost unter Freundinnen gehofft und nun ist mein einziger Trost, dass Annettes Kritik von keinerlei Sachkenntnis getrübt wird.
Du hast ja gar keine Ahnung! Bei deinem Figürchen läuft dir ja alles nach, was Haare am Sack hat!, schreibe ich wütend zurück.
Außer Brad Pitt – aber der muss sich bestimmt rasieren und kriegt die Klamotten rausgelegt.
Ich weiß, das hätte es jetzt nicht unbedingt gebraucht, aber es tut gut!

Annette geht gar nicht darauf ein.
Sei doch nicht immer so pessimistisch. Sieh dein Leben endlich mal positiv, kriege ich zur Antwort.
Ich sehe mein Leben durchaus positiv! Ich sehe es sogar adipositiv!
Dann nimm halt einfach mal ein paar Kilos ab, wenn du dich nicht akzeptieren kannst, wie du bist! Geh joggen oder wandern oder so. Nordic Walking ist gut für ... Übergewichtige. Was denkst du eigentlich, wie oft ich dich schon um deinen Busen beneidet habe! Man muss sich eben so nehmen, wie man ist. Besser noch, es lieben, wie man ist. Oder es ändern. Aber glaub mir, letzteres ist die schwere Variante, weil man mit dem Ändern niemals fertig wird.
Ja, danke, ich melde mich gleich nächste Woche an für's Mollygruppenwandern mit Skistöcken im Sommer!
Ich glaub, ich trainier doch lieber gleich auf die Paralympics, schreibe ich wieder zurück.
Welchen Versehrtheitsgrad hast du denn?, fragt Annette spitz.
Jetzt muss ich lachen. *Na, so ringsum versehrt – von allem etwas. Vor allem leide ich unter geistiger Umnachtung, zumindest was Männer betrifft.*
Fahr zu Oliver, red mit ihm!, mahnt sie mich an.
Das hab ich heute schon mal gehört. Danke. Euch weiterhin viel Spaß!
Das schreibe ich mit dem zynischsten Unterton, den mein Handy hergibt. Ich schalte das Ding aus, bevor jetzt Annette schreibt, was sie zurzeit macht. Ich will überhaupt nicht wissen, wie toll es mit Blondi ist!

Am Abend packt mich wieder das heulende Elend. Noch nie war ich meinem Traum vom Marlboro-Mann so nah und doch so unendlich fern!
Ich stelle mir vor, ich gehe mit Oliver und unseren acht Kindern in einer schwach beleuchteten mitteldeutschen Reihenhaussiedlung spazieren, als plötzlich zehn talibanische Freischärler aus der Hecke eines spießbürgerlichen Mahn- und Gedenkstättenvorgartens brechen und mit Zeter und Mordio drohen. Sie haben

zufällig ein paar Handgranaten in der Hosentasche und heftige Zahnschmerzen. Das waren noch Zeiten, als man angesichts einer solchen Bedrohung unbedarft das Wort zum Sonntag zitieren konnte und die Terroristen mit sachlichen Argumenten zu Vernunft und Monogamie bekehren konnte! Weil aber derlei kulturüberschreitende Nettigkeiten leider abgeschafft wurden und auch die Bekehrung als solche beim gemeinen Religionsfanatiker nichts mehr nützt, pieksen sie mir ihre Krummsäbel zwischen die Rippen und nach einem lauten *Auwa!* sinke ich verblutend darnieder. Da würde Oliver aber Bauklötze staunen! Und nicht nur, weil er nun die armen acht Kinder alleine durchbringen müsste! Er würde den Rest seines Lebens in Órzola an der Mole stehen, ein Bein aufgestützt, die zunehmend ungepflegten Haare hinter die Ohren klemmen und mit leeren Augen auf's Meer starren! Wegen mir! Schnief. Und wenn ich dann in meinem extrabreiten Sarg aus den USA, Modell *Super-size-me* vor mich hin rotte, da hat er aber was verpasst! Und das nicht bloß, weil ich jetzt einen besonders dicken Wurm drinhabe!

... Nämlich ...

Ich durchsuche meine Siebensachen und beschließe, mich mit Lesen abzulenken. *Warum Männer betören und bei Frauen schlecht einparken.* Es wird mich intellektuell schon nicht überfordern!

Auf den ersten Seiten freue ich mich noch, weil dieses belämmerte Thema Mann/Frau mit Humor angepackt wird. Zehn Seiten weiter freue ich mich noch mehr, weil ich eine Frau bin und in diesem Buch so richtig gut wegkomme. Und alles scheint ja auch noch wissenschaftlich unterwandert zu sein! Doch spätestens auf Seite dreißig setze ich die Brille ab und fühle mich verscheißert. So blöd wie in dem Buch dargestellt, ist kein Mensch, nicht mal Männer! Dafür sollen alle meine weiblichen Eigenschaften ausnahmslos wunderbar sein! Das wüsste ich aber! Nun, das Bestsellerrezept der Familie Peace geht scheinbar auf! Frauen lesen mehr Bücher als Männer. Frauen sind über sich selbst meist frustrierter als Männer. Ergo finden sich genügend dumme Kühe wie ich, die sich darüber freuen, dass sie auf einmal

so wunderbare Geschöpfe sein sollen – eine sich unweigerlich einstellende Häme auf's andere Geschlecht mit eingeschlossen. Bei all diesem Rummel um das Millionenauflagenbuch: Bloß gut, dass ich die Schwarte nicht gekauft, sondern von Annette ausgeliehen habe.
Tsss! Womit manche Leute Millionen machen! Warum fällt mir so was nicht ein?
Ich schmeiße den Schinken in die Ecke und mich auf's Bett.
Da liege ich nun im Nebel meiner Selbsterkenntnis – ganz in Selbstmitleidsarmen. Es gibt ja sonst keine! Schluchz!
Das Drama meines Lebens: Sehnsucht ohne Antwort.
Und das ganze Elend gespeichert im Speckgürtel meines Michelintorsos!
Vielleicht mein nächster Buchtitel: *Sehnsucht ohne Antwort*, klingt sensationell gut! Ich werde es mir auf jeden Fall selbst widmen. Ich schnäuze kräftig in eins von Consuelas gebügelten Herrentaschentüchern, die überall griffbereit herumliegen.
Mal den Laptop aufklappen ... Ich beginne ein bisschen zu tippen, ich tippe weiter, *Sehnsucht ohne Antwort*, ich tippe ..., den Abend ..., die ganze Nacht ..., den nächsten Tag ... und wieder die Nacht. Außer zwei, drei Stunden Schlaf und drei belegten Salamibrötchen kommt mir nichts dazwischen.
Danach schlafe ich erschöpft zehn Stunden durch.

Als ich am Dienstagnachmittag erwache, fühle ich mich wie neu geboren. Ich dusche, ziehe mich an und esse eine Kleinigkeit. Ich hab Heimweh.
Plötzlich weiß ich, dass meine Ferien zu Ende sind, dass ich nach Hause will – und zwar so schnell wie möglich!
Ich setze mich in mein Auto und fahre nach Arrecife an den Flughafen. Vielleicht kriege ich ja schon vor Samstag einen Flug zurück!
Am liebsten würde ich heute noch fliegen und mich mit Frau Wiegand treffen, ihr die ersten hundert Seiten meines neuen Buches geben und ihren erstaunten Gesichtsausdruck genießen!

Ich habe das Gefühl, dieses Buch ist völlig anders. Und ich liebe es, schreibe mit Inbrunst.
In Leipzig angekommen, würde ich mich in meiner hübschen Altbauwohnung vergraben und mich ganz dem Schreiben widmen. Schön kühl wird es unterdessen in Leipzig sein, vielleicht regnet es die ersten Altweiberschauer, während hier noch vierzig Grad im Schatten sind. Ich werde an dem großen weißen Schreibtisch in meinem Arbeitszimmer sitzen, die Fenster offen haben und dem Regen lauschen, der auf die breiten Fensterbretter dröppelt, eingekuschelt in meine Lieblingsstrickjacke, mit dicken Socken an den kalten Füßen und einer Tasse Yogitee mit Honig und Sahne. Ich werde langsam meinen Blick schweifen lassen über die zartgrünen Wände und die Blümchentapete hinter meinem weißen Messingbett mit den tausend Kuschelkissen im Shabby-Style, das ich zum Lesen nutze oder auch mal als Gästebett.
Ich werde mich an meinen vielen Büchern erfreuen, die sich in drei großen weißen Holzregalen stapeln, und vielleicht mache ich mir ein erstes Feuerchen im Kamin.
Ist das nicht seltsam? Erst fliege ich hierher, weil ich zu Hause nicht schreiben kann, dann möchte ich heim, um zu Hause zu schreiben!
Seit ich nach Leipzig gezogen bin, war ich nicht länger als drei, vier Tage weg. Auch während meiner letzten Lesereise bin ich immer wieder zwischendurch zu Hause gewesen.
Vier Wochen am Stück sind eine lange Zeit und ich freue mich auf meine schnuckelige Mädchenwohnung. Mädchenwohnungen müssen ein bisschen puffig sein! Mit Schnörkeln und Tand und vielen Schachteln für Geklimper, Krämchen und Co. Und mindestens ein rosa Zimmer müssen sie haben oder wenigstens eine rosa Wand! Schon alleine deshalb passen Männer und Frauen nicht zusammen in eine Wohnung! Männer lieben es klar, geradlinig und strukturiert, verstandesbezogen eben. Außer, wenn sie schwul sind ...
Sollte ich noch einmal in eine feste Beziehung gehen, fände ich das mit den getrennten Wohnungen gar nicht so schlecht. Ich

kann einem Mann meine Puppenstube nicht zumuten, würde aber nur unschwer darauf verzichten wollen. Zu lange habe ich Rücksicht auf die Familie nehmen müssen, und natürlich auch gerne genommen. Aber jetzt will ich endlich mich selbst verwirklichen, auch in meinen vier Wänden!

Die ersten Monate nach meinem Umzug habe ich die Kinder sehr vermisst, konnte mein neues Zuhause und mein Alleinsein gar nicht richtig genießen. Aber jetzt, in diesem Augenblick, fühle ich mich wieder wie zwanzig, mit derselben Vorfreude wie damals, als ich meine erste eigene Zweizimmerwohnung bezog.

Ich kann es gar nicht abwarten, heimzukommen und meine Wohnung nun mit ganzem Herzen in Besitz zu nehmen – endlich!

Ich fahre auf der breiten Straße nach Arrecife, die von Palmen gesäumt wird, und kann das Meer sehen. Wie schön es hier ist!

Ich werde ganz sicher wiederkommen im nächsten Jahr!

Doch für immer hier leben? Nein, das wäre nichts für mich!

Sicher, zwei- oder auch dreimal im Jahr für zwei Wochen Sonne tanken, den Wein und das gute Essen genießen, das wäre toll. Aber leben möchte ich nur mit dem Wechsel der Jahreszeiten: dem Regen, dem Schnee, dem bunten, in der Sonne leuchtenden Laub im Herbst und vor allem mit dem Frühlingserwachen nach einem langen Winter. Und nie, niemals könnte ich ohne den Gesang der Amseln im Frühling leben, ohne das Tschilpen der Spatzen im Sommer oder ohne meine über alles geliebte Adventszeit mit Tee, tausend Kerzen, einem Kaminfeuer und den unzähligen Liebesschnulzen meiner DVD-Sammlung.

Während ich schon von Weihnachten träume, bin ich bereits am Flughafen angelangt.

In der Halle drängeln sich Scharen neu angekommener blasser Touristen um braun gebrannte, in hübschen Uniformen steckende Vertreter der Reisegesellschaften, die laut die Hotelnamen rufen und bunte Schilder hochhalten.

Ich bahne mir einen Weg durch's Gewühl zum Schalter meiner Fluggesellschaft. – Und ich habe Glück, ich kann bereits am Donnerstagnachmittag fliegen! Das passt gut. Ich würde mich zwar

am liebsten sofort in einen Flieger setzen, aber ich muss schließlich packen, Antonio Bescheid geben und noch ein paar Dinge ordnen.
Zufrieden stecke ich mein Ticket in die Tasche und will los.
Oliver!
Oliver steht mitten im Urlaubergewühl und umarmt eine Frau, eine kleine, rundliche Frau, ihren Kopf sehe ich nicht, der ruht an Olivers Brust. Am Boden stehen zwei Koffer und eine Reisetasche.
Ich stehe wie angewurzelt. Was mache ich nur? Soll ich hingehen und guten Tag sagen? Oder mich vorbeimogeln?
Oliver nimmt den Kopf der Frau in beide Hände und küsst ihre Stirn, dann schaukelt er sie hin und her, so wie man ein Kind wiegt. Das ist doch: Mira??? Ich bin mir plötzlich ganz sicher, dass es Mira ist!
In diesem Augenblick bemerkt die Frau, wie ich sie anstarre ... und sagt etwas zu Oliver.
Bevor ich reagieren kann, dreht der sich um und schaut mich auch an. Drei oder vier unendliche Sekunden lang sehen wir uns wortlos an. Dann wendet sich Oliver wieder der Frau zu und lässt mich einfach stehen.
Mira ist zurück! Seine Frau! Und ich kann mir denken, warum. Sicher hat sie ihren Fehltritt bereut und kommt nun zurück.
Ich renne aus dem Flughafen zum Parkdeck und springe in mein Auto. Mit quietschenden Reifen fahre ich los. Bloß weg hier! Bloß den beiden nicht noch einmal begegnen!

Unterwegs trommle ich wütend auf das Lenkrad und trete das Gaspedal durch.
Ich bin doch ein selten dämliches Schaf! Ich meine, was hab ich mir nur eingebildet! Dass Oliver Gefühle für mich hat? Sein verlorener Blick in Órzola hätte mir Warnung genug sein müssen, dass er noch nicht über die Trennung hinweg ist und seine Frau nicht vergessen kann.
Und dann das Theater wegen Robert! Benimmt sich hier wie ein

eifersüchtiger Gockel! Mit welchem Recht? Weil ich mit ihm ein Mal im Bett war? Er ist liiert! Ich bin Single!

Was mache ich nur noch mit den zwei kommenden Tagen?! Sie erscheinen mir wie eine Ewigkeit. Schreiben?
Heute nicht mehr. Ich brauche eine schöpferische Pause.
Mir fällt ein, was Annette immer sagt: Laufen macht den Kopf frei. Vorteilhaft wäre das hier auf den geteerten Straßen rund um die Vulkane. Bei 50 Grad Celsius mutterseelenallein durch die Mondlandschaft, wie diese Extremsportler, die hier immer mit dem Fahrrad unterwegs sind. Ich würde nach ungefähr fünf Minuten tot umkippen und direkt im Straßengraben mumifizieren, bevor mich überhaupt jemand findet. Das wär doch mal eine Lösung für alle meine Probleme!
Ich entscheide mich für den Strand von Arrieta, meine gepackte Badetasche habe ich Gott sei Dank immer dabei.
Schön feucht und kühl ist es dort, wenigstens an den Füßen, prima ebenerdig, ohne die geringste Steigung und windig – und wenn ich doch schwitze, kann ich gleich ins Wasser springen. Außerdem falle ich zwischen all den Strandläufern nicht auf, kein mitleidiges Lächeln aus überholenden Urlauberautos, wenn ich mich mit violettem Kopf und Schnappatmung am Straßenrand entlangquälen würde.
Schau mal die Dicke dort! Wie die hechelt!, grinst der rotbackige Junge mit der Chipstüte aus der Heckscheibe.
Ich seh nichts, da ist nur 'ne riesige Staubwolke hinter uns!

In Arrieta ist heute nicht viel los. Ich suche mir für meine Tasche ein Plätzchen an der Mauer, weil bereits die Flut langsam einsetzt. Eigentlich ist das einer der größten Genüsse für mich hier auf der Insel, barfuß im nassen, festen Sand zu laufen. Manche Leute joggen sogar, die meisten gehen allerdings im Stechschritt, sodass sie sich noch unterhalten können. Ich glaube, wenn ich hier wohnen würde, wäre das auch ein tägliches Ritual für mich.
Ich warte auf eine etwas größere Lücke zwischen den einzelnen

Läufertrupps und marschiere los. Es ist herrlich, nur mit einem Badeanzug bekleidet zu gehen, ein leichtes Tuch um die Hüfte geschlungen wegen der Wohlfühloptik. Ich laufe und laufe und vergesse die Zeit. Erst, als die Flut immer höher steigt und sich das Wasser weiter und weiter auf die lockeren Sandbereiche vorschiebt, muss ich abbrechen.

Mir geht es besser, wesentlich besser. Der Wind hat mir das Hirn durchgepustet und meine Gedanken beruhigt.

Ich erlebe eine Entspannung, nicht nur in meinem Magen. Und ich weiß, mein ganzes gefühlsmäßiges Dilemma ist nur entstanden, weil ich festhalte, weil ich mir etwas sichern will, was man gar nicht sichern kann. Anstatt den Moment total zu genießen und es als Urlaubsflirt auszukosten, ohne Gedanken an eine Zukunft zu verschwenden, zerreiße ich mich in Selbstzerstückelungen, Bangen und Hoffen. Worauf denn? Selbst wenn Oliver mich heiraten würde oder mir jeden Tag tausend Liebesschwüre unterm Balkon singen würde: Was weiß ich denn, was morgen ist? Morgen schon könnte er von einem Traktor überfahren werden! Und dann? War es dann weniger gut, wichtig oder bedeutsam?

Ich betrüge mein Herz, meinen Körper, meine Seele um den Genuss des Augenblicks, nur weil mein Kopf meint, dies müsste bis ans Lebensende so bleiben! Weihnachten ist auch nicht jeden Tag – und wahrscheinlich gerade deshalb so schön!

Ach, irgendwie freue ich mich total auf mein Zuhause und mein Singledasein. Alleine, aber nicht einsam!

Endlich einmal nur mit mir leben nach fünfundzwanzig Jahren Pflichten und Verantwortungen, mir selbst genug sein, meine Bedürfnisse und Wünsche ganz langsam, aber sicher wieder ausgraben! Mich selbst neu entdecken oder erfinden!

Ich habe bemerkt, dass Pete und Geoffrey ihre Instrumente ausgepackt haben und heute anscheinend wieder Jazz an der kleinen Imbissbude zelebriert wird. Soll mir recht sein! Ich werde gleich hier eine Kleinigkeit essen und kann mich von beiden verabschieden.

Robert ist nicht dabei, er ist ja wieder in München.

Pete winkt schon von Weitem, als ich die Treppe hochgehe.

Hi, wie geht's euch! Habt ihr was von Robert gehört?
Ja, er kommt morgen schon zurück. Wir haben am Freitag einen wichtigen Auftritt. Und Sonntag sind wir im LagOmar. Kommst du auch?
Ich schüttele den Kopf. Ein bisschen wehmütig bin ich schon wegen meines Abschieds. Wer weiß, wann ich den beiden wieder einmal zuhören kann. *Ich fliege zurück.*
So? Wann denn? Pete guckt verdutzt.
Donnerstag.
Schade. Na, dann wollen wir für dich noch einmal Cantaloop spielen, okay?
Geoffrey zwinkert mir zu und packt das Saxofon aus. Wenn Robert nicht dabei ist, spielt er dieses Instrument.
Ich setze mich an meinen Tisch und schließe die Augen. Ein letztes Mal den Wind in den Haaren spüren und den Klängen des Saxofons lauschen ... Himmlisch!

Spieglein an der Wand

Den ganzen Tag habe ich an meinem neuen Buch geschrieben. Irgendwie fühle ich mich aufgeräumt und freue mich auf morgen Abend, wenn ich meine Wohnung betrete. Sicher werden Annette und Blondi bald bei mir auftauchen. Annette hat kurz mitgeteilt, dass sie und Zuckerstange seit Montag wieder in Leipzig sind und dass gaaanz schreckliches Wetter sei. Herrlich!
Vielleicht sollte ich mir am letzten Abend noch etwas gönnen, zum Beispiel ein gutes Essen? Ich habe großen Appetit auf meine Garnelen in Knoblauchöl, also entscheide ich mich für das *Amanecer* in Arrieta.
Es ist noch nicht viel los am späten Nachmittag. Das Lokal hat eben erst aufgemacht und ich habe freie Platzwahl. Ich entscheide mich natürlich für einen kleinen Tisch auf dem Balkon, in der ersten Reihe sozusagen. Mehrere Kellner stehen abrufbereit am Tresen, ich sehe sie im Halbdunkel des Restaurants stehen und über mich reden. Einen Augenblick lang fühle ich mich unwohl und mich überkommt wieder diese alte Hemmung, in der Öffentlichkeit etwas zu essen. Bestimmt machen die sich lustig über mich!
Guck mal, muss die noch was essen, wenn die schon so dick ist?
Ja, sie muss. Sie hat Hunger. Und sie wird gleich den Umsatz der Lokalität um ein Vielfaches erhöhen! Dafür stünde eigentlich mir ein Trinkgeld vom Restaurant zu!
Ich sehe auf's Meer und vergesse die Männer hinter mir. Die Wellen sind heute gleichmäßig und schwappen ruhig gegen die Steine unter dem Balkon. Eine Schar Möwen segelt kreischend im Wind und stürzt sich immer mal wieder herab, vermutlich wirft man ihnen Fischreste aus der Restaurantküche zu.
Inzwischen habe ich Wasser und Brot bekommen und erwarte nun freudig meine Garnelen.
Ich werde heute fürstlich speisen, vielleicht nehme ich sogar drei Gänge! Auf jeden Fall werde ich die *Calamares à la Romana* probieren, von denen Annette so geschwärmt hat.

Langsam füllt sich die Terrasse mit Gästen und es dauert auch gar nicht lange, bis alle Plätze belegt sind, mit Ausnahme der drei freien an meinem Tisch. Hoffentlich bleibt das auch so, ich möchte alleine sein.
Ich bekomme wieder dieses Gefühl von Freiheit und innerer Ruhe. Alles ist irgendwie plötzlich in Ordnung.
Versonnen schaue ich auf's Meer.
Hier saß ich auch vor ein paar Jahren mit Jens ... Ich versuche mir sein Gesicht vorzustellen, aber es verschwimmt. Ich horche in mich hinein, doch mein Gedanke an ihn löst keinerlei Emotionen in mir aus. Nur Ruhe und Frieden sind hier.
Vielleicht habe ich ihn nun wirklich losgelassen – nein, *es* hat mich verlassen. Wie eine Tür, die der Wind sanft zugeschlagen hat – und du hast es nicht bemerkt. Erst wenn du innehältst und zurückschaust, siehst du, dass es zu Ende ist. Keine Wehmut, kein Schmerz, keine Enttäuschung und auch keine Erwartungen mehr, einfach vorbei. Ein Punkt hinter dem Satz, so leise gesetzt, dass du ihn nicht gehört hast.
Eine Erinnerung vielleicht noch, aber es ist gar nicht mehr wichtig, sich zu erinnern.
Die Seele hat alles Gute aufgesogen und das Schlechte im Licht deines Bewusstseins verbrannt, irgendwie, mit oder ohne dein Zutun. Ich kann es nicht einmal sagen.
Irgendwann in ein paar Jahren schaust du dir vielleicht die Urlaubsfotos an, lächelst und steckst sie in die Kiste zu deinen Lebensschätzen. Neben deinen ersten Teddybär, aus dem das Stroh quillt, neben deine ersten Liebesbriefe und zu der kleinen Schachtel mit den Milchzähnen.
Brigitte hatte recht. Plötzlich wird mir alles klar ...
Die Begegnungen mit Oliver waren typische Situationen, wie ich sie immer mit Männern erlebt habe. Und meine Reaktionsmuster waren dieselben verstaubten Hüte. Ich habe mich benommen wie ein Idiot, dabei geschah eigentlich alles, um eben nicht wie ein Idiot dazustehen! Ist das nicht verrückt?
Ich muss lächeln.

Alles, was ich in den letzten dreieinhalb Wochen auf Lanzarote erlebt habe, passierte wieder auf der Grundlage dieser uralten Muster, auf der Basis meiner Vorstellungen über Dinge aus der Vergangenheit. Als ob eine Fernsteuerung Macht über mich hätte und Knöpfe drückt, die mich zappeln lassen wie eine Marionette in den immer gleichen ungeschickten Bewegungen.

Wenn man sich in so einer Situation nicht darüber bewusst ist, was gerade geschieht, und sich nicht wenigstens eine Sekunde Zeit nimmt, dieses Vorgangs gewahr zu werden, übernehmen die alten Konditionierungen und Automatismen das Handeln und die Gedanken ziehen einen sekundenschnell ins uralte Drama, derweil man selbst fest glaubt, es handele sich um ein neues Drama!

Dabei hatte man nie eine Chance, etwas Neues zu erleben, weil man dem Neuen gar keine Chance gab! Um aber einer neuen Erfahrung eine Chance zu geben, muss man leer sein, leer von allem, was man in sich angesammelt hat an Überzeugungen, vermeintlichem Wissen und Erfahrungen – und das im Bruchteil einer Sekunde, bevor die eigenen Synapsen die Weichen stellen. Sonst rollt der Zug auf derselben Schiene los wie immer.

Brigitte warnte mich schon vorher, dass diese typischen, die Knöpfe drückenden Situationen aufflammen würden, bis ich sie bewusst erkenne und ihnen keine Kraft mehr gebe. Aber ich habe sie wieder einmal nicht bemerkt, mich wieder einmal meinen alten Kämpfen und Selbstzerfleischungen hingegeben.

War Oliver nur ein vom Leben geschickter Bote, damit ich mich erkennen kann? Und nur zu diesem Zwecke wichtig? Verlässt dich der Bote, wenn du alles gelernt hast? Damit du in die nächste Klasse aufsteigen kannst? Manchmal kann dir ein Mensch in einer Begegnung nichts mehr beibringen und es kommen neue Boten. Durch jeden Menschen kannst du deine Freiheit finden, wenn du es zulässt, vor allem durch jene, die intensive Gefühle in dir wecken.

Mir ist einfach nur warm um's Herz. So gut habe ich mich lange nicht gefühlt!

Danke Pluto, diesmal hast du ganze Arbeit geleistet!
Ich schenke mir aus der Karaffe nach und genieße das stille klare Wasser. Vielleicht bestelle ich mir nachher noch einen Rioja zum Abschied. Ein Glas, das ich mit allen Sinnen genießen werde, nicht einfach herunterkippen ...
Entschuldigung, ist der Platz bei Ihnen noch frei?
Ein hagerer älterer Mann steht neben mir und lüftet den Strohhut zum Gruß.
Eine Sekunde lang will ich ihn abwimmeln, dann halte ich inne – Neues zulassen, aus dem Augenblick heraus ...
Ja, bitte. Sehr gerne.
Der Alte nimmt den Hut ab, ruckelt sich den Stuhl zurecht und setzt sich. Er streicht liebevoll den Hut glatt, bevor er ihn unter dem Tisch auf seine Knie legt.
Herrliches Plätzchen, Señora, stimmt's?
Ich nicke.
Er sitzt nur da und schaut auf die Wellen. Nach einer ganzen Weile bestellt er sich ein Wasser.
Ein schönes Leben haben Sie sich erwählt!
Ich schaue ihn verdutzt an, doch der Alte schaut geradeaus auf's Meer. Mein Verstand ist irritiert und ich möchte protestieren, doch da gibt es auch etwas in mir, das weiß, dass er recht hat.
Am liebsten würde ich jetzt gar nichts anderes tun, als hier sitzen zu bleiben, antworte ich ihm. Das ist es, was ich in dieser Sekunde empfinde.
Er nickt.
Ihre Augen haben sich verändert auf der Insel, sagt er, immer noch geradeaus schauend. *Ganz anders sind sie geworden, seit Sie ankamen. Ich erkenne das. Die meisten Menschen kommen und gehen mit demselben Blick – Sie nicht.*
Woher weiß er? Kenne ich ihn? Mein Kopf überschlägt sich mit Fragen, doch mein Herz ist ganz still und wundert sich überhaupt nicht. Vielleicht hat er ja etwas in mir gesehen, was ich gerade erst selbst beginne wahrzunehmen.
Ich schweige und nippe an meinem Wasser. Eine Möwe saust

herab und fängt im Sturzflug die Brotkrumen, die ihr vom Nachbartisch zugeworfen werden.

Nach einer Weile fasse ich Mut: *Woher wissen Sie das alles? Ich meine über mich ..., mein Leben ...*

Der Alte dreht langsam den Kopf und schaut mich an. Er lächelt mit den Augen. Glasklare hellblaue kleine Augen, die zeitlos aus faltigen Lidern blinzeln. Es könnten auch die Augen eines Babys sein, wenn man sie isoliert betrachten würde. Die gleiche Ewigkeit im Blick, allerdings mit einem Unterschied: Babys haben einen Blick, der aus dem Himmel zu kommen scheint, sein Blick offenbart, dass er zurückgekehrt ist in den Himmel.

Sie haben Leid erfahren in Ihrem Leben, sagt er. *Doch ich sehe, es ist keine Traurigkeit mehr in Ihrem Herzen.*

Er hat recht. Ich lehne mich zurück und blinzele in den Himmel. Eine Woge der Liebe durchflutet mich und das Gefühl des Friedens wird immer tiefer in mir.

In diesem Frieden fehlt nichts. Kein Mann, kein Geld, keine schlanke Figur. Keine Anerkennung durch einen anderen Menschen. Es gibt in diesem Augenblick kein Ziel, keinen Wunsch, irgendetwas zu tun oder woanders zu sein.

Es gibt auch keine Fragen mehr – nicht einmal danach, wer er ist. Da ist nichts zu bereden, keine Unterhaltung zu führen oder sich gegenseitig zu erklären.

Wir schweigen.

Ab und zu blicken wir uns an und lächeln. Jeder Blick in seine Augen verstärkt dieses Summen in meinem Herzen.

Grenzen verschwimmen.

Fast kommt es mir vor, als ob die Liebe, die durch seine Augen auf mich blickt, meine eigene wäre. Ich schaue durch seine Augen auf mich – wie in einem Spiegel.

Ein tiefes Lachen will aus meiner Brust heraus, kein Schrei diesmal, ein Lachen! Erst ist es wie ein Glucksen, ein Kitzeln, dann wird es stärker, immer mehr und mehr, und ich habe wieder den Eindruck, an einen Trafo angeschlossen zu sein, anders als sonst, mitten im Herzen. Das letzte Mal schien die Energiequelle in

meinem Bauch zu sein, jetzt ist sie in meiner Brust. Dann bricht es plötzlich aus mir heraus. Unaufhaltsam.
Ich lache.
Ich lache und lache und halte mir den Bauch. Tränen laufen mir über's Gesicht und ich kann nicht mehr aufhören.
Der Alte lässt die Zahnstummel blitzen und legt seine linke Hand auf sein Herz.
Ich tue es ihm nach.
Langsam beruhige ich mich wieder, der Lachflash ist vorbei.
Was jetzt zurückbleibt, ist Stille.
Eine Stille im Herzen, bis zum Bersten angefüllt mit Liebe.

Nach ein paar Minuten steht der alte Mann auf und schiebt seinen Stuhl an den Tisch. Bevor er seinen Hut aufsetzt, hebt er ihn noch einmal zum Gruß an.
Leben Sie wohl, Señora, sagt er und lächelt, *leben Sie wohl.*

Probleme wie du und ich

Die Finca ist aufgeräumt, die Koffer sind gepackt. Heute Vormittag war ich noch einmal bei Consuela und Antonio, um mich zu verabschieden. Es gab reichlich Tränen und Ermahnungen und ein Versprechen, im nächsten Jahr wiederzukommen.
Ich sitze ein letztes Mal auf dem dunkelbraunen Chesterfieldsofa und fühle mich very British. Mein Blick schweift durch's Zimmer und meine Hände streicheln das glatte Hochglanzleder mit den typischen eingesteppten Knöpfen. Ein Knopf macht eben manchmal das gewisse Etwas! Zwischen Sitzkissen und Armlehne klemmt etwas. Ich ziehe meinen Briefumschlag heraus, den mit dem Gelübde. Oh Gott! Den hatte ich total vergessen! Nur gut, dass ihn Consuela nicht gefunden hat oder noch schlimmer: Frau Wiegands Mann! Ich beschließe, diesen Unfug auf der Terrasse zu verbrennen.
Ich brauche kein Gelübde. Alles ist gut, wie es ist.
Sollte eines Tages Mr. Darcy kommen, ist er eben da.
Bis dahin werde ich schreiben, schreiben, schreiben und nochmals schreiben. Nein, das klingt so, als würde ich warten, als würde ich schreiben, um die Zeit zu überbrücken. Aber so fühle ich mich nicht. Ich habe so viele Ideen im Kopf für neue Bücher!
Einen ganz besonderen Wunsch werde ich mir ganz sicher bald erfüllen: einen Malkurs in der Toskana! Damit keiner mehr Weltraumstationen sieht, wo eigentlich Wellen an den Strand schwappen!
Brigitte muss ich unbedingt noch anrufen, um mich zu verabschieden.
Hallo Zora, wie geht es dir?
Danke, sehr gut. Ich möchte dir einfach noch mal ganz herzlich Danke sagen für deine Session. Ich bin ... durch ... und hab verstanden, was du mir sagen wolltest ...
Oh, das freut mich aber, ich habe mir fast so etwas gedacht. Ich musste gestern Abend an dich denken und das hat sich ziemlich gut angefühlt. Ich wollte dich auch gerade anrufen und für heute Abend

einladen. Wir machen eine kleine Party. Hast du Lust? Brigitte klingt auf einmal ganz aufgekratzt.
Das tut mir leid, ich rufe nämlich auch an, um mich zu verabschieden. Ich fliege in drei Stunden, bin schon fast weg.
Ach je, ich dachte, du fliegst Samstag?!
Wollte ich ursprünglich auch. Das war eine spontane Entscheidung. Ich habe plötzlich gefühlt, dass meine Zeit hier vorerst zu Ende ist. Ein gutes Ende, füge ich hinzu.
Verstehe ...
Also ganz lieben Dank noch mal für alles, du hast mir sehr geholfen. Wenn ich mal wieder nach Lanzarote komme, besuche ich dich auf jeden Fall! Versprochen!
Brigitte schweigt einen Moment.
Ich bin übrigens im Winter wegen eines Seminars zwei Wochen in Berlin. Vielleicht besuche ich dich in Leipzig.
Oh ja, das wäre toll! Melde dich unbedingt, ja? – Und grüße Oliver herzlich von mir.
Klar, natürlich. Guten Flug, Zora, und eine gute Zeit!
Dir auch! Ciao!

Am Schalter der Mietwagenfirma drängeln sich ein paar Touristen. Ich stelle mich geduldig an und warte.
Einer der Männer sieht ein bisschen aus wie Blondi, kanarische Bräune, muskelbepackt, Goldkette und blonde Strähnchen im hochgegelten Igel. Nur gedrungener ist er und hat Tätowierungen. Neben ihm auf High Heels das Pendant, allerdings in Rabenschwarz. Pferdeschwanz bis zum Po, riesige Kreolen, bauchfreies Shirt, Jeansminirock. Der Rock beginnt allerdings erst da, wo zu meiner Zeit die Röcke schon fast aufhörten. Arschgeweih und blitzender Tanga inklusive. Die quietschpink lackierten ellenlangen Nägel mit Glitzerspitzen und Nagelpiercing. Eine Etage tiefer dasselbe in Grün! Tatsache! Das gleiche Nagelstyling schaut in Giftgrün aus den güldenen Sandaletten.
Ronny, isch globe, mor griechen geene guden Plätze mähr, wenn de dich ni ausmährst ...

Oh, wir fliegen im selben Flieger! Wie nett! Ich muss schmunzeln. *Och, Bübbi, mach ma geen Häggmägg! Dor Scherohm duhd doch besätzn ... Där stäht doch midder Schandall ganz hindn, am Schaldor von der Tschermän Winks! Nu mach ma geene Brieh, mer sin doch glei dran,* beschwichtigt Herr Ronny und träumt weiter. Doch dann das Unfassbare!

Wieso denn Tschermän Winks!, schreit er plötzlich ganz aufgeregt. *Mer flieschen doch midder Gondohr!*

Shit, hatte mich schon gefreut.

Entschuldigung, fliegen Sie 17.40 Uhr nach Leipzig?, hänge ich mich rein. Püppi dreht sich um.

Nu. Mer flieschen nach Leepzsch.

Dann fliegen wir mit Air Berlin, sage ich klugscheißerisch.

Püppi hampelt nervös herum. *Siesde! Wussdich doch gleech, diss där dis wieder vermährd, dor Armleischdor!*

Damit meint sie offensichtlich ihren Ronny.

Ronny wird jetzt auch wütend.

Hadd där doch gäsdern uffn Schgahdahmd uff dän Sähschelbout gesachd, där Dähmlagg! Isch gann da nüschd dafier! Där hadd eene midn Dobblabbn midgegrischd als Gnilch, dor Gehärrnambudierde! Nä Indälligändsbäsdche wor där noch nie!

Ronny belegt den Spanier am Schalter auf Sächsisch.

Nu mache mo hinnä! Mär ham geene Zeid wie dä schbanischn Schlafdabläddn. Bei uns gähds nämlisch um de Läborworschd, mei Gudsder!

Püppi zieht ihren aufgebrachten Ronny am T-Shirt mit sich fort. *Du bisd een Närchelfriddse, weesde! Do fohr mo ähmd widder an Äffgahgah! Gomm jedze, mer gähn noch ne Blämbe dringn, dor lädzte Gaffee in Schbanien!*

Ich fühle mich nun gänzlich auf Leipzig eingestimmt und freu mich aufs *gemiedliche* Treiben in Ostdeutschlands schönster Metropole. Dor Saggse is helle, heeflich un ... heemdiggsch!

Gleich morgen werde ich einen Stadtbummel machen und ich habe mir vorgenommen, mit mindestens drei Schuhtüten nach Hause zu kommen!

Der Spanier am Schalter ist sichtlich erleichtert, als ich ihm ohne viel Gezeter meinen Autoschlüssel übergebe. Sicher weiß er gar nicht, wie glücklich er sich schätzen kann, dass er kein Sächsisch versteht. Ich bekomme noch ein paar Papiere zur Unterschrift und stecke die Kopie in meine Handtasche.

Zora!

Erschrocken fahre ich herum, sehe aber niemanden.

Zora, hier oben! Ich schaue nach oben. Auf der Galerie, die zu den Außenparkplätzen führt, steht Oliver.

Warte, lauf nicht weg!

Ich weiß im Moment gar nicht, was ich denken soll. Stehe wie angewurzelt, aber innerlich ruhig. Oliver steigt aus dem Fahrstuhl aus und eilt auf mich zu.

Einen Moment habe ich das Gefühl, er möchte mich umarmen, er hält aber plötzlich inne und umfasst mit seinen Händen meine Arme.

Wir müssen reden! Bitte!

Einverstanden. Wenigstens mein Missverständnis mit Robert kann ich nun aus dem Weg räumen. Das wäre ein guter Abschluss.

Lass uns einen Kaffee trinken, du hast ja noch Zeit, schlägt Oliver vor.

Ich würde gerne erst meine Koffer aufgeben. Ist das okay?

Oliver nickt. *Natürlich. Ich hole mir inzwischen eine Zeitung.*

Ich reihe mich in der Warteschlange ein und blicke Oliver nach, wie er zum Zeitungskiosk schlendert. Seine Haare sind heute zu einem Zopf zusammengebunden, er trägt ein dunkelrotes Leinenhemd über einer legeren Leinenhose. Ich bemerke, dass sich sehr viele Frauen, aber auch Männer nach ihm umdrehen. Er ist schon eine ausgesprochen schöne und rassige Erscheinung! Mir wird's ganz warm ums Herz. Obwohl ich innerlich komischerweise relativ gelassen bin, bin ich natürlich auch gespannt, was er mir sagen will. Ein bisschen Hoffnung ist auch noch da, aber keine herzverengende Angst mehr, dass sich die Hoffnung nicht erfüllen könnte. Ich bin einige Meter in der Schlange weitergerutscht, als Oliver mit der Zeitung unterm Arm zurückkommt. Er setzt sich auf eine der Wartebänke seitlich von mir.

Oliver schlägt seine Zeitung auf, dann schaut er mich an. Ich wühle nervös in meiner Handtasche, bis ich erkenne, dass ich schon wieder dabei bin, mich hinter Ablenkungsmanövern zu verstecken. Wieso sollte ich seinem Blick denn nicht standhalten? Zumindest kann ich es ja mal versuchen, zu verlieren habe ich nichts. Oliver sieht mich immer noch an – und ich schaue zurück.
Unsere Augen treffen sich und nach wenigen Sekunden habe ich das Gefühl, dass es keiner Worte mehr bedarf. Er hat wieder das Brennen in seinen Augen und meine Knie werden weich. Ein paar Sekunden später springt er plötzlich auf und ist mit drei Schritten bei mir. Bevor ich richtig begreifen kann, was los ist, nimmt Oliver mich in den Arm und küsst mich lange und innig, mitten zwischen all den Sachsen.
Na die hahm aworr een Liewesbädärfnis heidzudoche, schimpft eine ältere Frau hinter uns. *Sou ä Lodderlähm scho uffn Fluchhafn, dorr gannsde dorr nuhr andn Dähds greifn.*
Der Kaffee hier schmeckt wirklich nicht besonders. Ich rühre ein bisschen vor mich hin und warte auf Oliver, der sich noch ein Wasser holt.
Ich bin gespannt auf seine Erklärungen, besonders wegen Mira. Dem leidenschaftlichen Kuss nach zu urteilen, scheint er die Sache mit Robert vergessen zu haben.
Richtig erklären kann ich es mir nicht, ohne eine vage Hoffnung in mir aufkeimen zu lassen, dass er doch mehr Gefühle für mich hat, als ich bislang vermutet habe.
Trotzdem ist es anders als vor ein paar Tagen – wie eine Überraschung, die man nicht erwartet hat: Freude, Herzklopfen, auch Aufkeimen von Lust.
Andererseits ist es nicht mehr so wichtig, mein Leben hängt nicht mehr davon ab oder gar mein Selbstwert, mein Wohlfühlen, meine Zukunft.
Ich hatte UNS eigentlich abgehakt. Nun taucht Oliver wieder auf – und es ist schön, dass er da ist. Aber morgen werde ich in Leipzig sein und es wird genauso gut und richtig sein, auch ohne ihn. Oliver kommt zurück und setzt sich gegenüber.

Er schaut mich lange an.
Bevor ich dich noch etwas wegen Robert fragen muss, möchte ich die Situation mit Mira erklären, beginnt er endlich.
Ich nicke, sage aber nichts.
Mira ist zu Besuch bei Brigitte. Ich habe sie nur vom Flughafen abgeholt.
Oliver schaut mich fragend an, als ob er eine Reaktion erwartet –, aber ich schweige. Nach ein paar Sekunden fährt er fort:
Ihr geht es nicht gut, aber das hat nichts mit mir zu tun. Ihre Beziehung ist auseinandergegangen, und das auf sehr unschöne Art. Sie möchte jetzt mit Brigitte einiges aufarbeiten – Abstand bekommen und überlegen, wie es weitergeht.
Am Flughafen fing sie direkt an zu weinen, als sie mich sah, und ich habe sie getröstet. Aber wir sind nur gute Freunde ...
Oliver überlegt kurz.
Was heißt NUR – ich bin richtig froh, dass wir inzwischen Freunde sein können. Ich mag es nicht, wenn aus Liebe irgendwann Hass wird oder Verachtung. Ich denke, Mira und ich haben das inzwischen gut hinbekommen.
Ich nicke und trinke meinen Kaffee aus. Oliver scheint auf eine Reaktion meinerseits zu warten, ich sehe das an seinem unruhigen Blick.
Warum erzählst du mir das? Du bist mir doch keine Rechenschaft schuldig, Oliver.
Ich bin verrückt nach dir.
Oliver sagt das sehr ernst und ohne Unterton.
Und damit meine ich nicht in erster Linie körperliches Begehren, sondern mein Herz.
Oh ... Ich fühle mich gerade wie Weihnachten! Wie wenn man ein Geschenk bekommen hat, auf das man jahrelang sehnsüchtig gewartet hat – und eigentlich hatte man diesen Traum gerade eben abgehakt, es jemals zu bekommen!
Seit wann?
Ich weiß es nicht, es ist gewachsen bei jedem Treffen. Damals in Órzola, als wir uns das erste Mal gesehen haben, hatte ich dich

kaum wahrgenommen, weil es mir sehr schlecht ging. Ich hatte an diesem Tag die Nachricht bekommen, dass mein Vater gestorben ist. Doch schon am Abend kamst du mir immer wieder in den Sinn – und seither hast du mich keine Stunde mehr losgelassen.

Puhhh! Die ganze gequirlte Kacke in meinem Kopf, die mich immer wieder und wieder an mein eigenes Leiden gefesselt hat, zerplatzt plötzlich wie eine Seifenblase! Brigitte hatte ja so recht! Ich *wollte* in seinem Desinteresse eine Ablehnung sehen, weil ich mich selbst nur zu gerne ablehne! Ich sah nur das, was ich sehen konnte! Dabei hatte es gar nichts mit mir zu tun! Nun, da ich es losgelassen habe, darf es sich offenbaren.

Das tut mir leid mit deinem Vater.

Mein Herz geht auf wie eine Rose im Zeitraffer. Ich greife instinktiv nach Olivers Hand.

Ich kannte ihn kaum, weißt du. Er hat meine Mutter verlassen, als ich zwei war. Hab ihn nur ein- oder zweimal gesehen. Als die Nachricht kam, war es dann doch ein Schock und mir war klar, wie sehr ich ihn vermisst habe. Ich habe ein paar Tage gebraucht, um das zu verarbeiten. Ich war sehr mit mir und meinen Gefühlen beschäftigt, war etwas redefaul und wortkarg. Ich denke, du hast das gespürt ...

Und wie! Nur ich blöde Kuh habe es direkt auf mich bezogen!

Ich dachte, du magst mich nicht ...

Oliver protestiert. *Doch, und wie! Es gab nur anfangs wenig Raum dafür. Das andere musste erst angeschaut werden und hat viel Platz in meinem Herzen in Anspruch genommen. Brigitte hat mir wieder einmal sehr geholfen. Wir hatten einige Sitzungen und stundenlange Gespräche. An dem Tag, als wir uns bei Brigitte auf dem Berg getroffen hatten, war es dann plötzlich gut. Er ruht nun in Frieden – auch in meinem Herzen. Ja, und kaum war die Trauer weg, erwachten die Gefühle für dich – und wie!*

Olivers Augen funkeln mich an.

Uhhh, das muss ich erst einmal sacken lassen. Richtig denken kann ich gar nicht. Es fühlt sich an, als wenn man zu dem Geschenk, auf das man jahrelang gewartet hat, noch lauter Sahnetörtchen, Schillerlocken und Nougatpralinen dazubekommt.

Du sagst gar nichts? Oliver schaut mir tief in die Augen, als ob er etwas sucht in meinem Blick.
Du, ich bin sprachlos, verwirrt, überrascht und auch berührt.
In meinem Kopf überschlägt sich gerade einiges – und in meinem Herzen auch.
Oliver küsst mir die Hand, immer und immer wieder berührt er sie mit seinen Lippen.
Mein Herz steht in Flammen. Die ganze Ironie meiner Selbstquälerei und meiner Ängste wird mir vollends bewusst! Es ist wie ein kosmischer Witz! In dem Moment, in dem ich meinen Kampf um ihn und vor allem gegen mich aufgegeben habe, verschwinden alle Fronten und er kommt angeritten auf seinem Mustang mit wehender weißer Fahne. Ja, es scheint sogar nie Fronten gegeben zu haben! Sie alle haben nur in meinem Kopf existiert. Früher habe ich geglaubt, dass es das höchste Glück wäre, nach so einem selbstzermürbenden Kampf zu siegen, also den Mann *doch noch zu bekommen*! Quasi gegen oder *trotz* aller Hindernisse! Doch nun bekomme ich das Geschenk, sehen zu dürfen, dass nie ein Kampf hätte stattfinden müssen, weil da, wo ich Gespenster sah, harmlose Blumen blühten. Es ist, als ob das, was da in unserem Kopf immer wieder unsere Knöpfe drückt, uns durch eine Spezialbrille schauen lässt und uns keine objektive Wahrheit sehen lässt, sondern nur eine für uns ziemlich reale Version eines Traumgespinstes. Ich muss lachen.
Was ist los? Oliver schaut mich gespannt an.
Nichts, nur Selbsterkenntnis!, lache ich.
Darf ich dich etwas fragen?
Oliver nippt nervös an seinem Glas.
Na klar! Ich weiß auch schon, was ...
Er wird ein klein wenig rot. *Ja, Robert ...*
Am Dienstag, als du Mira und mich im Flughafen gesehen hast, hatte ich abends, als wir bei Brigitte zusammensaßen, noch ein interessantes Gespräch mit Brigitte. Ich will jetzt gar nicht so viel davon berichten, jedenfalls war es am Ende so, dass ich erkannte, dass dein Eindruck von uns derselbe gewesen sein muss wie der, den

ich hatte, als ich Robert im Handtuch aus deinem Schlafzimmer kommen sah. Nun ja, vielleicht war meiner ein wenig schlimmer, kokettiert er.
Nein.
Nein? Oliver stutzt. *Ja, du hast recht. Jedenfalls sagte ich mir, dass dann, wenn ich weiß, dass dein Eindruck über mich und Mira falsch ist, vielleicht auch mein eigener über dich und Robert falsch sein könnte ... Mir wurde klar, dass ich den alten Gespenstern wieder Macht gebe, und ich wollte zumindest versuchen, das erst einmal herauszufinden, bevor ich die Flinte ins Korn werfe.*
Interessant, dass Oliver genau das gleiche Bild in sich trägt, dass ich gerade hatte: Gespenster ...
Aber bei mir zu Hause hast du deine Flinte in hohem Bogen weggeworfen!, grinse ich ein wenig.
Ja, ich weiß. Brigitte hat mich zum Anhalten gebracht. Sie hatte mir schon vor längerer Zeit gesagt, als wir an der Trennungsgeschichte mit Mira gearbeitet haben, dass bei der nächsten Frau, für die ich etwas empfinde, die alten Muster versuchen werden, wieder Macht zu bekommen.
Oliver streicht sich die Haare aus der Stirn.
Und du bist auch prompt darauf hereingefallen und hast deinen Fluchtmechanismus aktiviert – wie ich auch.
Oliver senkt ein bisschen den Blick. *Ich habe noch keine Erfahrung mit dem NEUEN, weißt du. Du bist die erste Frau seit Mira, für die ich mich öffne.*
Ja, und schon aktiviert's alle alten Knöpfe! Ich kenn das. Sind wir nicht Marionetten unserer Gewohnheiten?
Oliver nickt. Ich mopse mir sein Wasserglas und trinke.
Nun sag schon, bitte! Was ist mit Robert?
Ich überlege eine Sekunde, ob ich ihn noch etwas zappeln lassen sollte, aber das wäre bereits wieder so ein Mechanismus, der mit Manipulation und Macht zu tun hat. Ich will nur noch echt sein ...
Mit Robert ist gar nichts. Ich war betrunken und todunglücklich – wegen dir, und Robert hat mich getröstet. Dabei sind wir eingeschlafen, wie Geschwister. Frühmorgens hat er nur noch geduscht.

Ich denke, das ist Wahrheit genug, mehr Erklärungen sind nicht nötig und vielleicht auch nicht nachzuvollziehen.
Du warst unglücklich – wegen mir?
Ich habe auch meine Gespenster, weißt du? Und nicht zu wenige! Verstehe!
Oliver lächelt und küsst schon wieder meine Hand.
Ja, ich glaube, ich verstehe. Wir drücken gegenseitig unsere Knöpfe aus der Vergangenheit.
Ich schaue auf die Uhr. *Du, ich denke, ich muss jetzt los.*
Ich stehe auf und werfe mir die Handtasche über die Schulter.
Flieg nicht, bleib noch bis Samstag!
Oliver springt auf und zieht mich an sich. Ich spüre seinen Atem und seinen Herzschlag und könnte ihn auf der Stelle vernaschen.
Ich schreibe an einem neuen Buch, Olli. Und es ist mir sehr wichtig, jetzt daran zu arbeiten, mir selbst treu zu bleiben. Ich habe das Gefühl, ich möchte zum Schreiben nach Hause. Es ist meine Geschichte, mein Innerstes, verpackt in einem Roman. Du kommst auch darin vor, eigentlich bist du sogar die Hauptperson. Es ist wundervoll, was eben mit uns passiert ist, und gut. Mein Herz ist so voll, glaube mir. Aber das ändert nichts daran, dass ich alleine etwas zu Ende bringen möchte. Und was danach kommt, liegt momentan für mich im Nebel.
Während ich spreche, küsst Oliver meine Augen, die Stirn, die Wangen, den Hals. Ich schließe die Augen und versinke in meinen Gefühlen. Nach einem langen, nicht enden wollenden Kuss reiße ich mich los.
Kommst du wieder? Wann sehen wir uns?
Oliver will mich nicht gehen lassen.
Ich weiß es nicht. Es gibt Telefon, E-Mail, Flugzeuge – wer weiß! Mir geht es jetzt so wie dir vor ein paar Wochen mit deinem Vater. Jetzt, in diesem Moment braucht etwas anderes Gehör in mir. Wenn das vollbracht ist, wird Platz sein für etwas Neues. Was das ist, kann ich erst sagen, wenn es so weit ist.
Und ich weiß auch nicht, wie lange es dauert ...
Oliver hat feuchte Augen. Und das treibt mir selbst Tränen in

die Augen. Das erste Mal in meinem Leben weint mir ein echter Marlboro-Mann nach, da darf frau schon mal gerührt sein.
Schick mir das Manuskript, wenn du möchtest. Gewähre mir einen Blick in die Abgründe deiner Seele, lächelt er.
Ja, das mache ich. Aber erst, wenn ich fertig bin.
Wir küssen uns noch einmal zum Abschied. Dann gehe ich erhobenen Hauptes durch die Sicherheitskontrolle in den Wartebereich.

Fettgeflüster

In meiner Wohnung ist es ziemlich kühl. Einen Moment lang überlege ich, ob ich die Heizung aufdrehe, doch ich entscheide mich für ein knisterndes Feuerchen im Kamin. Draußen ist es bereits dunkel. Bevor das Feuer richtig zu brennen beginnt, öffne ich erst einmal die Fenster und lasse den Muff der letzten vier Wochen hinausströmen und die frische Herbstluft herein. Herrlich!

In einer Woche ist bereits Herbstanfang. Ich trauere dem Sommer in keinster Weise nach, denn fast vier Wochen Glut und Trockenheit haben mir gereicht, um meinen Bedarf an Hitze für die gesamten Wechseljahre zu decken. Nicht, dass ich schon drinsteckte – doch manchmal winkt die alte Mähre Klimakterium schon mit klitzekleinen Stimmungsschwankungen und lässt mal eben wegen der Vorfreude ein paar derbe schwarze Barthaare am Kinn sprießen.

Ich wühle im Kleiderschrank nach einem kuscheligen Pulli und gestrickten Socken. Mag einer sagen, was er will, selbst gestrickte Socken halten die Füße anders warm als gekaufte!

Als das Feuer richtig knistert, kuschele ich mich in eine Decke ein, mache es mir auf dem Sofa bequem und klappe den Laptop auf. Eine Mail von Frau Wiegand und eine von Oliver. Welche zuerst? Erst die Arbeit und dann das Vergnügen.

Frau Wiegand ist nicht gerade begeistert von meinem neuen Manuskript und hat schon diverse generalstabsmäßige Besprechungen für nächste Woche angesetzt. Ihr schweben erwartungsgemäß weitere Arztromane im heimeligen Erfolgsstil von Rosamunde Pilcher vor.

Meine vorsichtige Begründung, dass es sich doch eigentlich immer wieder um die gleichen Ärzte und Krankenschwestern handele, wehrt sie mit dem Hammervorschlag ab, die nächste Geschichte zur Abwechslung an den Chiemsee zu verlagern. Außerdem könne die Story ja diesmal in einer Schönheitsklinik spielen. Und der Oberarzt dürfe auch ruhig mal eine Oberärztin sein: Das sei doch wirklich Veränderung genug!

Frau Dr. Mang also, verliebt in den Aushilfskrankenpfleger Micha. Zur Untermauerung ihres Vorschlags und zwecks Verbesserung meines geografischen Wissens offeriert sie mir ihr Wochenendhaus in Gstad! Ich glaube es nicht! Ich denke, ich sollte schon einmal darüber nachdenken, wo ich gerne noch überall Urlaub machen würde – vielleicht besitzt sie ja noch mehr Häuser rund um den Globus!
Dafür bekomme ich, wen wundert's, großes Lob für mein fertiggestelltes Buch und die Ankündigung, dass dieses zur Korrektur und nochmaliger Überarbeitung an mich unterwegs sei.
Wenn ich ehrlich bin, graut's mir davor. Ein Buch zu schreiben, ist eine Sache. Es dann noch dreimal von vorne durchzuarbeiten eine andere. Wer liest schon gerne seine eigenen Ergüsse, zumal, wenn man weiß, wie's ausgeht!
Viel lieber würde ich mich meinem neuen Buch widmen, als den Schnee von gestern wieder aufzurollen. Aber leider gehört das eben auch dazu. Ich seufze. Bücher zu schreiben ist wirklich wie eine Schwangerschaft. Erst geht es ewig nicht vorwärts und du glaubst nie, dass da etwas wächst. Im ersten Drittel findest du das Ganze einfach zum Kotzen. Dann kriegst du dicke Füße vom langen Sitzen, Bluthochdruck und seltsame Schlaf- und Essgewohnheiten und im letzten Drittel soll das Werk einfach nur noch vollendet werden. Wenn dein Kind dann endlich geboren ist, schaust du noch kurz, ob alles dran ist, und gibst es dann der Schwester zum Waschen und Baden. Die Käseschmiere sollen andere entfernen, du bist erschöpft und brauchst die verdiente Ruhe! Schön sauber und gebündelt in einer hübschen Verpackung bekommst du es dann irgendwann zurück und zeigst es stolz herum ...

Oliver hat mir eine lange Mail geschrieben, in der er mir vieles aus seinem Leben offenbart. An manchen Stellen muss ich lachen, denn in seinem Brief stecken viel Humor und Ironie. Das sind ganz neue Seiten, die ich bislang noch nicht an ihm entdeckt hatte. Ich entdecke sie aber gerade mit einem derart verzückten

Wohlwollen, dass es meine Marlboro-Traummann-Fantasie und mein Blut in Wallung bringt. Ich schicke ihm eine kurze, aber glühende Antwort, dann falle ich gegen eins tagträumerisch beflügelt in mein Bett. Bei solchen Hitzewallungen, die nicht von der Unterwerfung geschwächter weiblicher Hormone durch zu viel Testosteron herrühren, hilft es überhaupt nicht, sich stundenlang sinnlos herumzuwälzen und nach Schlaf zu lechzen, sondern man kann nur zügig und zielgerichtet selbst Hand anlegen und dem Leiden, ausgelöst durch das Kopfkino, ein Ende bereiten. Noch schneller geht's batteriebetrieben ...

Die nächsten Tage verbringe ich fast ausschließlich am PC, manchmal vierzehn Stunden am Stück und mehr. Ich stehe sehr zeitig auf, damit ich mein Korrekturpensum abarbeiten und mich dann nachmittags meinem neuen Buch widmen kann. Nach drei Tagen bin ich verspannt von den Haarwurzeln bis in die Fingerspitzen, habe Kopf, Rücken und Krampfadern. Das ewige Sitzen tut meinem Körper gar nicht gut!
Ich lasse alles stehen und liegen und ziehe mich wetterfest an. Ich brauche unbedingt frische Luft und Bewegung! Wenn mein Körper schon so laut danach schreit, sollte ich zur Abwechslung einmal auf ihn hören!
Mein Leben lang war ich ein Bewegungsmuffel, bin oft sogar die hundert Meter bis zum Bäcker mit dem Auto gefahren, aber ich muss ehrlich zugeben, dass mir die Läufe am Strand von Arrieta gutgetan haben! Eigentlich hasse ich ja Sport in jedweder Form. Bei mir hat noch nie ein Dauerlauf Endorphine ausgeschüttet, geschweige denn Rauschzustände verursacht! Nicht einmal in der Schule, als ich noch kein zusätzliches Michelinmännchen herumschleppen musste. Ich saß lieber hinter einem Busch in der Kleingartenanlage, durch die uns der Sportlehrer trieb, aß genüsslich Schokolade und wartete auf die letzte Runde, um mich der keuchenden Truppe als Schlusslicht wieder anzuschließen. Das bescherte allerdings auch Glücksgefühle, wenn es der Lehrer nicht merkte!

Ich ziehe die wetterfestesten Halbschuhe an, die ich besitze. Wasser von oben macht ja auch entfernt ein wenig Meerfeeling, bei sehr viel Fantasie – also sehr entfernt.
Ich marschiere mit Schirm und Jeansjacke los. Eine Regenjacke besitze ich gar nicht, denn bei schlechtem Wetter bleibe ich normalerweise zu Hause. Diesen Spruch, es gäbe kein schlechtes Wetter, nur schlechte Kleidung, betrachte ich gerade ziemlich gespalten. Momentan scheint er ja zu stimmen, dafür halte ich ihn in der Verallgemeinerung für Blödsinn! Schließlich haben wir Häuser, Autos und Gleitzeitarbeit erfunden, um uns nicht jeder Unbill des Himmels ausliefern zu müssen!
Nach fünf Minuten bin ich komplett durchgeweicht. Mir laufen die Rinnsale aus dem BH, eine Schweiß-Regen-Mischung allererster Güte!
Als ich meinen allerersten BH einforderte, prüfte meine Mutter die Notwendigkeit noch mit dem Bleistifttest. Heute könnte ich eine ganze Regenrinne unterklemmen und hätte es auch nötig! Der Regen kommt direkt von vorn. Warum sagt einem das denn keiner! Der Wetterbericht könnte ruhig mitteilen, ob der Regen die vertikale oder horizontale Route nimmt! Sauerei! Das werde ich mal dem Wetterdienst schreiben! Meine Füße quietschen feucht in den Halbschuhen vor sich hin – oder die Halbschuhe quietschen vor Freude, weil sie endlich sauber werden. Man putzt ja heute nicht mehr. Also Annette putzt schon noch! Sie besitzt ja auch teure Ledertreter. Wer allerdings wie ich bei Deichmann kauft, braucht nur Fußspray, Kunststoffkleber und Nerven wie Drahtseile!
Ich laufe stur weiter, ohne Ziel, mitten durch den platschenden Regen. Eine Stunde später finde ich mich in einem Sportgeschäft in der Innenstadt wieder. Es war mir einfach zu dämlich, alle fünf Minuten den Schirm in die andere Hand zu wechseln, weil mir der Arm wehtat! Mein Schirm sieht aus wie diese Teile, mit denen man sich selbst die Kopfhaut kratzen kann. Den restlichen Stoff hat's um den Griff gewickelt. *Was vom Tragen übrig blieb* – einer meiner Lieblingsfilme. Ich mag den Herbst heute irgendwie nicht ganz so dolle.

Statt mit den drei geplanten Schuhtüten inklusive Pumps komme ich mit einer Regenjacke, Laufschuhen und Gummistiefeln von meinem ersten Stadtbummel zurück – verschwitzt, nass, aber glücklich!

Na ja, Sportschuhe und Gummistiefel sind ja auch irgendwie ... Schuhe, wenn auch im weitesten Sinne. Zu den Ed-Party-Gummis hat es nicht gereicht, dafür hab ich jetzt so hübsche schwarze an mit Rosen. Solche trägt Lady Ashley bestimmt auch, wenn sie im Garten ihre Hortensien schneidet. Und Totenköpfe auf den Füßen müssen ja auch nicht unbedingt sein, nicht in meinem Alter! Nicht, dass man da noch falsche Schlüsse zieht!

Dann lieber doch die mit den Blumen, die ja symbolisch für die Blüte meines Lebens stehen könnten.

Auf dem Rückweg hört es plötzlich auf zu regnen. Klar, exakt in dem Augenblick, in dem ich Gummistiefel und eine Regenjacke anhabe! Die Rinnsale laufen weiter aus dem BH. Komisch – eine ganz neue Erfahrung! Normalerweise schwitze ich nur in den Umkleidekabinen, meistens wegen der Preise. Manchmal schwitze ich allerdings auch, wenn man mir mein Dekolleté mit zu viel Stoff verhüllen möchte, halsnahe Shirts sind mir einfach ein Graus! Sie teilen optisch den Oberkörper so komisch auf, als ob die Brust im unteren Drittel säße oder – hinge. Tsss!

Nach dem Duschen schreibt sich's noch mal so gut. Mein Kopf ist durchgepustet und klar. Ich hole mir Wasser. Wär jetzt auch irgendwie blöd, Cola oder Limonade zu trinken nach der sportlichen Höchstleistung.

Dann lieber ein bisschen leise Musik im Hintergrund, stillt vielleicht auch die süßen Gelüste, zumindest mental.

Antenne Sachsen scheppert Creedence Clearwater Revival durch den Äther – wer den Namen dieser Rockgruppe noch kennt und aussprechen kann, ist im Grunde genommen altersmäßig bereits am Ende und kann ruhig Totenköpfe tragen. Diese Musik sorgt bei mir jedoch nicht für das notwendige musische Ambiente. Ich hab immer noch Coladurst. Schwarz und heiß sollte der Colaersatz schon sein: Barry White! Das isses.

Ich weiß auch nicht, was das ist. Diese Begeisterung am Schreiben, die mich derzeit erfüllt, die mich die Welt ringsum vergessen lässt – und sogar streckenweise den Kühlschrank, ist mir neu. Auf jeden Fall sagt mir mein Bauch damit ganz deutlich, dass ich auf dem richtigen Weg bin.
Sollte das Frau Wiegand nicht so sehen, zweigt mein Weg vielleicht ab in eine andere Richtung.

In den nächsten Tagen laufe ich jeden Mittag eine große Runde. Ich spüre, wie es mir guttut, auch wenn es immer ein klein wenig Überwindung kostet. Es hilft mir auch mental, meinen Kopf nach den Korrekturen frei zu bekommen und durchzulüften. Unterwegs konzentriere ich mich bereits auf mein neues Buch und spinne die Geschichte voraus.
Die ersten Tage ist das noch relativ anstrengend und ich komme schnell ins Schwitzen. Aber mit der Zeit wird es leichter und mein schnelles Spazierengehen wandelt sich in flottes Spazierenlaufen. Ich gebe auch häufiger dem Impuls nach, ab und zu ein paar Meter zu joggen. Seit ich Letzteres praktiziere, habe ich meine Spaziergänge in den Park verlegt. Kommt irgendwie besser als auf der Straße. Joggen gehört ja generell in den Park! Im Park wirst du freundlich und aufmunternd von den drahtigen Jungs in hautengen Radlern und von den Schnellsprintschnecken mit den Stöpseln in den Ohren gegrüßt, die alle paar Meter tänzelnd ihren iPod nach geeigneten Titeln von Shakira durchforsten. Auf der Straße dagegen wirst du mitleidig belächelt, wenn du mit deinem lila Kopf schwitzend und hechelnd an der Straßenbahnhaltestelle vorbeiläufst.
Ab und zu lege ich noch kleine Päuschen ein, um bei der Gelegenheit Olivers unzählige Kurznachrichten zu lesen und zu beantworten. Ich sammle seine Meldungen sozusagen. Zehn Messages sind zehn Alibis für zehn Pausen. Nur wichtig gucken muss man dabei und den Kopf verständnislos schütteln.
Oliver fliegt am Samstag für ein paar Wochen in die USA. Eigentlich wollte er nur zum Einkauf und wegen einer Messe über den

großen Teich, aber inzwischen hat er eine Einladung bekommen, an einer dreiwöchigen Motorradrallye durch die Südstaaten teilzunehmen. Ich habe seine verhaltene Begeisterung gespürt und ihm zugeredet. Erst, als ich ihm klargemacht hatte, dass ich derzeit keinen Abstecher nach Lanzarote einplanen kann, hat er der Einladung zugesagt.
Es ist ja nicht so, dass ich keine Sehnsucht nach ihm hätte oder mich nicht über einen Besuch freuen würde. Aber die Zeit ist einfach noch nicht reif dafür, noch nicht reif für uns.

Meine strammen Spaziergänge nutze ich nun immer öfter für kleinere Besorgungen, einfach um Zeit zu sparen. Ich kann es eben gar nicht erwarten, wieder an meinem PC zu sitzen.
Da der Bioladen auf halber Strecke zum Supermarkt liegt, kaufe ich jetzt ab und zu dort ein. Ich kann gar nicht beschreiben, wie beklemmend es für mich ist, diesen Bioladen zu betreten.
Gerade noch gut gelaunt, ein frivoles Liedchen auf den feuchten Lippen findest du dich plötzlich in einem Paralleluniversum wieder. Die sich selbst öffnende Eingangstür ist sozusagen das Wurmloch, durch das du deine Welt verlässt und diese Enklave betrittst. Hineingesogen in die leicht muffig und mottenkugelig riechende Oase wirst du zuallererst von den Blicken der Tofufraktion empfangen. Ausgemergelte, ungeschminkte Frauen in gebatikten Pluderhosen, orangegrün gestreiften Strumpfhosen und mit Henna gefärbten Windeln um den Hals scannen dich von Kopf bis Fuß, und du wirst auf der Stelle doppelt, ach was, dreifach vernichtet! Als Erstes bestehst du schon einmal den Fleischlostest nicht. Du tötest eindeutig Tiere. Und als ob das nicht schon schlimm genug wäre, verhöhnst du die armen Kreaturen auch noch, indem du deinen Kindern von einem pickeligen Azubi eine Scheibe von der verharmlosenden Bärchenwurst mit dem lustigen Gesicht über die Wursttheke reichen lässt. Außerdem bist du selbstredend mitverantwortlich für sämtliche Legebatterien des Landes und die Schweinepest. Legebatterien gibt es leider, die Schweinepest halte ich für eine Erfindung der Pharmaindustrie.

Und man sieht's dir an! Gerechte Strafe! *Die tut es! Schau dir mal an, wie fett die ist,* flüstert es hinter den Regalen. Ohne Schweinemett, Doppelwhopper und Currywurst wärst du nämlich niemals so dick geworden! Und du hättest nicht diese spezielle Art von Körperfett an dir wabbeln! Tierisches Fett lagert sich an Bauch, Busen und Doppelkinn ab, während Vegetarierinnen höchstens die zwar ungefährlichen, aber nicht minder hässlichen Reiterhosen bekommen!

Zweitens trägst du eklige Chemie am Körper und das in rauen Mengen. Du verelendest die halbe Welt mit deinen Slinky- und Elastanträumen. Von Kopf bis Fuß vergiftest du die Umwelt und lässt indische Kinder für dich schuften.

Und als ob das alles noch nicht genug wäre, drückst du letztendlich auch noch das spirituell wachsende kollektive Bewusstsein wieder zurück in die mittelalterlichen Dunkelkammern deines Egos, einfach weil du dich penetrant Reiswaffeln und Sojageschnetzeltem widersetzt!

Im Grunde genommen müsste man dich alleine schon wegen der Tatsache federn und teeren, dass du den Zauber des Ladens durch deine provokative Anwesenheit entweihst. Da hilft nur noch Bekehrung und Abschwören!

Da aber kein Pfarrer anwesend ist, der mir meine Unsensibilität und Verrohung austreiben könnte, schleiche ich durch die Regale, ein schlechtes Gewissen im Genick, mich gegen Gott und die Welt versündigt zu haben, und immer mit dem Gefühl, ertappt zu werden, wenn ich am Tofuregal vorbeilaufe, ohne kräftig hineinzulangen.

Das nach Getreidemühle müffelnde Mädchen an der Kasse schaut mich nicht ganz so streng an. Eher gelangweilt kaut sie mit halb offenem Mund einen Kaugummi mit der Süße von Agavensirup, aber schließlich will sie ja auch meine Euronen, egal, ob die nun biologisch angebaut wurden oder nicht.

Nehme ich jetzt die Vollkorndinkelnudeln oder doch lieber die Kichererbsen?

Hier hast du keine Freunde, hier bist du mutterseelenallein. Im

Bioladen kann einfach nicht zusammenwachsen, was nicht zusammengehört! Selbst häufigere Besuche lassen dich nicht dazugehören, du bist und bleibst eine Aussätzige mit einem Schild auf der Stirn: Spanferkel statt Tofu!

Gehetzt packe ich meine Ökopapiertüte und springe durch die sich selbst öffnende Tür zurück in mein Universum. Draußen stehen zwei Damen mit dem *Wachturm* und wollen mit mir über Gott sprechen. Ich parke meinen Einkaufswagen und verschwinde. Eine Häuserecke weiter führt mein Weg an einem Straßencafé vorbei. Trotz der Kühle sitzen einige Bürobienen im knappen Mini und mit übereinandergeschlagenen Gertenschlankbeinen an den Bistrotischen auf dem Bürgersteig und stochern giggelnd und schwadronierend in ihren Salatschüsseln herum.

Frauen, die richtig essen können und sich das auch trauen, sind eben einfach klasse!

Sie sind sinnliche Genießerinnen und sexuell befreit. So gierig, wie sie eine Tafel Nussschokolade verschlingen, so unersättlich stürzen sie sich auf alle Genüsse dieser Welt.

Nicht essende Frauen dagegen sind völlig daneben. Die wenigsten Männer merken das allerdings. Also sie merken schon nach geraumer Zeit, dass bei ihren Hungerhaken oder Dauerdiätputen etwas nicht stimmt, können es aber nicht verallgemeinern. Prinzipiell denken sie, es läge am Karma, an der Migräne oder an der Freundin der Freundin.

Sie begreifen leider nicht, dass es ein grundsätzliches Dilemma der Lebensverweigerung ist. Alles, was deftig, archaisch und triebhaft ist, wird abgelehnt und durch totale Selbstkontrolle ersetzt. Man müsste Männern schon in der Schule beibringen, dass sie vor dem Geschlechtsakt einer Frau beim Essen zusehen sollten!

Wenn man eine essende Frau um ein Date bittet, geht die vorher zum gut gefüllten Kühlschrank, um nicht durch ein dummes Magenknurren von ihren Multiorgasmen abgelenkt zu werden. Wenn man nicht essende Frauen um ein Date bittet, hungern die drei Tage im Voraus, um in ihr Kleid zu passen – und falls sie beim Sex einmal ohnmächtig werden sollten, dann sicher nicht wegen des vorgetäuschten Orgasmus, sondern vor Auszehrung. Deswegen müssen sie auch irgendwann an der Seite eines Makrobiotikers verdorren, während ich trotz Tofuphobie den schönsten aller Marlboro-Männer bekommen kann, vorausgesetzt, dass ich möchte!

Das Leben ist eben manchmal doch gerecht, auch wenn es oft etwas dauert!

Grinsend und hoch erhobenen Hauptes schlängele ich mich durch die gaffenden Bürobienen an den Bistrotischen und suche einen freien Tisch.

Ich ernte verwunderte Blicke mit einem Hauch von *Warum hat die so eine Ausstrahlung, OBWOHL sie dick ist?* ... Lächelnd parke ich meine Ökotasche auf dem Nachbarstuhl und bestelle mir eine große Portion Tagliatelle in Käse-Sahne-Soße. Ist das Leben nicht prall? Wenigstens ab und zu.

Weiße Hosen aus Athen

Frau Wiegand stakst auf High Heels voran. An der Rezeption fordert sie unsere beiden Suiten ein und macht dem netten, Fielmann bebrillten und streng mit Herrenpomade gescheitelten Portier klar, dass er es ab sofort mit mindestens einer Diva zu tun hat. Ich stelle meinen kleinen Handkoffer ab und schaue mich staunend um. Nicht schlecht! In so einem Nobelhotel steige ich nicht alle Tage ab – wenn ich ehrlich bin, nie.

Eigentlich wollte Frau Wiegand die Lesereise in Frankfurt starten, hat sich dann aber, warum auch immer, kurzfristig für die neuen Bundesländer entschieden.

Mir soll's recht sein, ich wollte schon immer einmal nach Dresden, deswegen freue ich mir gerade tierisch einen ab.

Vor der Lesung morgen Abend stehen die Frauenkirche, der Zwinger und die Semperoper auf dem gemeinsamen Besichtigungsprogramm.

Der Portier mit der Ölfrisur schaut etwas belämmert zu mir herüber. Die Wiegand redet immer noch auf ihn ein unter Zuhilfenahme großer und ausladender Gesten. Sein prüfender Blick gilt meinen eventuell vorhandenen Allüren. Ich lächle ihn an und er lächelt erleichtert zurück.

Während Frau Wiegand scheinbar noch länger braucht, um klarzustellen, was eine erfolgreiche Geschäftsfrau aus den alten Bundesländern im besten Hotel einer Stadt erwartet, deren Frauen jahrzehntelang zwar sexuell freizügig, dafür aber im Drei-Schicht-System ohne Kultur und Esprit versauerten, schaue ich mir die Zeitungen und Postkarten an.

Neben der neuesten Ausgabe der *Bild die Frau* mit dem vielversprechenden Wochentitel *Dreißig Kilo in drei Tagen*, der *Focus Money* und der *Astrowoche* fällt mir eine Zeitschrift mit dem bemerkenswerten Namen *Man's World* ins Auge. Titelbild Edgar Stäuble im Blaumann, wie er für die *Sendung mit der Maus* Modelleisenbahnen erklärt. Des Weiteren geht's in dem Heft laut Deckblatt um Bierdeckel- und Bierfilzsammlungen, die neuesten

Internetprovider, Haarwuchsmittel im Vergleich, den Nürburgring und einen Psychotest, ob Mann sich mit dem Zyklus der Frau auskennt. Bin beeindruckt. Nicht nur, dass mir noch einmal gnadenlos die gut strukturierte Welt der Männer vor Augen geführt wird, man bemüht sich in der Männerzeitung doch redlich um intellektuellen Anspruch und Annäherung an das andere Geschlecht! Und das auch noch ganz ohne Silikontitten!

In Frauenzeitschriften wird dagegen nie getestet, ob Frau weiß, wie eine vollständige Werkzeugbank im Hobbykeller auszusehen hat!

Frau Wiegand ist endlich fertig mit ihrer Ansprache und kommt zu mir getrippelt. *Wir nehmen den Fahrstuhl.*

Meine Suite verschlägt mir die Sprache, sie ist fast größer als meine Wohnung. Ich vermute, dass Frau Wiegand derartigen Luxus gewöhnt ist und sich vielleicht blöd vorkam, mir nur ein einfaches Zimmer zu geben.

Auf dem Tisch steht ein Strauß lachsfarbener Rosen. *Von einem Bewunderer* steht in Handschrift auf dem beigefügten Kärtchen. Ich tippe zuallererst auf den Portier. Vielleicht liest er ja meine Bücher, denn im Zeitungsständer an der Rezeption steckten auch jede Menge Taschenbücher. Deshalb hat er mich so schüchtern beobachtet! Und außer Annette weiß ja wohl keiner, wo ich bin!

Bevor ich meine Sachen auspacke, gönne ich mir ein Bad. Eigentlich habe ich heute Morgen schon geduscht, aber so viel Dekadenz muss sein. Stoisch, ja verschwenderisch lasse ich mannigfaltige Wässerchen und Öle an mir abperlen.

Wundervoll ist es, mit einer Schachtel Edle-Tropfen-in-Nuss und einer locker zwischen den Lippen klebenden Zigarette in der Wanne zu liegen, den Schaum dreier teurer Duftbäder in die Luft zu schnipsen und die lässig aus der Wanne hängenden Füße zu lackieren!

Nägel lackieren und Zigaretten rauchen als solches ist richtig gut. Leider musste man in der Vergangenheit beides ab und zu gegen die Verfechterinnen des Feminismus im Allgemeinen und die des Passivrauchens sowie Nägellackierens im Speziellen in Schutz nehmen.

Doch nach dem allgemeinen Rauchverbot hat es die Regierung geschafft, viele Gernerauchet derart zu verunsichern, dass sie oft nicht mehr wissen, ob sie es sich nicht vielleicht selbst abgewöhnen sollten. Ich werde am Montag mit dem Aufhören beginnen, aber erst am Montag. Heute will ich mich noch dekadent und frivol fühlen dürfen!
Früher durfte Frau ja noch alles. Sie konnte ungeniert und lässig-provokant an der Straßenlaterne lehnen und die vorbeieilenden männlichen Passanten um Feuer bitten, um ihnen anschließend den Rauch des ersten tiefen Zuges lasziv ins Gesicht zu blasen. Wenn das nicht half, half nichts mehr!
Heute bekommst du entweder mitleidige Blicke oder eine Predigt über die Schädlichkeit des Rauchens und einen Gratisvortrag über vegane Ernährung.
Dabei hilft es immer, wenn eine Frau sich diesen frivolen Touch von Selbstvergessenheit verleiht. Männer liegen solchen Frauen sofort zu Füßen und wollen ihr stundenlang beim Rasieren der Beine zuschauen! Wie gebannt sitzen sie und warten darauf, dass sich endlich der lange, tote Aschewurm von der brennenden Zigarette löst, damit sie ihn mit ihren bloßen Händen auffangen dürfen!
Nichtraucherinnen können das alles nicht! Sie können nicht einfach einem vorübereilenden Mann grundlos ins Gesicht hauchen, ohne dümmlich und aufdringlich zu wirken! Und mit einer Elektrozigarette hat es auch nicht die gewünschte Wirkung!
Frauen, die richtig essen können und dazu noch rauchen, bringen Männer um den Verstand. Sie lehnen sich nach Garnelen in Knoblauchöl, Tagliatelle mit Käse-Sahne-Soße und zwei Portionen Tiramisu stöhnend vor Zufriedenheit zurück, stecken sich eine Fluppe zwischen die Lippen und träumen von gutem Sex als Krönung des Tages, während sie laut hörbar Qualmringe in die Luft hauchen.
Die richtiges Essen verweigernden Nichtraucherinnen dagegen kramen nervös nach ihrem Pfefferspray in der Tasche, wenn ihnen der Kellner ungefragt die Nachspeisenkarte bringt. Ich kenne

zwei eingefleischte Vegetarierinnen, die ausschließlich im Bioladen kaufen und nicht rauchen. Beide gestehen, eine Penisphobie zu haben. Man sollte Dildos aus Tofu herstellen, um sie wieder am Leben teilnehmen zu lassen.

Meine Nägel sind getrocknet und der Schaum hat sich verflüchtigt. Bevor mir noch Schwimmhäute zwischen den Zehen wachsen, entsteige ich dem abgestandenen Chanel-Dior-Florena-Mix und hülle mich in feinste Mikrofaser mit Goldborte.
Keine drei Sekunden später klopft es an der Tür.
Frau Wiegand, schlank und zierlich, gut betucht und goldbehängt schaut mich von oben bis unten an und zieht dann die Augenbrauen in die Höhe – was zumindest beweist, dass sie kein Botox spritzen lässt.
Zarah, Sie haben unseren Termin vergessen!
Äh, ja. Wir haben heute noch einen Termin?
Frau Wiegand trommelt ungeduldig gegen den Türrahmen.
Der Dresdner Talk!
So ein Mist! War das denn heute Abend? Ich dachte, sorry ...!
Ich knalle meiner Verlegerin die Tür vor der Nase zu und verfalle in Hektik. Ich bin ja heute Abend zu Gast in der bekannten und beliebten Talkshow vom MDR! Oh Gott, mein Puls beginnt zu beschleunigen. Wahrscheinlich werde ich sowieso kein Wort herausbringen. Aber wenigstens einigermaßen gut will ich aussehen! Zarah Zanelli zum ersten Mal im Fernsehen! Kein Schwein wird wissen, wer ich bin. Und ich werde mich furchtbar blamieren, ich spüre das. Mein Herz wird so sehr rasen, dass ich beim Reden keine Luft bekomme und in Schnappsprache verfalle, wenn ich den Mund überhaupt aufkriege!
Eine Dreiviertelstunde später walle ich im rotgoldenen Annette-Kleid die Freitreppe des Hotels hinunter – nicht, dass ich noch im Fahrstuhl stecken bleibe!
Frau Wiegand springt vom Sessel auf und treibt mich mit einer Salve von Vorwürfen an. Den armen Taxifahrer auch! So gut er kann, schlängelt er sich durch den Feierabendverkehr.

Zarah, wissen Sie noch, wie die Moderatoren heißen?
Klar! Ist ja eine meiner Lieblingssendungen! Roberto Müller-Borgwart, Barbie Schönebauer und Jörg Palaver.
Sie nickt zufrieden und kramt in ihrer Tasche.
Hier noch eine kleine Liste mit Stichpunkten, die unbedingt eingebaut werden müssen!
Ich lese die Liste durch und stecke sie wortlos ein. Ich nehme ja an, dass *ich* von den Moderatoren ausgefragt werde, nicht umgekehrt, und dass das Ganze sowieso noch abgesprochen wird.
Im Sender angekommen, stürze ich mich als Erstes auf das bereitstehende Buffet, während Frau Wiegand mit Herrn Palaver die Prioritäten meiner Antworten vorsortiert.
Ich hoffe, das hilft ihm, mir auch die richtigen Fragen zu stellen! Und weil auch ich gerne bei irgendetwas behilflich bin, helfe ich dem Lachs, der es sich auf einem Gemüsebett bequem macht, in meinem Bauch zu verschwinden. Dort rekelt er sich noch eine Weile wollüstig inmitten von Knoblauch, Dill und Zitrone, bevor er den Weg alles Weltlichen geht.
Nach und nach treffen auch die anderen Promis ein, die mit mir heute die Studiosessel teilen, und ich werde ganz nervös vor Ehrfurcht. Da ist dieser ungemein gut aussehende *Jeff Maier*, der – man höre und staune – mit dem deutschen Titel *Leck mir die Welt zu Füßen* seit Wochen in den Charts ist. Wenn er nicht leckt, malt er, wie wir nachher in der Sendung noch ausführlich erfahren werden. Ich möchte gar nicht so genau wissen, was.
Die Ossiquote bedient heute Abend Herr Franz Schödel, höflicher und kultivierter Immer-noch-Vorzeigekünstler der ehemaligen DDR-Kulturszene. Ich muss sagen, er sieht tatsächlich gut aus und das sogar vor der Maske. Außerdem ist er ein Gentleman der alten Schule: *Bitte nach Ihnen, bitte hinter Ihnen, bitte in Ihnen.* Dreimal hält er mir die Tür auf, obwohl ich gar nicht hinaus will. Das Buffet steht einfach zu nahe am Ausgang.
Aber er hat keinerlei Starallüren, so wie diese *Hader Lump*, die heute die Rote-Teppich-Luderfraktion mit neuerdings politischen Ambitionen vertritt.

Ich hoffe, man führt sie vor. Sie hofft das wahrscheinlich auch. Momentan führt sie sich noch selbst vor in ihrer kunstledernen Wurstpelle mit den Overknees. Aber wahrscheinlich gehört das alles zur Selbstdarstellung. Hirn und Selbstdarstellung scheinen im Leben niemals aufeinanderzutreffen. Die Welt ist also doch größer, als man denkt – und breiter, zumindest an manchen Stellen. Nur, wer wenigstens in Physik gut aufgepasst hat, bildet da manchmal eine Ausnahme und findet die schmale Brücke über das schwarze Loch im Verstand.

Schmeckt der Schinken? Hader Lump hängt ihre riesigen Gummibrüste ins Gemüsebett.

Ja, er schmeckt ... wie norwegischer Lachs.

Hader Lump nimmt sich einen Teller, dreht ihn um und plustert sich auf. *Schauen Sie mal, die haben hier sogar Porzellan aus Australien!*

Ich gucke ungläubig unter meinen Teller und lese: *Made in Austria.*

Ach, geben Sie mir doch mal das Öl von der Manege, bittet mich Hader.

In diesem Moment betritt der Stargast des heutigen Abends den Raum: Nala Moussouki!

Woran erkennt man, dass jemand der Stargast ist? Daran, dass ein Teil der Anwesenden in eine Art schleimige Beflissenheit verfällt und der Rest der eben noch coolen Truppe plötzlich verstummt. Ich gehöre zu Letzteren.

Ich traue mich kaum noch, dieselbe Luft zu atmen, hatte schon bei Herrn Schödel Atemaussetzer, aber nun habe ich Angst, dass ich mit meinem unvorsichtig herausgeblasenen Kohlenmonoxid die strahlende Aura der griechischen Diva beschmutzen könnte.

Im eleganten weißen Hosenanzug schwebt eine wunderschöne Nala Moussouki herein und lächelt. Ich erstarre vor Ehrfurcht und nehme mir vor, sofort am Montag alle verfügbaren Alben von ihr zu kaufen!

Frau Moussouki begrüßt alle Anwesenden mit Handschlag – auch mich! Dabei lächelt sie und sagt jedes Mal mit rauchiger Stimme:

Es ist mir eine große Freude! Und mir erst! Mal davon abgesehen, dass ich als Kind ihre Schlager schrecklich fand, ist sie nach Madonna die erfolgreichste Sängerin der Welt.
Und die sitzt mal eben zufällig heute Abend neben mir – neben Zarah Zanelli, alias Zora Zitzelinger, die nur ein einziges gutes Kleid besitzt und drei lächerliche Arztromane geschrieben hat!
Frau Moussouki ist eine schöne Frau. Sie hat etwas Herbes an sich und wirkt trotzdem sehr weiblich. Sie ist der beste Beweis dafür, dass wahre Schönheit von innen kommt und nicht vom Skalpell. Es ist ihr Charisma, ihr Auftreten, das mich den Atem anhalten lässt, nicht eine besonders hübsche Stupsnase oder wulstige Lippen. Wenn Frauen nur endlich erkennen würden, dass frau sich Schönheit nicht beim Chirurgen kaufen kann! Frau Moussouki würde selbst eine billige schwarze Brille vom Supermarkt zu einer Edeldesignerbrille adeln, allein dadurch, dass sie eine solche trägt.
Die Diva langt nach der Begrüßung am Buffet kräftig zu, was mir ein innerer Vorbeimarsch ist. Ich wette, sie raucht auch hin und wieder ...
Nach Lachs und Schnittchen und einem Glas Schampus verschwindet sie mit ihrer breitschultrigen, männlich-muskulösen Begleitung in die Maske.
Alle Selbstdarstellungsgespräche setzen wieder ein.
Die Mirabell Mondieu ist aber auch nicht mehr die Jüngste, lästert Hader Lump und rückt sich beidhändig die Bowlingkugeln zurecht. *Und ich hab mir die kleiner vorgestellt.*
Jeff Maier schaut gierig herüber. Ich bin mir sicher, ihm fällt gerade der nächste Songtitel ein.
Mirabell Mondieu? Äh, ja.
Wenn ich nicht wüsste, dass Hader Lump neben mir steht, würde ich mir jetzt verömmelt vorkommen.
Ach wissen Sie, Frau Lump, seit sie von dem griechischen Reeder Pronassis geschieden ist, hat sie etwas gelitten. Ich muss mir ein Lachen verkneifen.
Stimmt, aber immerhin hat er seine Jacht nach ihr benannt.
Ich weiß gerade nicht, was Sie meinen.

Na, Spatz von Paris!
Oh Gott! *Ich dachte, sie wäre der Spatz von Athen ...*
Ach, niemals! In Athen gibt's doch keine Hosenanzüge von Dolch&Kabbale – nicht in Weiß!
Hader macht eine Denkpause. Dann leuchtet es in ihren Augen auf. Nur die Sterne fehlen um ihren Kopf.
Ich weiß!, frohlockt sie nun. *Sie verwechseln die Mondieu mit der Ficky Leander!*
Genauuu! Ich schlage mir mit der flachen Hand laut klatschend an die Stirn.
Na ja, viele Künstler haben es anfangs schwer, das tröstet mich, plappert Hader Lump munter weiter. *Nehmen wir doch einmal diesen Mozart, der musste ja auch lange warten, bis seine Kugeln berühmt wurden!*
Ich spucke den norwegischen Lachs einmal quer über's Buffet.
Ich hoffe, Ihre Kugeln werden es eher zu Ruhm und Ansehen bringen! War nett, mit Ihnen geplaudert zu haben, Frau Lund.
Bevor sie etwas erwidern kann, verschwinde ich schleunigst in die Maske.
Ich hoffe, sie begraben nicht eines Tages mein Gehirn neben den Silikonballons dieser Frau! Die spezifische Dummheit mancher Frauen besteht, wie mir scheint, meist weniger in einem Mangel an Verstand als in einem Überfluss an Unverstand – während es bei Männern oft umgekehrt ist.

Seitdem ich lebe, lerne ich ununterbrochen hinzu.
Zum Beispiel, dass Männer Frauen gerne nackt sehen und ihnen dafür auch schon mal selbst die Kleider vom Leibe reißen, auch wenn's verbal ist.
Roberto Müller-Borgwart lässt sich gerade vor laufenden Kameras von Jeff Maier über die wahre Motivation Prostituierter aufklären. Dabei rollt er lüstern mit den Augen und hat die feuchten Lippen einen Spalt breit geöffnet, um jedes noch so schlüpfrige Detail aufzusaugen. Jeff Maier behauptet nämlich, dass in seinen Texten seine eigenen Erfahrungen mit dem weiblichen Geschlecht

verarbeitet werden, die da wären, dass es Frauen ein angeborener Instinkt sei, dem Manne sexuell zu Diensten zu sein. Und dass der Mann als solcher eigentlich ein Wohltäter wäre, wenn er für Sex bezahle und somit den Frauen zu ihrer heimlichen Bestimmung verhelfe. Ich bin mir nicht ganz sicher, ob Jeff Maiers süffisantes Grinsen Teil seiner Imagepflege ist oder die Folge einer traumatischen Kindheit.

Während ein Raunen der Entrüstung durch's Publikum geht und Frau Moussouki an ihren Ohrstöpsel klopft, um sich das Ganze übersetzen zu lassen, schraubt Barbie Schönebauer ihre sowieso schon etwas hervorstehenden Augen noch weiter nach draußen. Bislang wurde ich ja mit Zwischenfragen verschont und mein offizieller Auftritt liegt nach Jeff Maier und vor Herrn Schödel, aber nun dreht sich Roberto Müller-Borgwart in Zeitlupe zu mir um und bohrt mir einen gehörigen Blick in die Eingeweide. Er hat schon längst meine Blutspur aufgenommen und meine Unsicherheit und Angst gerochen, ich spüre das – und nun wittert er die große Chance, mich vor allen Leuten zu entblößen.

Frau Zanelli, in Ihren Büchern beschreiben Sie ja eher den Blümchensex der durchschnittlichen Krankenschwester. Verharmlosen Sie vielleicht vor uns gewisse Neigungen der Frauen und hat Herr Maier eventuell recht? Wie sieht es denn mit Ihren eigenen Instinkten aus?

Stille im Saal. Nur das leise Summen einer Kamera seitlich von mir ist zu hören. Shit, als Erstes werden sie mein Doppelkinn in Großaufnahme senden und nie wieder vergessen! Mein Herz rast wie kurz vor dem Kammerflimmern und ich werde puterrot unter der dicken Schminkschicht.

Ach, redet es plötzlich aus meinem Mund, *da fragen Sie leider die Falsche. Wie Sie eben schon selbst feststellten,* ich nehme einen winzigen Schluck aus meinem Wasserglas, *denke ich, da kann Ihnen Ihre Frau vielleicht mehr dazu sagen. Ich sah sie kurz vor der Sendung mit Jeff Maier in die Besenkammer verschwinden.*

Durchs Publikum geht ein vorsichtiges Glucksen und Kichern. Eine Frau in der ersten Reihe wiehert laut los.

Jeff Maier grinst über alle Backen und scannt meinen Körper, der ihm vorher wahrscheinlich gar nicht aufgefallen war, während Nala Moussouki immer noch auf die leicht zeitverzögerte Übersetzung wartet und Hader Lump einfach Fragezeichen glotzt. Nur Herr Schödel bewahrt die Contenance und verzieht keine Miene.

Roberto Müller-Borgwarts Augen schlagen winzige Blitze und ich weiß, dass ich in diesem Moment eine Kriegserklärung abgeliefert habe. Medium oder blutig? Seine leicht zusammengekniffenen Augen sprechen Bände: Er hat sich bereits für blutig entschieden. Ich habe seinen unangefochtenen Machokodex verletzt.

Liebe Frau Zanelli, ich bin gar nicht verheiratet, wie jeder weiß!, wendet er sich jetzt laut prollend und schenkelklopfend an sein Publikum.

Alle Augen sind nun auf mich gerichtet. Ein gedehnter Moment Ewigkeit und gespannte Erwartung im Publikum.

Sehen Sie ...

Ich stelle mein Glas zurück auf den Tisch.

Nach drei totenstillen Sekunden setzen ein heftiges Gelächter und lauter Beifall ein.

Barbie Schönebauer zwinkert mir zu, sagt aber nichts. Ich verstehe plötzlich, dass es hier eine geregelte Rollenverteilung gibt, die sie nicht aushebeln darf.

Roberto Müller-Borgwart wendet sich wieder Jeff Maier zu, ohne mich eines weiteren Blickes zu würdigen. Ich hoffe nur, da ich als nächster Talkgast dran bin, dass ich Frau Schönebauer oder Herrn Palaver als Gesprächspartner erhalte.

Mein Herz rast immer noch, aber ich merke, dass mich auf einmal einige Leute aus dem Publikum beobachten und anlächeln.

Auch Frau Wiegand zeigt mir die erhobenen Daumen. Ich stelle mir gerade vor, wie sie durch die Hölle gegangen sein muss, als dieser Roberto die Frage an mich richtete.

Irgendwie geht's mir jetzt besser. Feuertaufe bestanden. Kampfbereit sehe ich meinem Interview entgegen, aber ich bekomme wie gewünscht Jörg Palaver als Talkpartner.

Nach etlichen Fragen zu meiner Person, zu dem neuen Buch und seiner Entstehungsgeschichte, die ich mir spontan aus den Fingern sauge, werde ich nach weiteren Vorhaben befragt.
Ich schaue automatisch zu Frau Wiegand, die mir einen eindeutigen Warnblick zuwirft. Wie früher, wenn man, vom eigenen Tun noch verunsichert, erst einmal gucken wollte, was Mama oder Papa dazu meinen. In diesen Augenblicken wird mir meine Konditionierung bewusst und ich hebe den Kopf etwas an, Bruchteile von Millimetern vielleicht, aber ein ganzes Bergeversetzen in meiner Selbstwahrnehmung.
Ich schreibe bereits an einem neuen Roman, antworte ich.
Ein weiterer Arztroman aus der leichten Feder von Zarah Zanelli!, ruft Jörg Palaver in die Kamera und will das Gespräch hier augenscheinlich beenden.
Nein, kein Arztroman. Etwas völlig anderes, unterbreche ich ihn.
Frau Wiegand schaut mich entsetzt an.
Jörg Palaver ist einen Moment verunsichert, das war so nämlich nicht geplant, aber Barbie Schönebauer springt sofort auf meinen Zug auf. *Erzählen Sie uns noch kurz davon, liebe Frau Zanelli!*, redet sie dazwischen.
Ich nicke, sage zwei oder drei Sätze dazu und ziehe dann ein zusammengefaltetes Blatt aus der Handtasche.
Zufällig habe ich einen Auszug dabei, der vielleicht besser ausdrückt, was ich an die Frau bringen will.
Ach, Sie schreiben wohl nicht für uns Männer?, versucht Roberto Müller-Borgwart noch einmal einen Anlauf.
Ich bin leider nicht der Typ Autor, der sich Texte für Wortblasen ausdenkt.
Alles lacht, sogar Frau Moussouki.
Lassen sie uns doch schnell noch ein paar Zeilen hören, fordert Barbie Schönebauer mich auf, bevor Jörg Palaver den Mund aufmachen kann. Ich habe gesehen, dass er gerade von der Regie ein Zeichen bekommen hat.
Ich klappe meine Zettel auf und beginne zu lesen. Mit jedem Satz wird das Klatschen und Gewieher im Publikum lauter. Ich

steigere mich förmlich in meinen Vortrag hinein und laufe zur Höchstform auf! Nach fünf Minuten bin ich fertig und ernte einen begeisterten Applaus. Das fühlt sich so was von geil an! Ob ich eines Tages auch ein ganzes Fußballstadion füllen werde – mit einer Lesung?

Barbie Schönebauer bedankt sich und legt einen plötzlichen, aber gekonnten Übergang zum nächsten Talkgast hin. Das Lachen und Klatschen verebbt und die Anwesenden wenden sich nun dem etwas ernsteren Herrn Schödel zu. Ich sinke tief befriedigt und glücklich in meinen Sessel.

Zurück in meinem Hotelzimmer vergrabe ich genüsslich meine Nase in den Rosen und stoße mich dabei an etwas Hartem. Tief vergraben im üppigen Strauß steckt eine Karte mit einem Froschkönigmotiv: *Ich bin stolz auf dich und in Gedanken bei dir. Verzeih mir mein Benehmen. Ich mag dich so, wie du bist. Auch wenn wir kein Paar werden. Ich wünsche dir, dass du den Richtigen küsst, er kann sich wirklich glücklich schätzen. Robert*

Von Pontius zu Spekulatius

Seit meinem Fernsehauftritt in Dresden sind zwei Monate vergangen, in denen ich hauptsächlich quer durch die Republik zu Lesungen gereist bin.
Bereits eine Woche nach besagter Talkshow legte mir Frau Wiegand den Vertrag für *Sehnsucht ohne Antwort* vor, die plötzlich ganz heiß auf meine neue Art zu schreiben war.
Das Honorar war diesmal weitaus höher als bei den anderen Büchern, was mich natürlich freute. Sie rührte auch parallel zum Arztroman bereits kräftig die Werbetrommel, sodass ich bei den Lesungen nicht nur mein fertiges Buch vorstellen konnte, sondern auch immer eine Zugabe aus meinem neuen Manuskript geben musste. Frau Wiegand war neuerdings der Ansicht, dass schon eine Auflage des Romans verkauft sei, bevor er überhaupt fertiggeschrieben war.
Abends im Hotel habe ich dann wie wild an meinem Buch geschrieben, auch in den wenigen Tagen, in denen es mir zwischendurch vergönnt war, zu Hause zu sein. Die Freizeit, die mir noch blieb, verbrachte ich zum Ausgleich mit ausgedehnten Spaziergängen und kleinen Läufen durch den Park.

Heute ist Sonntag, bereits der erste im Dezember. Lanzarote liegt gefühlte Jahre zurück. Draußen regnet es kalte Bindfäden, was alles andere als vorweihnachtlich anmutet.
Ich sitze an meinem Schreibtisch und klappe erschöpft den Laptop zu. Fertig. Das war das letzte Kapitel, jetzt geht's ab ins Lektorat. Frau Wiegand wird sich überschlagen, sie will das Buch noch vor Ostern in den Handel bringen.
Ich bin zufrieden, aber ziemlich erledigt. Zwei Bücher in einem knappen halben Jahr und dazu die vielen Lesungen und diversen Veranstaltungen: Das ist mein neuer Rekord!
Annette hat sich heute zum DVD-Nachmittag mit Adventskaffee angekündigt. Blondi ist vorige Woche für ein paar Tage nach Lanzarote geflogen, jetzt hat sie also wieder einmal Zeit für mich.

Ich packe eine Adventskiste aus und beginne die Wohnung zu schmücken. Ach, da sind ja meine schönen silbernen Kugeln für das Adventsgesteck!
Ich habe seit drei Wochen nichts mehr von Oliver gehört. Der Kontakt zwischen uns war in den letzten Wochen schleichend und unbemerkt eingeschlafen. Ich hatte kaum Zeit und Muße gehabt für ausführliche Mails. Nur mit Grüßen über's Handy kann man keine Liebe am Leben erhalten. Es schlich sich einfach so aus. Und als ich es endlich bemerkte, war es bereits zu spät.
Vor drei Wochen, nach seiner Rückkehr aus den USA, rief mich Oliver plötzlich von Lanzarote aus an und teilte mir mit, dass es wohl keinen Sinn mache, an Beziehungsträumen festzuhalten, wenn man sich nicht mehr als zweimal im Jahr sehen kann. Ich konnte nichts dagegen einwenden. Es ist wohl so.
Die ersten vier Tage danach bemerkte ich keine innere Reaktion und dachte, meine Gefühle hätten sich vielleicht längst verflüchtigt. Doch dann, als ich von Köln nach Hause kam, um fünf Tage in Leipzig zu verbringen, brach es aus mir heraus. Ich weinte mindestens zehn Stunden am Stück.
Die nächsten Tage brachte ich keine Zeile zu Papier, sondern lief und lief und lief, durch halb Leipzig.
Am Samstag darauf wachte ich mit vierzig Fieber und einer heftigen Grippe auf. Frau Wiegand musste die beiden letzten Termine absagen – ausgerechnet die Heimspiele in zwei hübschen Buchhandlungen Leipzigs.
Ich schwitzte und brütete eine Woche lang allen Kummer und die ganze Kälte aus, die ich mir nie hatte anmerken lassen, von der Wiege an, vom Vater über zahlreiche Männer bis hin zu Oliver. Der fieberhafte Infekt war wie eine Einladung des Lebens gewesen, nach dieser wieder einmal schmerzhaften Trennung meine Einsamkeitswunden ins Herz zu nehmen und dort selbst lieb zu halten, so gut ich konnte.
Was mache ich nur mit dem Holzkerzenständer? Der passt ja gar nicht in meine neue Wohnung! Ich stelle den Kerzenständer in den Flur zur späteren Entsorgung.

Fünf vor drei klingelt Annette.
Hi Süße! Sie umarmt mich und küsst mich auf beide Wangen.
Sag mal, hast du abgenommen? Dreh dich doch mal!
Ich drehe mich nicht und zucke mit den Schultern. *Ach was, vier oder fünf Kilo vielleicht, die fallen doch bei meinem Gewicht gar nicht ins Gewicht!*
Klar hast du abgenommen!
Annette schmeißt ihre italienischen Stiefeletten in die Ecke und stürmt ins Wohnzimmer!
Erste! Ich hab den besten Platz!
Ich mache uns einen Latte Macchiato und komme mit Spekulatius und Stollen zurück.
Und du hast doch abgenommen! Annette gibt keine Ruh.
Hier, damit du's mir glaubst! Ich ziehe meine Waage unter dem Sofa hervor und stelle mich darauf.
Tatsache, nicht wirklich viel. Annette schüttelt ungläubig den Kopf.
Sag ich doch, vier Kilo. Ich denke, ich wirke einfach anders, weil ich mich so wohl in meiner Haut fühle und nicht mehr so phlegmatisch bin. Das Laufen macht zwar nicht gerade ein Model aus mir, hat aber meine Kondition ganz schön verbessert und tut mir vor allem seelisch gut.
Annette nickt. *Vielleicht ist es ja alles Muskelmasse!*
Ich gebe ihr eine Kopfnuss und stecke demonstrativ einen Lebkuchen in den Mund.
Was schauen wir heute zuerst? Annette beißt ein Eckchen vom Stollen ab. Ich spüre förmlich, wie sie mit ihrem Schweinehund verhandelt und leidet.
Ich meine, wir sollten den Advent mit „Verzauberte Weihnacht" beginnen!
Du meinst „Eingeschneite Herzen"? Diese Schnulze mit der ..., na die ..., also die früher „Unsere kleine Farm" gespielt hat?
Ich nicke und suche die alte bespielte VHS-Kassette.
Au ja!, freut sich Annette und beißt übermütig noch einmal vom Stollen ab. *Obwohl der ganze Film ja nur von einem einzigen Kuss lebt ...*

Wir seufzen fast gleichzeitig.
Ich fummle die Kassette in den Videorekorder und spule vor.
Apropos Kuss!
Annette nippt am Kaffee.
Wie soll es denn jetzt mit dir und Oliver weitergehen?
Ich suche mir ein Eckchen auf der Couch und zerre an der Decke, die Annette schon wieder mal für sich in Beschlag genommen hat.
Gar nicht. Es geht gar nicht weiter. Wie kommst du darauf?
Annette windet sich, ich spüre das.
Du klingst so abgebrüht! Oliver dagegen geht's gar nicht gut. Ich weiß das von Heinz-Dieter. Er war gestern bei ihm.
Was heißt hier abgebrüht!, entrüste ich mich. *Ich habe ja nicht Schluss gemacht! Mir geht's auch nicht gerade gut damit. Aber man muss auch mal die Gegebenheiten akzeptieren und nach vorne schauen. Nur weil man jemanden liebt, heißt das doch nicht automatisch, dass es ein Happy End gibt! Es ist nicht immer alles so einfach wie im Film!*
Annette umarmt mich.
Ach Zora, aber ihr liebt euch doch beide!
Bist du dir da sicher? Ich winde mich aus der Umklammerung, die mir unangenehm ist.
Na klar bin ich mir sicher! Wieso das denn?
Ich könnte mir gut vorstellen, dass Oliver in den Staaten eine andere Frau kennengelernt hat. Ich tauche einen Spekulatius in meinen Kaffee.
Ihr spinnt beide! Annette springt auf. *Weißt du, was mir Heinz-Dieter gestern erzählt hat?*
Ich zucke mit den Schultern.
Oliver denkt dasselbe von dir! Annette schaut mich an wie meine ehemalige Klassenlehrerin und hat die Hände in die Hüften gestemmt.
Dass ich einen Amerikaner kennengelernt habe?, provoziere ich Annette. *Komm, lass uns jetzt einfach das Video gucken und Kerzen anzünden und ...*
Dir ist nicht zu helfen!

Annette wirft sich verärgert zurück in die Kissen und stiert in den Fernseher.
Annette, versuche ich sie zu beschwichtigen, *darum geht's doch gar nicht. Wir leben in verschiedenen Welten, und das nicht nur geografisch. Ich habe keine Lust mehr, Beziehungen mit Anstrengung und Verrenkungen am Laufen zu halten. Ich denke, Oliver und ich sind beide in einer Lebensphase, in der einfach andere Dinge Priorität haben und zu wenig Raum und Energie füreinander da sind.*
Annette sagt nichts, sondern kaut ausgiebig an einem Lebkuchen herum. Hoffentlich bereut sie das morgen nicht.
Dafür kann keiner von uns etwas, es ist einfach so. Punkt. Hier mit Mühe zu versuchen, etwas festzuhalten, nur weil man nicht alleine sein will oder den anderen nicht loslassen kann, macht auf Dauer keinen Sinn.
Willst du denn dein Leben lang alleine bleiben?
Annette schaut mich vorwurfsvoll an.
Keine Ahnung! Alles kann morgen schon anders sein. Das Leben hat seinen eigenen Plan. Und jetzt ist es eben, wie es ist. Du solltest das doch inzwischen verstehen. Hast du daran gedacht, dass du mit deinem Traummann zurückkommst, als du mich besucht hast?
Ich drücke auf „Play" und starte den Film. Annette sinkt in die Couch und vergisst mein nicht vorhandenes Liebesleben für eine Weile.
Ich könnt immer wieder die schnulzige Weihnachtsmusik hören, wenn der Opa den Engel klaut, freut sie sich.
Nach diesem Film sowie nach *Während du schliefst* und *Bridget Jones* ist unser Bedarf an weihnachtlichen Filmen vorerst reichlich gedeckt.
Hast du Lust auf Pizza? Annette putzt die letzten Krümel vom Stollenteller. Ich kenne sie. Wenn sie einmal einen gewissen Grad an Disziplinlosigkeit beim Essen erreicht hat, kriegt sie regelrechte Fressanfälle. Allerdings geschieht das ziemlich selten.
Ich weiß nicht. Hunger habe ich eigentlich keinen mehr.
Und was hältst du vom Weihnachtsmarkt?
Annette schwenkt gedanklich auf gebrannte Nüsse und Glühwein um.

Ich bin unentschlossen. Einerseits habe ich mir ein bisschen Ruhe gewünscht, andererseits war ich ewig nicht mehr unter Leuten – von meinen Lesungen mal abgesehen, aber das war ja dienstlich.
Na komm schon, raff dich auf!
Weihnachtsmarkt ist mir am Adventssonntag ehrlich gesagt zu stressig, lass uns lieber mal in der Woche gehen. Ich mag das Gequetsche und Geschiebe nicht, weißt du doch.
Hmmm – und Kino?
Annette will mich unbedingt vom Sofa hochkriegen.
Nicht dein Ernst, oder? Wir haben gerade DREI Spielfilme geschaut!
Hast du auch wieder recht. Dann eben ein anderes Mal.
Annette steht auf und zieht ihren Mantel an.
Weißt du was, ich bringe dich noch ein Stückchen, lass uns einfach ein paar Meter laufen.
Es hat aufgehört zu regnen, der Abendhimmel klart sich sogar gerade auf. Ich schlage meinen Kragen hoch und verstecke mein Kinn in den dicken Windungen des Schals. Annette erzählt mir von ihren Plänen mit Blondi. Ich schweige dankbar und höre nur zu. Nachdem ich Annette zu Hause abgeliefert habe, wird mir kalt. Ich beschließe, mit der Straßenbahn nach Hause zu fahren. Einmal sündigen ist erlaubt und schützt vor Fanatismus.

Leise pieselt's im Schnee

Eineinhalb Wochen vor Weihnachten ist es so weit: Frau Wiegand hat das Unmögliche geschafft! Die Vorankündigung für *Sehnsucht ohne Antwort* erscheint auf der Homepage des Verlages und in einigen Buchläden hängen bereits große Werbeplakate mit meinem frisch gestylten Konterfei und dem feinsinnigen Slogan: *Legen Sie sich die neue Zanelli ins Osterkörbchen!* Und das jetzt an Weihnachten! Das ist wie Spekulatius und Dominosteine Anfang September bei 28 Grad im Schatten. Ich hoffe, die Leute können das einordnen und nehmen es vor allem nicht allzu wörtlich ...

Es ist Spätnachmittag und ich bummle durch die festlich geschmückte und beleuchtete Altstadt, um die letzten Einkäufe in Sachen Geschenke zu erledigen.

Für Annette habe ich einen furchtbar teuren dunkelgrünen Samtschal mit Ausbrennmuster erstanden, den ich mir selbst niemals leisten würde, aber ich kann mir jetzt leisten, ihr auch einmal so teure Geschenke zu machen. Ich werde noch eine Packung rotweiße Zuckerstangen dazupacken.

Für Blondi habe ich ein Bild gemalt, sozusagen die Coverversion von Órzola. Ich werde ihn, wenn's sein muss, zwingen, es sich aufzuhängen. Und er bekommt ein Wochenendseminar von mir und Annette geschenkt: Ein Männer-Selbsterfahrungsseminar in einem Kloster in der Nähe von Leipzig. Ich wusste gar nicht, dass Annette Humor hat, wenn es sie selbst betrifft bzw. ihre Flamme.

Auf dem Flyer steht: *MännerKreis – Erfülltes MannSein!*

Der Männerkreis ist ein besonderes Ereignis, wenn wir unter uns sind. Wir unterstützen uns gegenseitig, um zu dem Mann zu werden, der wir in unserer Seele sind. Frei und dennoch voller Liebe, wild und dennoch zärtlich, voller Klarheit um unseren Weg und dennoch einfühlsam. Ich freue mich auf ein unvergessliches Abenteuer mit Dir!

Und ich freue mich jetzt schon auf Blondis Gesicht!

Grinsend stapfe ich durch die hauchdünne Schneedecke, die sich gerade unter leichtem Regengepiesel in braunschwarze Großstadt-Matschpampe auflöst.

Weihnachten kann ich dieses Jahr kaum erwarten! Meine Mädels werden bei mir sein und ich werde auch Maries Hippiefreund Joe endlich kennenlernen.

Ich mache Rast an einer Fressbude und gönne mir einen Punsch.

Zora, bist du das?

Ich drehe mich um – und schaue in die kühlen blauen Augen von ... Jens!

Jens? Was machst du denn in Leipzig!

Ich möchte ihn spontan umarmen, aber er weicht zurück.

Ich sagte doch, man sieht sich im Leben immer zweimal. Ich bin geschäftlich hier. Jens reicht mir die Hand.

Es ist ein seltsames Gefühl, ihn hier unvermutet zu treffen. Fast vier Jahre lang habe ich diesen Moment herbeigesehnt und jetzt – bedeutet es nichts. Ich beobachte ihn und beobachte meine Gefühle. Aber außer spontaner Wiedersehensfreude regt sich nichts bei mir.

Ich versuche herauszufinden, was mich einst so leidenschaftlich angezogen hat, finde aber nichts mehr. Vor mir steht ein hagerer, leicht gealterter, unscheinbarer Mann, der kein Glühen mehr in den Augen hat.

Jens weicht meinem Blick aus und wirft seinen leeren Becher in den Papierkorb. *Ich muss dann auch ... Wohnst du jetzt in Leipzig?*

Ich nicke.

Hab schon gehört. Na dann, alles Gute für dich.

Du hast es aber eilig! Geht's dir gut?

Jens nickt, aber irgendwie überzeugt es mich nicht wirklich. Da ist so ein harter Zug um seinen Mund.

Ich muss jetzt echt los!

Du brauchst nicht wegzulaufen, ich tu dir nichts, höre ich mich zu meinem Erstaunen sagen.

Seine Augen schlagen kleine Blitze. *Ich bin nicht weggelaufen!,* entrüstet er sich. *Alles war geklärt!*

Ah ja. Ich nehme an, du meinst, es war in dem Moment für dich geklärt, als du per Handymitteilung Schluss gemacht hast. An ein

klärendes Gespräch kann ich mich jedenfalls nicht erinnern, zumal wir uns zusammen im Urlaub befanden und noch gemeinsam irgendwie nach Hause kommen mussten.
Jens zuckt genervt mit den Schultern. Ich merke, dass er es bereits bereut, mich angesprochen zu haben.
Tja, so war es eben. Ihr Frauen könnt ja nie ein Ende einfach mal akzeptieren ohne großes Tamtam. Ich bin auch schon oft verletzt worden, glaube mir, ich weiß, wie man sich da fühlt.
Ah ja. Und das berechtigt dich zu deinem Verhalten?
Ich nippe vorsichtig an meinem heißen Punsch. Jens zuckt mit den Schultern.
Nun, vielleicht kannst du mir ja heute noch einmal den Grund nennen, wenn ich ihn damals nicht verstanden habe ...
Jens wird auf einmal richtig laut. *Was für einen Grund! Gut, es gab eine gewisse körperliche Anziehung, die alle anderen Unvereinbarkeiten eine Zeit lang überdeckt haben. Aber mehr war da nicht. Als ich das merkte, wollte ich einfach weg.*
Ja. Blöd nur, wenn man das ausgerechnet dann merkt, wenn man zusammen auf einer Insel ist.
Du, ich muss jetzt wirklich weiter! Jens gibt mir noch einmal die Hand. *Alles Gute für dich! Du hast ja ziemlich Erfolg mit deinen Büchern. Das freut mich.*
Wartet vielleicht deine Frau irgendwo, die du damals angeblich verlassen hattest? Uiii, DER Seitenhieb tut gut.
Jens wirft mir einen eiskalten Blick zu. *Ciao, Bella.*
Mach's gut, Jens.
Mit festem Schritt und ohne sich umzudrehen läuft Jens die Straße hinunter. Ja, man trifft sich vielleicht wirklich immer zweimal, aber ein drittes Mal wird es nicht mehr geben, ich spüre das. Alles ist gut und Jens' Platz in meinem Herzen ist nun endgültig frei.

Übermorgen ist der vierte Advent. Und heute, am Freitagabend, wird mein neuer Roman in meinem Lieblingsbuchladen in der Innenstadt mit einer kleinen Lesung offiziell angekündigt. Ich packe meine Tasche mit allen Sachen, die ich immer brauche, wenn

ich Lesung habe. Vor allem an meine Lesebrille muss ich denken! Ohne die bin ich so was von aufgeschmissen! Einmal hatte ich meine Brille doch tatsächlich vergessen und wir mussten dann bei den Zuhörern der Reihe nach ausprobieren, ob ich mir eine leihen könnte. Das Ganze war ziemlich komisch und dauerte einige Minuten und Brillen, bis ein lautes *Ahhh* aus meinem Munde kam. Es gab dann noch viel Spaß bei der Lesung mit der riesigen Hornbrille des älteren Herren aus der letzten Reihe, der hier wahrscheinlich von seiner Frau angeschleppt worden war und sich nicht die Bohne für mein Buch interessierte. Aber so hatte sein Dabeisein wenigstens einen Zweck.
Frau Wiegand wollte mich kurz vor Weihnachten zur ersten Buchvorstellung eigentlich nach Berlin verfrachten, ich konnte mich aber Gott sei Dank mit Leipzig durchsetzen, zumal die letzten beiden Termine hier wegen meiner Grippe ausgefallen waren.

Frau Wiegand lässt mich zu verabredeter Zeit abholen. Das Taxi bahnt sich bei leichtem Schneetreiben seinen Weg durch den dichten Feierabendverkehr. Ich genieße das und schaue in die festlich beleuchteten Schaufenster.
In der Buchhandlung ist anscheinend jeder der knapp fünfzig Sitzplätze belegt. Ich stehe aufgeregt hinter einem Regal und lausche Frau Wiegands kurzer Ansprache. Es ist einiges an regionaler Presse da, aber auch ein dreiköpfiges Team vom MDR. Ich bin völlig aufgeregt. Die Scheinwerfer strahlen Frau Wiegand grell von vorne an, die neben meinem Vorlesepult steht und große Worte um mein kleines Buch macht. Im Raum ist es dunkel. Ich höre es husten, dann klatschen, aber sehen kann ich nur die vordersten Reihen.
Das mag ich eigentlich nicht, ich habe lieber Augenkontakt mit meinen Zuhörern. Dann endet auch schon der kurze Vortrag mit den Worten: *Begrüßen Sie nun alle mit mir den aufgehenden Stern am Himmel der Unterhaltungsliteratur – Frau Zarah Zanelli!*
Der Stern bin ich – und ich muss nach vorne. Ich stolpere unter kräftigem Applaus an mein Pult und bekomme Blumen von Frau

Wiegand überreicht. Eine Rose fliegt aus der Dunkelheit vor meine Füße. Ich verneige mich und lächle in die grellen Scheinwerfer. Frau Wiegand setzt sich auf einen der vorderen Stühle und ich bin allein mit ein paar Dutzend auf mich gerichteter Augen, die ich nicht sehen kann.
Ein Beleuchter hat scheinbar Mitleid mit mir bekommen, denn nun wird das Licht gedimmt, während ich mein Buch aufschlage. Ich schaue nach vorn. Jetzt kann ich zumindest die ersten Reihen erkennen. In der zweiten Reihe sitzt – Manuel! Der süße Manuel mit den Dreadlocks, eine bezaubernde junge Schönheit mit südamerikanischen Gesichtszügen an seiner Seite. Vielleicht eine Brasilianerin oder so. Manuel grinst und winkt mir zu. Dann flüstert er seiner Begleiterin etwas ins Ohr und diese lächelt mich an. Ich glaube, ich werde die Stelle doch vorlesen, wo es um ihn geht! Ich räuspere mich dreimal, trinke dreimal Wasser nach und beginne mit heiserer Stimme zu lesen. Nach wenigen Minuten ist der Bann gebrochen und das Publikum lacht, was das Zeug hält. Ich bin das nicht gewohnt, schließlich waren meine früheren Bücher nicht wirklich komisch, sondern schmalzig und höchstens zum Seufzen.
Mir gefällt's. Je mehr die Leute lachen, desto sicherer fühle ich mich. Vor allem die Stelle mit Manuel wird mit heftigem Applaus bedacht. Ich schaue kurz hoch und merke, dass er sich freut. Die Schönheit vom Zuckerhut durchbohrt mich allerdings mit großen Fragezeichen. Ich nehme an, sie möchte gerne wissen, was wirklich zwischen dem Mann mit den Dreadlocks und mir gelaufen ist.
Da Manuel nicht aufhört zu grinsen, sind auch einige andere Leute auf ihn aufmerksam geworden. Einer der Beleuchter schaltet einen Spot direkt auf ihn, während die Kamera schwenkt, um ihn in Großaufnahme einzufangen. Man kann ja nie wissen, ob es nicht eine Story hergibt! Ich hoffe, sie interviewen ihn nicht im Anschluss!
Nach etwa einer Stunde bin ich fertig und verbeuge mich vor meinem Publikum. Ich hab's geschafft! Und ich bin glücklich! Nichts

ist schlimmer als Humor, der nicht ankommt und den Leuten im Halse stecken bleibt. Aber darüber brauche ich mir nun keine Sorgen mehr zu machen.

Nach einem Abschlusswort des Veranstalters geht's ans Autogrammkartensignieren. Manuel steht brav ganz vorne in der Schlange.

Hallo Zora, begrüßt er mich grinsend.

Zarah!, flüstere ich.

Na, immer gerne! Manuel grinst.

Ist das deine Freundin da hinten? Ich weise auf das Grüppchen bei der Sektbar.

Ja, ist sie. Manuel hat sich nicht geändert was seine spontane Auskunftsbereitschaft betrifft.

Ich freue mich, dass du in deiner Altersklasse angekommen bist und nicht mehr dein Unwesen unter einsamen Hausfrauen treibst.

Wer sagt das?, grinst er noch breiter.

Ich lache. *Okay, was soll ich schreiben?*

Oh, das ist ein Weihnachtsgeschenk! Moment ...

Manuel überlegt kurz.

Mach hin, die anderen werden schon unruhig.

Manuel wirft die Dreadlocks zurück. *Okay ... Für Zora – die wild im Herzen ist.*

Ich verschlucke mich an meiner Spucke. *Du willst mir doch nicht etwa mein eigenes Foto schenken!*

Hatte ich vor!

Ich muss lachen. *Komm, lass mal, ich schreib was drauf für deine Freundin.*

Manuel schüttelt die Locken. *Nee, dann lieber für Edelgard.*

Ich pruste los und schreibe kopfschüttelnd seinen Wunsch ins Buch.

Soll ich gleich noch mehrere Karten blanko signieren?

Ich reiche ihm das Autogramm.

Manuel schüttelt die Dreadlocks und reicht mir die Hand.

Gehen wir mal wieder einen Kaffee trinken? Er grinst.

Zu dritt? Ich kann auch grinsen!

Manuel lächelt und dampft ab.
Ich signiere knapp einhundert Autogrammkarten.
Bitte schreiben Sie: Für meine Schwester Mira ... Ich schaue erschrocken auf und blicke in Brigittes lachendes Gesicht. Sie ist die Letzte am Signiertisch.
Brigitte! Na so eine Überraschung!
Du wirst gleich noch überraschter sein!
Brigitte tritt einen Schritt beiseite und zeigt auf einen Tisch an der Sektbar, an dem ein paar Leute sitzen und mir fröhlich zuprosten: Annette, Blondi und – Oliver!
Ich bin gerührt, völlig durcheinander, aber ich freue mich riesig. Alle sind sie gekommen!
Mein Herz klopft wie wahnsinnig beim Anblick von Oliver und ich kriege weiche Knie. Ich stehe auf und streiche meine Bluse glatt. Gibt's nicht noch mehr an mir glatt zu streichen? Ich muss Zeit gewinnen!
Brigitte schnappt mich am Arm und zieht mich an die Bar.
Komm schon, die freuen sich alle so über deinen Erfolg!, zwinkert sie mir aufmunternd zu.
Als Erster springt Blondi auf und stürmt mir entgegen. Er umarmt mich stürmisch und gibt mir dann einen dicken Kuss auf die Stirn. *Mensch, du bist ja ein richtiger Promi geworden, mit Fernsehen und so. Man darf dich aber auch nicht mal ein paar Wochen alleine lassen!*, lacht er.
Annette gesellt sich hinzu und überreicht mir strahlend eine pinkfarbene Rose. *Ich wusste immer, dass dir noch der ganz große Durchbruch gelingt!*
Aus den Augenwinkeln beobachte ich Oliver, der etwas abseits steht. Ich trau mich gar nicht, ihn anzusehen, und tue schwer beschäftigt mit Blondi, Annette und Brigitte. Die hat mein Theater natürlich längst bemerkt und fordert die anderen auf, Platz für ihren Exschwager zu machen. *Kommt, wir holen mal eine Runde Schampus, ich glaube, hier wollen sich zwei in aller Ruhe begrüßen.*
Oliver steht etwa drei Meter entfernt. Irgendwie will keiner von uns beiden den Anfang machen. Ich bleibe einfach stehen,

schließlich bin ich die Dame, beschließe ich. Frau zu sein bedarf es manchmal viel, aber in diesem speziellen Fall verlasse ich mich liebend gerne auf die Etikette. Das Ganze dauert ungefähr zehn Sekunden, dann kommt Oliver auf mich zu und nimmt mich in den Arm.

Ich hab dich so vermisst, sagt er leise. *Kannst du mir verzeihen, dass ich wieder kneifen wollte?*

In dem Moment, als ich Olivers Umarmung spüre, krieg ich wieder einen Eisprung. Seine Wärme, sein Geruch, seine Haare in meinem Gesicht ...

Wieso hast du die Haare abgeschnitten!, rufe ich entsetzt.

Nur die Spitzen, Oliver lacht.

Na, ganz schön kurz!, maule ich. Sein Haar bedeckt kaum noch die Ohren.

Die wachsen doch wieder! Aber du schaust toll aus, einfach umwerfend!

Oliver küsst mich auch auf die Stirn. Irgendwie scheint meine Stirn heute etwas Besonderes zu haben.

Was macht ihr hier? Ich meine du und Brigitte?

Na, wir sind wegen dir hier!

Oliver scheint meine Frage etwas absonderlich zu finden.

Ihr seid nur wegen mir hergeflogen? Ich fasse es nicht.

Was ist daran so verwunderlich? Oliver schaut mich völlig ernst an.

Blondi und Annette kommen mit dem Schampus zurück, während Brigitte noch mit dem gut aussehenden Barkeeper flirtet.

Na, alles klar bei euch? Blondi reicht mir ein Glas. *Ich finde, wir sollten anstoßen und dann bei Zora weiterfeiern. Hier laufen entschieden zu viele fremde Gesichter herum. Nicht, dass wir morgen alle in der Blindzeitung sind. Prost!*

Wir trinken auf deinen Erfolg!

Annette hebt ihr Glas.

Und auf die Zukunft, sagt Oliver und schaut mir tief in die Augen.

Zu Hause bekomme ich die *nervöse Beflissenheit* – eine ekelige Krankheit, die sich auch mit Mitte vierzig schwer unter Kontrolle bringen lässt. In mir überschlagen sich die Gedanken. Ist Oliver nur aus Höflichkeit gekommen, um mir zum Buch zu gratulieren? Oder meint er es tatsächlich ernst mit mir? Wo schlafen denn heute alle? Oder müssen sie zurückfliegen? Letzteres halte ich eher für unwahrscheinlich. Und wie geht es nun weiter?
Während ich Tee koche und Schnittchen schmiere, kommt Brigitte in die Küche.
Kann ich dir helfen?
Gerne.
Nun sag schon, freust du dich über Olivers Besuch?
Brigitte zeigt heute eine neue Facette: Neugierde. Sie scheint also auch nicht immer nur über den Dingen zu stehen.
Und wie ich mich freue – aber ich habe auch Angst.
Ups! Ich bin Brigitte auf den Leim gegangen, schon hab ich ihr Tür und Tor geöffnet zum Psychogespräch.
Brigitte lächelt. *Und glaubst du, Oliver hat keine Angst?*
Ich weiß nicht.
Wie geht's Mira, versuche ich abzulenken.
Ach, ganz gut, danke. Sie wohnt jetzt in Hamburg.
Hmmm. Ich schnippele Gürkchen klein.
Übrigens schlafen wir alle bei Annette, du brauchst dir keine Sorgen zu machen wegen unseres Überfalls. Sie hat uns ja auch eingeladen und über deine Lesung informiert.
Der Termin stand ja erst seit Dienstag fest, wundere ich mich.
Ja, es war auch nicht leicht, so kurzfristig zwei Flüge zu bekommen.
Zwei? Seid ihr nicht zu dritt von Lanzarote gekommen?
Hab ich zwei gesagt? Brigitte trinkt die Gurkenbrühe aus dem Glas. *Ich meine natürlich drei! Wir sind übrigens seit gestern schon da.*
Ich belege die Brote mit den Gürkchen und trage den Teller ins Wohnzimmer.

Dort amüsieren sich Blondi und Oliver über meine Filmsammlung, das heißt, Blondi zieht darüber her und Oliver grinst nur. *Das sind also die berühmten Schnulzen, mit denen sich unsere Mädels vergnügen, wenn sie mannlos glücklich sind! Mhhhh, Vom Kinde gebläht und Titty Woman.*
Annette boxt Blondi in die Seite. *Hör auf, dich lustig zu machen!*
Was haltet ihr denn von einem Spieleabend?, schlägt Blondi vor.
Ist nicht dein ernst, oder? Brigitte mahnt Blondi mit den Augen ab.
Schade, ich dachte nämlich an Flaschendrehen ...
Wie hältst du das nur mit dem Kerl aus, Annette? Ich schüttle lachend den Kopf. *Ich hätt' ihn schon längst rausgeworfen.*
Ach komm, Zora, du hast 'ne wirklich tolle Wohnung, gerade einen Knaller an Buch herausgebracht und geile Schnittchen vor dir liegen bzw. sitzen, also sei mal entspannt.
Die geile Schnitte erhebt sich und kramt in meinen CDs.
Mein lieber Schwan! Wie wär's denn mit James Brown?
Bevor ich beschämt protestieren kann, hat Blondi auch schon die Platte eingelegt. *Komm, Oliver, ich denke, das ist eher was für dich. It's a Man's world!*
Brigitte grinst, Annette versucht, Blondi zu sich auf's Sofa zu ziehen, und ich stehe belämmert mit einem Glas Senfgurken in der Gegend herum, während James aus den Boxen stöhnt und haucht. Ach, apropos Boxen ... *Sag mal, Heidi, besitzt du Boxershorts mit Giraffen drauf?*
Ja! Die hab ich schon vermisst! Warum fragst du?
Ich hab sie gefunden, nur so. Somit wäre das auch endlich geklärt. Oliver ist aufgestanden und nimmt mir die Senfgurken aus der Hand. *Halte mal,* sagt er zu Blondi, der immer noch den Clown mimt und eindeutige Verrenkungen zur Musik macht.
Oliver zieht mich eng an sich und tanzt langsam mit mir in den Flur. Je weiter wir nach draußen verschwinden, desto länger wird Blondis Hals, der uns mit seinen Blicken verfolgt. Oliver beendet die Komödie, indem er mit einem Fuß die Tür zuschlägt.
Dann presst er mich an die Wand und küsst mich leidenschaftlich und gierig wie nie. Meine Eier springen aus dem dazugehörigen

Stock wie Tennisbälle aus einer Ballmaschine. Kurz vor der Ohnmacht reiße ich mich keuchend los. *Olli, wir können doch nicht … Da drinnen sitzen meine Gäste!*
Oliver streicht sich schwer atmend die Haare zurück, die ihm in die Stirn hängen. *Okay. Lass uns wieder reingehen.*
Ich komme mir vor wie frisch gevögelt, als wir das Wohnzimmer betreten, als würde uns jeder ansehen, was wir gar nicht gemacht haben.
Blondi grinst über alle vier Backen. *Na, das ging aber schnell! Wir wollten gerade Dörtes Dingsding anschauen!*
Annette schiebt sich die letzte Schnitte rein. *Also ich möchte jetzt nach Hause, es ist schon spät!*
Gute Idee!, flötet Blondi. *Dann lassen wir mal die zwei Turteltäubchen allein. Außerdem können wir dann selbst turteln!* Blondi schnappt sich Annette und knutscht sie ab. *Und ich? Wenn ich das gewusst hätte, wäre ich noch bei dem Sahneschnittchen in der Bar geblieben.* Brigitte erhebt sich lachend vom Sessel.
Oliver wirft mir einen sehnsüchtigen Blick zu. Ich spüre, dass er hofft, jetzt nicht weggeschickt zu werden.
Na dann viel Spaß noch!
Blondi macht wieder eindeutige Bewegungen aus den Hüften, bevor Annette ihn rückwärts die Treppe hinunterzieht.
Kommt ihr morgen zum Frühstücken zu mir?, ruft Annette noch von ganz unten durch's Treppenhaus.
Wir telefonieren!
Oliver zieht mich in meine Wohnung und macht die Tür zu.
Zieh dich aus. Er knöpft sein Hemd auf und schaut mich mit glühenden Augen an. *Zieh dich aus, bitte!*
Bevor mein Kopf anfangen kann, sich zu genieren, ziehe ich mir die Bluse über den Kopf. Ich sehe nichts und fühle mich gut so. Ich spüre Olivers Hände und seinen Atem an meinem Hals. Warum auch immer, aber ich habe heute zufällig keinen Schlankstütz an. Eigentlich habe ich augenblicklich bereits gar nichts mehr an. Außer die Bluse auf dem Kopf. Lady Gogo lässt grüßen. Jetzt weiß ich auch, was ein Blind Date ist.

Huch! Das Date ist drin!
Das erste kurze Date haben wir gleich hier im Flur.
Hoffentlich lauscht die olle Schröter wieder an der Tür, heute lohnt sich's!
Danach gibt's noch ein langes Date im Schlafzimmer, ein feuchtes in der Dusche und noch ein kurzes auf dem Küchentisch. Aber besser Senfgurken am Hintern als Zecken!
Oliver macht mir den Hengst, ach was, er macht mir meine ersehnte Mustangherde! Und das ohne Marlboro-Pause!
Gegen vier schlafen wir zusammengekuschelt ein. Ich liebe es, endlich erwachsene Kinder zu haben und in meiner Wohnung tun und lassen zu können, was ich will!

Um zehn klingeln wir bei Annette. Blondi öffnet grinsend und läuft mit extrem angedeuteten X-Beinen in die Küche.
Schatz, die Turteltäubchen sind da!
Annette hat ein leckeres Brunch vorbereitet und wir sitzen und essen und reden bis weit in den Nachmittag hinein.
Bevor wir morgen zum Flughafen fahren, würde ich gerne noch mal über euren berühmten Weihnachtsmarkt gehen. Brigitte gießt allen Kaffee nach.
Mir fährt es siedend heiß durch alle Eingeweide. *Wie? Ihr fliegt morgen schon zurück? Dann war das nur ein ...*
Enttäuscht springe ich auf und will ins Bad rennen.
Oh, habe ich etwas Falsches gesagt? Hast du ihr denn noch nicht ...?
Brigitte schaut Oliver fragend an.
Oliver geht mir nach und umarmt mich.
Ich wollte eigentlich bis heute Abend damit warten ... Komm, lass uns eine Runde spazieren gehen.
Oliver hält mir die Jacke hin. Schulterzuckend schlüpfe ich hinein.
Wir laufen eine ganze Weile wortlos nebeneinander her. Ich habe einen Kloß im Hals und kann nichts sagen. Oliver scheint es wohl ähnlich zu gehen.
Wir sind gleich bei mir zu Hause, stelle ich fest.
Ja, fast. Aber lass uns einen kleinen Umweg nehmen.

Oliver zieht mich in eine Nebenstraße mit schönen alten Kastanien. Vor einer leeren Villa bleibt er stehen und zieht mich zu sich heran. Ich habe Tränen in den Augen und kann kaum schlucken. Oliver küsst mich lange und zärtlich.
In dem Moment fängt es an zu regnen.
Lass uns unterstellen, schlägt er vor und zieht mich vor die überdachte Eingangstür der Villa. *Da kommt bestimmt keiner.*
Wir küssen uns lange und leidenschaftlich, während der Regen auf das kleine Vordach prasselt. Wäre es nicht schon wieder ein Abschied, wäre es richtig romantisch, mit Oliver im Regen zu knutschen. Nach einer Weile fröstelt es mich.
Lass uns hineingehen, wenn offen ist. Oliver drückt gegen die Haustür – und die springt tatsächlich auf.
Das können wir doch nicht machen! Wenn nun jemand kommt!
Ach was, das Haus steht doch leer!, beruhigt mich Olli und küsst mich wieder. Mindestens eine halbe Stunde. Es wird bereits dunkel draußen. Im Dunkeln ist es noch romantischer. Aber mir wird schon wieder kalt. Meine Füße sind wie Eisklumpen.
Lass uns doch lieber zu mir nach Hause gehen, schlage ich zitternd vor.
Vielleicht ist ja eine der Wohnungen offen ...
Oliver springt die vier Stufen hinauf und klinkt an der Wohnungstür.
Bist du verrückt! Das ist Einbruch!
Ach komm, das ist doch mal was Ungewöhnliches. Lass uns hineinschauen.
Du spinnst! Ich geh da nicht rein! Außerdem sehen wir eh nichts mehr.
Oliver drückt die Klinke herunter und verschwindet in der Wohnung. Ich fasse es nicht! Hätte ich ihm nicht zugetraut! Ich komme mir vor wie ein diebischer Handlanger, der Schmiere steht. Oliver kommt auch nach fünf langen Minuten nicht wieder heraus und ich kriege langsam Angst.
Olli, wo bist du denn? Ich schaue durch den Türspalt in die Wohnung, sehe aber nichts außer einem hellen Flackern an der hinteren Wand. *Olli!*

Zora, ich bin hier hinten, jetzt komm endlich!
Ich ziehe zitternd die Tür hinter mir heran und schleiche durch den dunklen Flur. Oliver kniet auf dem Parkett vor einem Wandkamin und macht ein Feuer!
Bist du jetzt völlig durchgeknallt! Oliver nimmt seinen Schal von den Schultern und kommt auf mich zu. *Lass dir mal kurz die Augen verbinden, ja?*
Oh nein, jetzt nicht die Blind-Date-Nummer! Wenn uns jemand erwischt!
Ach komm, lass doch mal deine Befürchtungen los! Uns erwischt schon keiner.
Ich lasse mir widerwillig die Augen verbinden und warte. Ich höre Oliver etwas schieben und rutschen. Dann höre ich Gläser aus dem Nebenraum klirren. Wenigstens wird mir langsam warm.
Hier, trink mal etwas. Oliver hält mir ein Glas an die Lippen. *Prost, Traumfrau!* Es ist Wein. Ein Rioja. Das schmecke ich auch mit verbundenen Augen! Dann zieht mich Oliver sacht nach unten. *Leg deine Jacke ab, hier ist es warm.* Ich sitze auf etwas Weichem, Kuscheligem.
Du kannst doch nicht auch noch Gläser aus der Küche stehlen!
Ich ziehe meine Jacke aus und warte, ob ich endlich den Schal abnehmen darf. Langsam wird mir wieder warm. Nach weiteren quälenden Sekunden nimmt Oliver endlich den Schal von meinem Kopf.
Wir sitzen in einem leeren Raum auf einer Matratze, die mit einigen Kuscheldecken verschönert ist. Der Raum ist groß mit hohen Sprossenfenstern und tagsüber sicher schön hell. Im Kamin prasselt ein Feuer und neben der Matratze steht eine Schüssel mit Knabberzeug.
Oliver, wir sind verrückt!
Du nicht, Zora. Aber ich bin verrückt – nach dir!
Ich nippe an meinem Glas.
Wenn nun jemand kommt!
Wer soll denn kommen, du siehst doch, das Haus steht leer.
Na, der Besitzer!

Der kommt garantiert heute nicht mehr.
Woher willst du denn das wissen! Ich flüstere immer noch.
Och, das weiß ich zufällig ganz genau ...
Quatsch! – Sag mal, du kennst den wohl???! Langsam schwant mir was.
Olli grinst. *Na ja, ich kenn' den noch nicht sehr gut, du kennst ihn wahrscheinlich viel besser.*
Er legt seinen Arm um mich und fummelt unbeholfen an meinem BH-Verschluss herum.
Komm, lass es uns in fremden Räumen treiben, flüstert er mir verheißungsvoll ins Ohr.
Erst will ich genau wissen, was hier gespielt wird!
Erst ein Kuss ...
Na gut, aber dann ...
Bevor ich weitersprechen kann, verschließt mir Olli mit seinen Lippen den Mund. Er drückt mich sanft nach hinten und schiebt meinen Pullover hoch.
Ich bin nicht mehr in der Lage, mich zu wehren, im Gegenteil. Ich ziehe ihn noch enger an mich heran und versinke in wohliges Entzücken.
Zora, ich liebe dich, keucht Oliver und verschwindet unter einer der Kuscheldecken, die er gerade noch über uns geworfen hat.
Endlich mal ein Mann, der *ich liebe dich* sagt und es auch meint! Das trifft mich mitten in mein Herz. Nicht etwa *ich lieb' dich,* wo ein einziges, winziges verschlucktes „e" alles über die nicht vollständig zugelassenen Gefühle aussagt. Wenigstens ein „e" müssen viele Männer noch zurückhalten.
Nein, ein breites und wohlklingendes *Ich liebe dich!*. Mit einem deutlich wahrnehmbaren „e", in welchem die Bereitwilligkeit erkennbar ist, die ganze Gefühlspalette hoch und runter zu leben! Mit mir!
Seufzend ruckele ich mir Oliver noch besser zurecht, sodass er ohne Umschweife zur Sache kommen kann. Vorspiel hin oder her – manchmal muss man Prioritäten setzen, vor allem, wenn man sich in fremden Häusern liebt!

Kurz darauf liegen wir nackt, in eine gelbe Fleecedecke gekuschelt, nebeneinander vorm Kamin.
Der Besitzer scheint keinen besonders guten Geschmack zu haben, von der Villa mal abgesehen. Gelbe Fleecedecke – das geht ja wohl gar nicht! Ich pruste in die Kuscheldecke.
Die Decke gehört mir. Oliver beugt sich seitlich weg und angelt nach den Gläsern.
Ups! Schöne Decke! Ich liebe meine Fettnäpfchen. *Die Decke gehört dir? Du hast das also geplant hier?*
Die Wohnung auch. Olli reicht mir mein Glas.
Wie? Die Wohnung auch?
Und der ganze Rest des Hauses ... Prost! Auf uns!
Olli trinkt ein kräftiges Schlückchen.
Ich setze mich auf. *Moment mal. Was soll das denn heißen?*
Oliver angelt wieder, diesmal nach seiner Hose.
Das ist der Schlüssel für die Wohnung. Mein Schlüssel.
Er zieht einen zweiten Schlüssel aus der Tasche.
Und das ist deiner.
Hä? Ich gucke wie die Hader Lump, ach was, wie eine ganze Schiffsladung voller Lumpen!
Oliver küsst mich und klimpert mit seinem Schlüsselbund.
Dieser Schlüssel passt in diese Wohnung, deiner in die obere.
Ich sitze ungefähr zwei Minuten sprachlos auf einer Matratze mit gelben Kuscheldecken und halte Maulaffen feil.
Du bist süß, sagt Oliver und küsst mich lachend auf den immer noch offenen Mund. *Ich habe das Haus gekauft letzte Woche, für uns. Vorausgesetzt, du möchtest hier einziehen. Du kannst natürlich auch in deiner Wohnung bleiben, liegt ja gleich um die Ecke. Dann nutze ich die obere Etage erst einmal als Büro – bis wir heiraten.*
Ich schaue besorgt das Weinglas an. *Das ist Rioja, richtig?*
Ja, warum? Oliver fummelt mir am Ohr herum.
Ahhh, dann versteh ich das Ganze! Es ist der Rioja! Stell dir vor, ich habe gerade geträumt, du hast in Leipzig eine herrliche Villa gekauft und mir beinahe einen Heiratsantrag gemacht!
Oliver schmeißt sich lachend auf die Matratze.

Ich springe splitternackt durchs Zimmer und krame mein Handy aus der Jackentasche.
Du, Annette, stell dir vor! Olli hat eine Villa gekauft in Leipzig und mir einen Beinahe-Heiratsantrag gemacht! Jetzt haut's dich um, oder?
Oliver rollt sich vor Lachen auf dem gelben Etwas.
Annette bleibt erstaunlich ruhig. *Ja, ich weiß. Heinz-Dieter hat das Haus besorgt. Und heiraten tun wir nächsten Juli – und zwar als Doppelhochzeit.*
Rums, ich krache wie eine nackte Kanone aufs Parkett. Zu schnell für Oliver.

Als ich wieder zu mir komme, liege ich in einem unbequemen Krankenhausbett, Oliver sitzt neben mir und hält meine Hand.
Was ist passiert?
Leichte Gehirnerschütterung, aber du darfst morgen wieder raus.
Ich reibe mir den Kopf.
Du, Olli, ich hatte einen seltsamen Traum ...
Kein Traum, Süße, sondern Realität. Ich ziehe nach Leipzig im Januar. Muss noch ein paar Dinge regeln, aber alles läuft bereits auf Hochtouren.
Ich glaube, ich versteh nicht richtig. *Was ist los?*
Ich mache hier ein neues Geschäft auf und verlege den Hauptgeschäftssitz nach Leipzig. Oliver lächelt.
Ich glaub, ich träume.
Ich möchte nicht auf Lanzarote sein und auf die Liebe meines Lebens verzichten. Wir können zusammen wohnen in dem neuen Haus oder auch getrennt – aber doch ganz nah bei einander. Platz ist genug, im Notfall kommt mein Büro in den Keller. Du oben, ich unten, du und ich zusammen oder du und ich um die Ecke. Wir können uns Zeit lassen mit allem.
Ich drücke Olivers Hand. *Ich liebe dich, Marlboro-Mann.*
Wie bitte? Noch mal!
Die Tür geht auf und Annette, Brigitte und Blondi stürmen herein.

Was du nur wieder für Sachen machst!
Blondi pufft mich in die Seite.
Ich hoffe, du bist bis zu unserer Hochzeit wieder gesund!
Annette schiebt einen schmalen, goldenen Ring auf dem linken Ringfinger hin und her.
Nein! Du bist verlobt! Wie altmodisch! Ich fange an zu husten, kann noch nicht richtig lachen.
Wir sind beide verlobt! Blondi präsentiert mir stolz seinen Ring.
Na, dann will ich mich mal beeilen mit dem Gesundwerden.
Und ich wäre gerne Trauzeugin, bei euch allen, ertönt Brigittes Stimme aus dem Hintergrund.
Leute, so kitschig sind nicht mal meine Arztromane!
Dir fehlt es eben nur an Fantasie! Blondi küsst meine Hand.
Oliver schaut mir liebevoll und zärtlich in die Augen.
Bis morgen, Zora, erhol dich gut. Morgen beginnt unser neues Leben – ein ganz neuer Roman!

Über die Autorin

Ute Strohbusch

Praxis für metaphysische Lebensberatung
Kernthemen: Weiblichkeit – Seelenpartner – Dualseelen

www.utestrohbusch.de

Ute Strohbusch ist Autorin, metaphysische Lebensberaterin, Coach und kosmischer Aufweckdienst für Frauen. Seit 25 Jahren berät und begleitet sie Frauen dabei, ihre weibliche Urkraft wiederzufinden.

Ute Strohbusch vermittelt in Einzelberatungen, Coachings und Seminaren, dass das Leiden seinen Ursprung im eigenen Denken hat. Frau zu sein wird häufig mit Ohnmacht und Hilflosigkeit verwechselt und durch männliche Strukturen ersetzt. Wird die weibliche Kraft nicht mehr zurückgehalten, entfaltet sie ihr ganzes schöpferisches Potenzial.

Mit viel Humor und radikaler Klarheit entlarvt Ute Strohbusch die Struktur des Egos und bietet einfache Werkzeuge an, um die Lebensfreude im Hier und Jetzt zu entdecken.